Lexikon der schönsten Sprichwörter und Zitate

Kristian S. Weidenfeld
(Hrsg.)

Lexikon der schönsten Sprichwörter und Zitate

Der Text dieses Buches entspricht den Regeln der neuen deutschen Rechtschreibung.

ISBN 3-8094-1018-7

Redaktion für diese Ausgabe:
Herta Winkler

298940199X817 2635 44

Vorwort

Manche sind platt, andere genial und einige einfach wahr: Sprichwörter und Zitate bringen es auf den Punkt. Die Intuition gewitzter Persönlichkeiten oder das Konzentrat der Erfahrung von Generationen sagen oft mehr als die sprichwörtlichen tausend Worte.
Dieser reiche Schatz bleibt jedoch ungenutzt, da wir immer dann, wenn ein passendes Sprichwort oder ein zutreffendes Zitat notwendig wären, keines parat haben.
Dieses Buch soll hier helfen. Wir haben klassische und zeitgenössische Zitate und Sprichwörter gesammelt und nach einem praxisorientierten System geordnet: die alphabetische Reihenfolge orientiert sich an den wichtigsten Wörtern im Text. So können Sie das passende Zitat oder Sprichwort nach inhaltlichen Stichpunkten finden. Sind mehrere wichtige Begriffe im Sprichwort oder Zitat, dann taucht es natürlich mehrmals unter dem jeweiligen Anfangsbuchstaben des Wortes auf.
Diese Sammlung wird so einerseits zum Nachschlagewerk und andererseits zum Arbeitsinstrument um privaten Schreiben oder geschäftlicher Korrespondenz die richtige Würze zu geben!

Ihr Redaktionsteam

A

Wer A sagt, muss auch B sagen.
Deutsches Sprichwort

Wo **Aas** ist, da sammeln sich die Geier.
Matthäus 24,28

Abbitte ist die beste Buße.
Deutsches Sprichwort

Am **Abend** schätzt man erst das Haus.
Goethe, Faust I

Auf jeden **Abend** folgt ein Morgen.
Türkisches Sprichwort

Es ist noch nicht aller Tage **Abend.**
Deutsches Sprichwort

Man soll den Tag nicht vor dem **Abend** loben.
Deutsches Sprichwort

Abendrede und Morgenrede kommen selten überein.
Deutsches Sprichwort

Abends werden die Faulen fleißig.
Deutsches Sprichwort

Wer immer nur funktioniert, entzieht sich dem **Abenteuer** des Lebens.
Armin Mueller-Stahl

Der Mann, der das Wenn und das **Aber** erdacht, hat sicher aus Häckerling Gold schon gemacht.
Gottfried August Bürger,
Der Kaiser und der Abt

Jede Sache hat ihr **Aber.**
Deutsches Sprichwort

Eigentlich ergreift der **Aberglaube** nur falsche Mittel, um ein wahres Bedürfnis zu befriedigen.
Goethe

Der **Aberglaube** ist ein Kind der Furcht, der Schwachheit und der Unwissenheit.
Friedrich II. der Große

Dreimal umgezogen ist so gut wie einmal **abgebrannt.**
Benjamin Franklin

Abgeredet vor der Zeit, gibt nachher keinen Streit.
Deutsches Sprichwort

Was mit wenigem **abgetan** werden kann, muß nicht mit vielem getan werden.
Matthias Claudius, Ernst und Kurzweil

Weniges auf dieser Welt verbindet so stark wie gemeinsame **Abneigung** gegen einen Dritten.
René Clair

Das Übel erkennen heißt schon, ihm teilweise **abhelfen.**
Otto von Bismarck

Abrüstungskonferenzen sind die Feuerwehrübungen der Brandstifter.
John Osborne

Man schreibt nicht so ausführlich, wenn man den **Abschied** gibt.
Heinrich Heine

Wo Verdacht einkehrt, nimmt die Ruhe **Abschied.**
Deutsches Sprichwort

Diejenigen, die gehen, fühlen nicht den Schmerz des **Abschieds.** Der Zurückbleibende leidet.
Henry Wadsworth Longfellow

Absicht ist die Seele der Tat.
Deutsches Sprichwort

So fühlt man **Absicht,** und man ist verstimmt.
Goethe

Wer sich ans **Absurde** gewöhnt hat, findet sich in unserer Zeit gut zurecht.
Eugène Ionesco

Abwechslung stärkt den Appetit.
Deutsches Sprichwort

Abwesende sind immer im Unrecht.
Philippe Destouches

Ach, sie haben einen guten Mann begraben, und mir war er mehr!
Claudius

Ach, wie bald, ach, wie bald, schwindet Schönheit und Gestalt.
Wilhelm Hauff, Reiters Morgengesang

Ach, wie trüb ist mein Sinn, wenn ich in der Fremde bin!
Max von Schenkendorf, Muttersprache

Achte nicht bloß auf das, was andere tun, sondern auch auf das, was sie unterlassen!
Deutsches Sprichwort

Tugenden muss man **achten,** Untugenden kann man lieben.
Deutsches Sprichwort

Wer den **Acker** pflegt, den pflegt der Acker.
Deutsches Sprichwort

Aus derselben **Ackerkrume** wächst das Unkraut wie die Blume.
Friedrich von Bodenstedt

Adel sitzt im Gemüte, nicht im Geblüte.
Deutsches Sprichwort

Adel verpflichtet.
Wahlspruch der französischen Herzoge von Levis

Der **Adel** besteht in Stärke des Leibes bei Pferden, bei Menschen in guter Denkart.
Matthias Claudius

Der echte **Adel** weiß von keiner Furcht.
Shakespeare, Heinrich VI.

Arbeit **adelt.**
Deutsches Sprichwort

Die Tugend **adelt** mehr als das Geblüt.
Deutsches Sprichwort

Wer einen zur **Ader** lassen will, der muss ihn auch verbinden können.
Deutsches Sprichwort

Der **Adler** fängt keine Mücken.
Deutsches Sprichwort

Der beste **Advokat** ist der schlimmste Nachbar.
Deutsches Sprichwort

Immer bleibt der Aff' ein **Affe,** werd' er König oder Pfaffe.
Deutsches Sprichwort

Das beste Mittel gegen Verdrossenheit ist es, sich selbst zu **aktivieren.**
Richard von Weizsäcker

Alle für einen, und einer für alle.
Schweizerische Devise

Alle gute Gabe kommt von oben.
Deutsche Redensart

Alle Hebel in Bewegung setzen.
Deutsche Redensart

Alle Räder stehen still, wenn dein starker Arm es will.
Georg Herwegh

Alle Schuld rächt sich auf Erden.
Goethe

Alle Tage ist kein Sonntag.
Carl Clewing

Alle Wasser laufen ins Meer.
Prediger Salomo 1,7

Alle Wege führen nach Rom.
Deutsches Sprichwort

Der König rief, und **alle**, alle kamen.
Carl Heun

Die Dummen werden nicht **alle.**
Deutsches Sprichwort

Raum für **alle** hat die Erde.
Schiller, Der Alpenjäger

Allein der Vortrag macht des Redners Glück.
Goethe

An das Göttliche glauben die **allein**, die es selber sind.
Friedrich Hölderlin

Der Starke ist am mächtigsten **allein.**
Schiller

Der stärkste Mann der Welt ist's, der ganz **allein** steht.
Henrik Ibsen

Ein Unglück kommt selten **allein.**
Deutsches Sprichwort

Es ist nicht gut, daß der Mensch **allein** sei.
1. Mose 2,18

Wer sich der Einsamkeit ergibt, ach, der ist bald **allein!**
Goethe, Wilhelm Meisters Lehrjahre

Aller Anfang ist schwer.
Deutsches Sprichwort

Aller Menschen Freund ist nicht mein Freund.
Molière

Aller Zustand ist gut, der natürlich ist und vernünftig.
Goethe, Hermann und Dorothea

Alles Ding währt seine Zeit.
Paul Gerhardt

Alles in der Welt läßt sich ertragen, nur nicht eine Reihe von schönen Tagen.
Goethe

Alles fließt.
Heraklit

Alles ist hin.
Aus einem Wiener Lied

Alles Leben ist Leiden.
Arthur Schopenhauer

Alles Leben ist Lüge.
Detlef von Liliencron

Alles verstehen, heißt alles verzeihen.
Madame de Staël

Alles Vortreffliche ist selten.
Cicero

Alles wiederholt sich nur im Leben, ewig jung ist nur die Phantasie.
Schiller

Alles Wissen stammt aus der Erfahrung.
Immanuel Kant

Alles zu retten, muß alles gewagt werden.
Schiller

Einer kann nicht **alles** wissen.
Deutsches Sprichwort

Ende gut, **alles** gut!
Deutsches Sprichwort

Alltag ist nur durch Wunder erträglich.
Max Frisch

Allüren sind nur etwas für die Unfertigen.
Audrey Hepburn

Allzeit gewinnen macht verdächtig; allzeit verlieren macht verächtlich.
Deutsches Sprichwort

Allzu straff gespannt
zerspringt der Bogen.
Schiller

Allzuviel ist ungesund.
Deutsches Sprichwort

Nur der begreift das **Alphabet**,
der es recht zu verbinden
versteht.
Emanuel Geibel

Also geht es in der Welt: Der
eine steigt, der andere fällt.
Deutsches Sprichwort

Alt ist man dann, wenn man
an der Vergangenheit mehr
Freude hat als an der Zukunft.
John Knittel

Nichts macht so **alt** wie der
ständige Versuch, jung zu
bleiben.
Robert Mitchum

Alt werden will jeder, älter
werden niemand.
Deutsches Sprichwort

Alt wird man wohl, wer aber
klug?
Goethe

Jung gewohnt, **alt** getan.
Deutsches Sprichwort

Jung zu bleiben und **alt** zu
werden ist das höchste Gut.
Deutsches Sprichwort

Zum Lernen ist niemand zu
alt.
Deutsches Sprichwort

Alte Bäume lassen sich nicht
biegen.
Deutsches Sprichwort

Alte Liebe rostet nicht.
Deutsches Sprichwort

Alte Vögel sind schwer zu
rupfen.
Deutsches Sprichwort

Alte Wunde blutet leicht.
Deutsches Sprichwort

Das **Alte** klappert, das Neue klingt.
Deutsches Sprichwort

Das **Alte** stürzt; es ändert sich die Zeit, und neues Leben blüht aus den Ruinen.
Schiller

Das **Alte** wird nie alt, es wird nur alt das Neue.
Friedrich Rückert

Das **Alter** ist wie die Woge im Meer. Wer sich von ihr tragen läßt, treibt obenauf. Wer sich dagegen aufbäumt geht unter.
Gertrud von Le Fort

Gold und Lachen können das **Alter** zur Jugend machen.
Aus dem Talmud

Die **Alten** werden zweimal Kinder.
Deutsches Sprichwort

Wie die **Alten** sungen, so zwitschern schon die Jungen.
Deutsches Sprichwort

Alter macht zwar immer weiß, aber nicht immer weise.
Deutsches Sprichwort

Alter Schaden blutet leicht.
Deutsches Sprichwort

Alter schützt vor Torheit nicht.
Deutsches Sprichwort

Wenn wir alles an uns so lassen, wie es eben ist, **altern** wir am schönsten.
Erika Pluhar

Alt werden will jeder, **älter** werden niemand.
Deutsches Sprichwort

Älter werden heißt auch besser werden.
Jack Nicholson

Je **älter** man wird, desto eher findet man sich mit Dingen ab, man wird vielleicht so was wie weise.
Bettina Wegner

Die Jugend soll erwerben, was das **Alter** verzehrt.
Deutsches Sprichwort

In der Jugend faul, im **Alter** notleidend.
Englisches Sprichwort

Was man in der Wiege gelernt hat, das hält auch im **Alter** noch vor.
Spanisches Sprichwort

Wer in der Jugend spart, der darbt im **Alter** nicht.
Christian Fürchtegott Gellert

Die Tragödie des **Alters** ist nicht, daß man alt ist, sondern daß man jung ist.
Oscar Wilde

Am Markt lernt man die Leute kennen.
Deutsches Sprichwort

Am Trillern erkennt man die Lerche.
Deutsches Sprichwort

Ein guter **Amboss** fürchtet keinen Hammer.
Deutsches Sprichwort

Amerika, du hast es besser, als unser Kontinent, der alte.
Goethe

Amerika hat uns niemals verziehen, daß Europa ein wenig früher entdeckt worden ist.
Oscar Wilde

Amerika ist zu groß für kleine Träume.
Ronald Reagan

Die beste **Amme** ersetzt keine Mutter.
Deutsches Sprichwort

Amnestie ist Gnade, die Schuld nicht auslöscht, sondern vor Verfolgung freistellt.
Egon Bahr

Amnestie: Großmut des Staates gegenüber solchen Rechtsbrechern, deren Bestrafung ihm zu teuer wäre.
Ambrose Bierce

Amor besiegt alles.
Vergil

In diesem **Amt** ein normales Leben zu führen, das gelingt nur einem Narren oder einem Heiligen.
Helmut Kohl

Wem Gott ein **Amt** gibt, dem gibt er auch Verstand.
Deutsches Sprichwort

Wer als ein Fuchs ein **Amt** erschleicht, der wird es als ein Wolf verwalten.
K. Fr. Kretschmann

Es ist leichter, der **Ämter** würdig zu erscheinen, die man nicht besitzt, als derer, die man bekleidet.
La Rochefoucauld

Man soll die **Ämter** mit Leuten, nicht die Leute mit Ämtern versehen.
Deutsches Sprichwort

Tut, was euers **Amts** ist!
Schiller, Maria Stuart

An den Federn erkennt man den Vogel.
Deutsches Sprichwort

An den Scherben erkennt man den Topf.
Deutsches Sprichwort

An Gottes Segen ist alles gelegen.
Deutsches Sprichwort

An ihren Früchten sollt ihr sie erkennen.
Matthäus 7,16

An Rat gebrach es nie dem Mann, der vor- und rückwärts schauen kann.
Deutsches Sprichwort

An schmutzigen Händen bleibt viel hängen.
Deutsches Sprichwort

Wozu der Mensch Lust hat, dazu hat er auch **Andacht.**
Deutsches Sprichwort

Andere Zeiten – andere Sitten.
Deutsches Sprichwort

Achte nicht bloß auf das, was **andere** tun, sondern auch auf das, was sie unterlassen!
Deutsches Sprichwort

Wer sich auf **andere** verläßt, der ist verlassen.
Deutsches Sprichwort

Wenn es **anderen** erlaubt ist, so ist es deswegen noch nicht dir erlaubt.
Terenz

Anderer Fehler sind gute Lehrer.
Deutsches Sprichwort

Ändern und Bessern ist zweierlei.
Deutsches Sprichwort

Glücklich ist, wer vergißt, was doch nicht zu **ändern** ist.
Johann Strauß

Wer dir von **andern** schlecht spricht, spricht auch andern schlecht von dir.
Deutsches Sprichwort

Es kommt oft **anders**, als man denkt.
Deutsches Sprichwort

Vor Tische las man's **anders.**
Schiller

Hier stehe ich. Ich kann nicht **anders**, Gott helfe mir, Amen!
Martin Luther

Es muß sich alles **ändern,** damit alles so bleibt, wie es ist.
Tomasi di Lampedusa

Man **ändert** sich im Leben ebenso wie man Kleider ändert.
Calvin Klein

Die Zeiten **ändern** sich. Und noch viel mehr die Menschen.
Christian Friedrich Hebbel

Es kann sich nur etwas **ändern**, wenn wir optimistisch bleiben.
Carl Friedrich von Weizsäcker

Anfang ist kein Meisterstück.
Deutsches Sprichwort

Aller **Anfang** ist schwer.
Deutsches Sprichwort

Der **Anfang** ist die Hälfte des Ganzen.
Aristoteles

Guter **Anfang** ist halbe Arbeit.
Deutsches Sprichwort

Müßiggang ist aller Laster **Anfang.**
Deutsches Sprichwort

Zweifeln ist der Weisheit **Anfang.**
René Descartes

Nichts ist kostspieliger als der **Anfang.**
Friedrich Nietzsche

Anfangen ist leicht, beharren ist Kunst.
Deutsches Sprichwort

Wenn die anderen glauben, man ist am Ende, so muß man erst richtig **anfangen.**
Konrad Adenauer

Wehre den **Anfängen!**
Ovid

Ein **Anfänger** ist kein Meister.
Deutsches Sprichwort

Wer niemals **anfängt,** bringt niemals etwas zu Stande.
Deutsches Sprichwort

Wer viel **anfängt,** endet wenig.
Deutsches Sprichwort

Wohl **angefangen** ist gut, wohl enden ist besser.
Deutsches Sprichwort

Fische fängt man mit **Angeln,** Leute mit Worten.
Deutsches Sprichwort

Von **Angesicht** zu Angesicht.
2. Mose 33,11

Was man **angreift,** muss angreifbar sein – die Art, wie man es tut, unangreifbar.
Kay Lorentz

Der **Angriff** ist die beste Verteidigung.
Deutsches Sprichwort

Angst ist ein guter Ratgeber, sie ist natürlich und sie erhöht die Wachsamkeit.
Henning M. Beier

Angst ist die Voraussetzung des Überlebens.
Peter Scholl-Latour

Ein Spieler, der **Angst** hat, taugt sowieso nichts.
Bernd Schuster

Kein großer Athlet wird von der Lust auf Siege getrieben, jeder hat **Angst** vor der Niederlage.
Charles Barkley

Vor Unabänderlichem sollte man sich nicht zu sehr **ängstigen,** sonst verpasst man die Zeit, die einem bleibt.
Wolfgang Joop

Ein **Anker** ist gut, zwei sind besser.
Michail Gorbatschow

Zeit hätte man wohl genug, wenn man sie nur wohl **anlegte.**
Deutsches Sprichwort

Anpassung ist die Stärke des Schwachen.
Wolfgang Herbst

Auf gute **Anrede** folgt guter Bescheid.
Deutsches Sprichwort

Wie wir die Arbeit **anschauen,** so schaut uns die Arbeit wieder an.
Deutsches Sprichwort

Ansehen kostet nichts.
Deutsches Sprichwort

Je höher die Einkünfte, desto höher das **Ansehen.**
Ovid

Die **Ansicht** eines Weisen und den Rat eines Greisen soll man nicht von sich weisen.
Deutsches Sprichwort

Im Munde gewisser Leute reizen die eigenen **Ansichten** zum Widerstand.
Karl Heinrich Waggerl

Der **Anspruch** auf den Platz an der Sonne ist bekannt. Weniger bekannt ist, daß sie untergeht, sobald er errungen ist.
Karl Kraus

Was das Gesetz nicht verbietet, das verbietet der **Anstand.**
Seneca

Wo **Anstand** Betrug nicht verhindert, muss Strafe umso mehr schrecken.
Norbert Blüm

Antiquitäten sind Sachen von gestern nach dem Geschmack von heute zu den Preisen von morgen.
Lilo Pulver

Antiquitäten sind ehemaliger Kitsch – allerdings zwei Jahrhunderte später.
Peter Ustinov

Auf schnelle Fragen gib langsame **Antwort!**
Deutsches Sprichwort

Auf Umfragen gebe ich keine **Antwort,** um Meinungsmüll zu vermeiden.
Gerhard Polt

Besinnt Euch auf Eure Kraft und darauf, dass jede Zeit eigene **Antworten** will.
Willy Brandt

Keine **Antwort** ist auch eine Antwort.
Deutsches Sprichwort

Wenn Du eine weise **Antwort** verlangst, mußt Du vernünftig fragen.
Goethe

Der **Apfel** fällt nicht weit vom Stamm.
Deutsches Sprichwort

Im schönsten **Apfel** ist der Wurm.
Deutsches Sprichwort

Der Teufel hat mehr **Apostel** als zwölf.
Deutsches Sprichwort

Abwechslung stärkt den **Appetit.**
Deutsches Sprichwort

Der **Appetit** kommt beim Essen.
François Rabelais

Der **April** tut was er will.
Deutsches Sprichwort

Arbeit adelt.
Deutsches Sprichwort

Arbeit bringt Brot, Faulenzen Hungersnot.
Deutsches Sprichwort

Arbeit hat bittere Wurzel, aber süße Frucht.
Deutsches Sprichwort

Arbeit ist des Bürgers Zierde.
Schiller

Arbeit ist des Lebens Würze.
Deutsches Sprichwort

Arbeit ist keine Ware wie jede andere.
Ulf Fink

Arbeit, Müßigkeit und Ruh schließt dem Arzt die Türe zu.
Deutsches Sprichwort

Arbeit schändet nicht.
Hesiod

Arbeit, Sorg' und Herzeleid ist der Erde Alltagskleid.
Deutsches Sprichwort

Armut treibt zur **Arbeit.**
Deutsches Sprichwort

Dem Faulpelz geht die **Arbeit** von der Hand wie das Pech von der Wand.
Deutsches Sprichwort

Der Weg zum Reichtum liegt hauptsächlich in zwei Wörtern: **Arbeit** und Sparsamkeit.
Benjamin Franklin

Es gibt nichts besseres, als von seiner **Arbeit** zu leben.
Anatole France

Erst die **Arbeit,** dann das Vergnügen.
Deutsches Sprichwort

Guter Anfang ist halbe **Arbeit.**
Deutsches Sprichwort

Lust und Liebe zu einem Ding, macht die schwerste **Arbeit** gering.
Deutsches Sprichwort

Meine **Arbeit** gibt mir Sicherheit, das Leben verunsichert mich eher.
Marcello Mastroianni

Nach getaner **Arbeit** ist gut ruhn.
Deutsches Sprichwort

Nichts halb zu tun, ist edler Geister **Arbeit.**
Christoph Martin Wieland

Wenn **Arbeit** so leicht wäre, so tät's der Bürgermeister selbst.
Deutsches Sprichwort

Wenn gute Reden sie begleiten, dann fließt die **Arbeit** munter fort.
Schiller

Wer Freude bei der **Arbeit** hat, ist im Stande viel zu leisten.
Marion Gräfin Dönhoff

Wie die **Arbeit,** so der Lohn.
Deutsches Sprichwort

Wie wir die **Arbeit** anschauen, so schaut uns die Arbeit wieder an.
Deutsches Sprichwort

Wo **Arbeit** das Haus bewacht, kann Armut nicht hinein.
Deutsches Sprichwort

Bete und **arbeite!**
Lateinisches Sprichwort

Jeder, der **arbeiten** will, sollte die Chance dazu haben.
Bernhard Jagoda

Wer in der wirklichen Welt **arbeiten** kann und in der idealen lebt, der hat das Höchste erreicht.
Ludwig Börne

Wer nicht richtig faulenzen kann, kann auch nicht richtig **arbeiten.**
Deutsches Sprichwort

Die **Arbeiter** haben ein langes Gedächtnis, länger als das Gedächtnis mancher Politiker.
Heinz-Werner Meyer

Einem faulen **Arbeiter** ist jeder Hammer zu schwer.
Deutsches Sprichwort

Gute Belohnung macht willige **Arbeiter.**
Deutsches Sprichwort

Wer nicht **arbeitet**, soll auch nicht essen.
Deutsches Sprichwort

Mein **Arbeitstag?** Ich steh' jeden Morgen auf, wasch' mich, putz' mir die Zähne – und geh' nach Hause.
Otto Waalkes

Arbeitszeiten nach Maß sind besser als von der Stange.
Norbert Blüm

Wie einer isst, so **arbeitet** er auch.
Deutsches Sprichwort

Besser karg als **arg.**
Deutsches Sprichwort

Der erste Betrug ist **ärger** als der letzte.
Deutsches Sprichwort

Es ist schon immer so gewesen, dass sich viele über das **ärgern,** worüber sich sehr viele freuen.
Thomas Gottschalk

Der **ärgste** Feind ist in uns selber.
Deutsches Sprichwort

Schlechte **Argumente** bekämpft man am besten, indem man ihre Darlegung nicht stört.
Alec Guinness

Wenn **Argumente** fehlen, kommt meist ein Verbot heraus.
Oliver Hassenkamp

Argwohn riecht den Braten, ehe das Kalb geschlachtet ist.
Deutsches Sprichwort

Die Hölle und der **Argwohn** werden nimmer satt.
Deutsches Sprichwort

Arm ist nicht, wer wenig hat, sondern wer viel bedarf.
Deutsches Sprichwort

Arm oder reich, vor Gott sind alle gleich.
Deutsches Sprichwort

Alle Räder stehen still, wenn dein starker **Arm** es will!
Georg Herwegh

Besser **arm** in Ehren als reich in Schanden.
Deutsches Sprichwort

Das sicherste Mittel, **arm** zu bleiben, ist, ein ehrlicher Mensch zu sein.
Napoleon I.

Unmäßigkeit macht **arm**, träg und krank.
Deutsches Sprichwort

Der **Arme** kennt seine Verwandten besser als der Reiche.
Deutsches Sprichwort

Ein guter Feldherr ist so gut wie eine halbe **Armee**.
Deutsches Sprichwort

Die einzigen, die immer Recht haben, wenn sie auf den Reichtum schimpfen, sind die **Armen.**
Hans Magnus Enzensberger

Die Reichen haben Medizin, die **Armen** Gesundheit.
Deutsches Sprichwort

In den **Armen** liegen sich beide und weinen für Schmerzen und Freude.
Schiller

Etwas aus dem **Ärmel** schütteln.
Deutsche Redensart

Es ist leichter, einen Betrunkenen als einen **Armen** auf die Füße zu stellen.
Jüdisches Sprichwort

Armer Leute Gäste gehen früh nach Hause.
Deutsches Sprichwort

Man glaubt die Wahrheit nicht, wenn sie ein **Armer** spricht, und selbst die Lüge glaubt man einem reichen Wicht.
Friedrich Rückert

Unglück sitzt nicht immer vor **armer** Leute Tür.
Deutsches Sprichwort

Armut ist aller Künste Stiefmutter.
Deutsches Sprichwort

Armut ist des Reichtums Hand und Fuß.
Deutsches Sprichwort

Armut ist die größte Umweltzerstörerin.
Indira Gandhi

Armut ist verhasst, Reichtum oft eine Last.
Deutsches Sprichwort

Armut schändet nicht.
Deutsches Sprichwort

Armut schändet nicht, ist ein Sprichwort, das alle Menschen im Munde führen, aber keiner im Herzen.
August von Kotzebue

Armut treibt zur Arbeit.
Deutsches Sprichwort

Armut tut weh.
Deutsches Sprichwort

Der Stolz frühstückt mit dem Übermut, speist zu Mittag mit der **Armut** und ißt zu Abend mit der Schande.
Benjamin Franklin

Die **Armut** und die Hoffnung sind Mutter und Tochter. Indem man sich mit der Tochter unterhält, vergißt man die andere.
Jean Paul

Die Trägheit schleicht so langsam, dass die **Armut** sie bald einholt.
Deutsches Sprichwort

Faulheit ist der Schlüssel zur **Armut.**
Deutsches Sprichwort

Was aus **Armut** geschieht, soll man leicht vergeben.
Deutsches Sprichwort

Wo Arbeit das Haus bewacht, kann **Armut** nicht hinein.
Deutsches Sprichwort

Arbeit, Müßigkeit und Ruh schließt dem **Arzt** die Türe zu.
Deutsches Sprichwort

Der **Arzt** für alle notwendigen Übel ist die Zeit.
Menander

Der beste **Arzt** ist oft der schlechteste Patient.
Deutsches Sprichwort

Ein **Arzt** darf sich bei der Diagnose irren, aber niemals bei der Behandlung.
Tom Wolfe

Ein guter Koch ist ein guter **Arzt.**
Deutsches Sprichwort

Wenn ein **Arzt** hinter dem Sarg eines Patienten geht, so folgt manchmal die Ursache der Wirkung.
???

Fressen und Saufen macht die **Ärzte** reich.
Deutsches Sprichwort

Fröhlichkeit und Mäßigkeit sind die zwei besten **Ärzte.**
Deutsches Sprichwort

Der Kirchhof deckt die Sünden der **Ärzte** zu.
Deutsches Sprichwort

Die Gesunden bedürfen des **Arztes** nicht, sondern die Kranken.
Matthäus 9,12

Eulen nach **Athen** tragen.
Aristophanes

So lange ich **atme**, hoffe ich auch.
Lateinisches Sprichwort

Auch das Schöne muß sterben.
Schiller, Nänie

Auch der beste Gaul stolpert einmal.
Deutsches Sprichwort

Auch die Ewigkeit besteht aus Augenblicken.
Deutsches Sprichwort

Auch die hohlste Nuß will noch geknackt sein.
Friedrich Nietzsche

Auch eine Fülle von Büchern ersetzt den guten Lehrer nicht.
Chinesisches Sprichwort

Auf dem Ofen sitzend wird man nicht General.
Russisches Sprichwort

Auf den Bergen ist Freiheit!
Schiller, Die Braut von Messina

Auf einen groben Klotz gehört ein grober Keil.
Deutsches Sprichwort

Auf einen Heger kommt ein Feger.
Deutsches Sprichwort

Auf einen Hieb fällt kein Baum.
Deutsches Sprichwort

Auf Erden lebt kein Menschenkind, an dem man keinen Mangel find't.
Deutsches Sprichwort

Auf gute Anrede folgt guter Bescheid.
Deutsches Sprichwort

Auf Händen tragen.
Psalm 91,12

Auf Herz und Nieren prüfen.
Nach Psalm 7,10

Auf jeden Abend folgt ein Morgen.
Türkisches Sprichwort

Auf keinen grünen Zweig kommen.
Nach Hiob 15,32

Auf Nachbars Feld steht das Korn besser.
Deutsches Sprichwort

Auf Regen folgt Sonnenschein.
Deutsches Sprichwort

Auf schnelle Fragen gib langsame Antwort!
Deutsches Sprichwort

Auf Sparen folgt Haben.
Deutsches Sprichwort

Auf vollem Bauch steht ein fröhlich Haupt.
Deutsches Sprichwort

Luftschlösser lassen sich leicht **aufbauen**, aber schwer niederreißen.
Deutsches Sprichwort

Wer sich zu groß fühlt, um kleine **Aufgaben** zu erfüllen, ist zu klein, um mit großen Aufgaben betraut zu werden.
Jaques Tati

Wo deine Gaben liegen, da liegen auch deine **Aufgaben**.
Deutsches Sprichwort

Wenn einer das Gefühl hat, zu früh **aufgehört** zu haben, leidet er mehr, als wenn er in der Endphase ein bisschen stolpert.
Franz Beckenbauer

Aufgeschoben ist nicht **aufgehoben**.
Arnobius

Verschoben ist nicht **aufgehoben**.
Deutsches Sprichwort

Wird man wo gut **aufgenommen,** muß man nicht gleich wiederkommen.
Pius Alexander Wolff, Preciosa

Spielen ist keine Kunst, aber **aufhören** mit spielen.
Deutsches Sprichwort

Wenn es am besten schmeckt, soll man **aufhören.**
Deutsches Sprichwort

Aufmerksamkeit ist die höchste aller Fertigkeiten und Tugenden.
Goethe, Gespräche

Die **Aufmerksamkeit** ist der Meißel des Gedächtnisses.
Gaston Duc de Lévis

Aufrichtig sein und ehrlich bringt Gefahr.
Shakespeare, Othello

Wer **aufrichtig** ist, dem vertraut das Volk.
Konfuzius

Gleich ist der Mann, das **Aufschieben** hat der Teufel erfunden.
Deutsches Sprichwort

Es gibt zwei Wege für den politischen **Aufstieg:** Entweder man paßt sich an oder man legt sich quer.
Konrad Adenauer

Urlaubsfreundschaften und Pilzgerichte soll man nicht **aufwärmen.**
Bernhard Wicki

Aufwärts geht's hat der Spatz gesagt, als ihn die Katze das Dach hinaufgetragen hat, um ihn zu fressen.
Herbert Achternbusch

Wie seinen **Augapfel** hüten.
5. Mose 32,10

Das paßt wie die Faust aufs **Auge.**
Martin Luther

Eine Krähe hackt der anderen kein **Auge** aus.
Deutsches Sprichwort

Gottes **Auge** schläft nicht.
Deutsches Sprichwort

Wär' nicht das **Auge** sonnenhaft, die Sonne könnt' es nie erblicken.
Goethe

Ähnlichseherei und Gleichmacherei sind das Merkmal schwacher **Augen.**
Friedrich Nietzsche

Aus den **Augen**, aus dem Sinn.
Deutsches Sprichwort

Die **Augen** glauben sich selbst, die Ohren anderen Leuten.
Deutsches Sprichwort

Die Menschen glauben den **Augen** mehr als den Ohren.
Seneca

Ein verschlossener Mund und offene **Augen** haben noch niemandem geschadet.
Deutsches Sprichwort

Vier **Augen** sehen mehr als zwei.
Deutsches Sprichwort

Was dem Herzen gefällt, das suchen die **Augen.**
Deutsches Sprichwort

Die Zeit bringt Rat. Erwartet in Geduld. Man muß dem **Augenblick** auch was vertrauen.
Schiller

Doch der den **Augenblick** ergreift, das ist der rechte Mann.
Goethe

Jeder **Augenblick** im Leben ist ein Schritt zum Tode hin.
Pierre Corneille

Nur was der **Augenblick** erschafft, das kann er nützen.
Goethe

Was glänzt, ist für den **Augenblick** geboren, das Echte bleibt der Nachwelt unverloren.
Goethe

Werd' ich zum **Augenblicke** sagen: Verweile doch! Du bist so schön! Dann magst du mich in Fesseln schlagen, dann will ich gern zugrunde gehn!
Goethe

Auch die Ewigkeit besteht aus **Augenblicken.**
Deutsches Sprichwort

Was der **August** nicht kocht, läßt der September ungebraten.
Deutsches Sprichwort

Aus dem kleinsten Funken wird oft größter Brand.
Deutsches Sprichwort

Aus den Augen, aus dem Sinn.
Deutsches Sprichwort

Aus derselben Ackerkrume wächst das Unkraut wie die Blume.
Friedrich von Bodenstedt

Aus einem kleinen Gebüsch springt oft ein großer Hase.
Deutsches Sprichwort

Aus fremdem Leder ist leicht Riemen schneiden.
Deutsches Sprichwort

Aus Gottes Hand in Gottes Hand.
Ludwig Uhland, Auf den Tod eines Kindes

Aus kleinem Reis wird ein großer Baum.
Deutsches Sprichwort

Aus klugen Kindern werden oft alte Narren.
Schwedisches Sprichwort

Aus Neigungen werden Tugenden und Laster.
Deutsches Sprichwort

Aus nichts wird nichts.
Epikur

Aus ungelegten Eiern schlüpfen keine Hühner.
Deutsches Sprichwort

Ausbildung verhindert Einbildung.
Deutsches Sprichwort

Ausdauer: Eine bescheidene Tugend, die der Mittelmäßigkeit zu unrühmlichem Erfolg verhilft.
Ambrose Bierce

Ausdauer ist ein Talismann für das Leben.
Afrikanisches Sprichwort

Ausdauer ist konzentrierte Geduld.
Thomas Carlyle

Ausdauer hat ihr Melancholisches.
Thomas Mann

Courage ist gut, aber **Ausdauer** ist besser.
Theodor Fontane

Eiserne **Ausdauer** und klaglose Entsagung sind die zwei äußersten Pole der menschlichen Kraft.
Marie von Ebner-Eschenbach

Viele sind berufen, aber wenige sind **auserwählt.**
Matthäus 20,16

Du hast es eingebrockt; du mußt es auch **ausessen.**
Terenz

Einfälle sind besser als **Ausfälle.**
Deutsches Sprichwort

Als Regel kann man aufstellen: Je sinnloser **Ausgaben,** desto unaufhaltsamer.
Hans Magnus Enzensberger

Der Vogel ist **ausgeflogen.**
Deutsches Sprichwort

Ausgrenzung erzeugt Gewalt. Kultur ist eine der Einrichtungen, bei denen man das ändern kann.
Peter Sodann

Wer **ausharrt,** dem gelingt's.
Deutsches Sprichwort

Ausnahmen bestätigen die Regel.
Französisches Sprichwort

Wer sich ständig kontrolliert und anpasst, hat keine **Ausstrahlung.**
Renate Schmidt

In kritischen Lagen soll man nicht Sündenböcke suchen, sondern einen **Ausweg.**
Hanna Suchocka

Außen Honig, innen Galle.
Deutsches Sprichwort

Außen hui, innen pfui.
Deutsches Sprichwort

Den Nackten kann man nicht **ausziehen.**
Deutsches Sprichwort

Nichts ist gefährlicher, als zwei Menschen **auszusöhnen,** sie zu entzweien, ist viel sicherer und leichter.
Jean Paul

Das **Auto** wird nur eine Zukunft haben, wenn es auch eine Fläche zum Fahren hat.
Hans Eichel

Die Zukunft des **Autos** ist das Auto der Zukunft.
Otto Willenbockel

Ein vernünftiges **Auto** soll seinen Besitzer überallhin transportieren – außer auf den Jahrmarkt der Eitelkeit.
Henry Ford

Wenn ein **Autor** stirbt, verwandelt sich die üble Nachrede immer in einen rühmenden Nachruf.
Werner Finck

Autoren, die auf der Schreibmaschine nur mit zwei Fingern tippen, sind im Vorteil, weil sie dabei in aller Ruhe denken können.
Fernando Arrabal

Eine untergrabene **Autorität** ist eine begrabene Autoriät.
Otto Galo

B

Wer A sagt, muss auch **B** sagen.
Deutsches Sprichwort

Babys sind eine Berufskrankheit der Ehe.
Prinzessin Anne von England

Viele Bächlein ergeben einen **Bach.**
Deutsches Sprichwort

Viele **Bächlein** ergeben einen Bach.
Deutsches Sprichwort

Selbst getan ist **bald** getan.
Deutsches Sprichwort

Was du tust, das tue **bald!**
Johannes 13,27

Wasser hat keine **Balken.**
Deutsches Sprichwort

Weinen ist ein süßer **Balsam.**
Heinrich Heine

Banken sind gefährlicher als stehende Armeen.
Thomas Jefferson

Als erstes im **Bankgeschäft** lernt man den Respekt vor Nullen.
Carl Fürstenberg

Bär und Büffel können keinen Fuchs fangen.
Deutsches Sprichwort

Ein alter **Bär** kann leicht in eine Falle tappen.
Russisches Sprichwort

Barmherzigkeit fängt zu Hause an.
Englisches Sprichwort

Barmherzigkeit gegen die Wölfe ist Unrecht gegen die Schafe.
Niederländisches Sprichwort

Nicht jeder, der einen **Bart** trägt, ist schon Prophet.
Arabisches Sprichwort

Auf vollem **Bauch** steht ein fröhlich Haupt.
Deutsches Sprichwort

Der Unmäßigen Gott ist der **Bauch.**
Deutsches Sprichwort

Ein hungriger **Bauch** hat keine Ohren.
Deutsches Sprichwort

Ein voller **Bauch** studiert nicht gern.
Deutsches Sprichwort

Wer **bauen** will, muss zwei Pfennige für einen rechnen.
Deutsches Sprichwort

Bauer sein, das ist kein Job, sondern eine Aufgabe. Bauern denken in Generationen.
Jochen Borchert

Besser ein gesunder **Bauer** als ein kranker Kaiser.
Deutsches Sprichwort

Hat der **Bauer** Geld, hat es die ganze Welt.
Deutsches Sprichwort

Was der **Bauer** nicht kennt, frisst er nicht.
Deutsches Sprichwort

Wer einen **Bauern** betrügen will, muss einen Bauern mitbringen.
Deutsches Sprichwort

Aus kleinem Reis wird ein großer **Baum.**
Deutsches Sprichwort

Der Raupe wegen muss man den **Baum** nicht umlegen.
Deutsches Sprichwort

Einen alten **Baum** versetzt man nicht.
Deutsches Sprichwort

Kein **Baum** fällt auf den ersten Streich.
Deutsches Sprichwort

Man kann einen **Baum** nicht nach der Güte seiner Blätter einschätzen, sondern nur nach der Güte seiner Früchte.
Giordano Bruno

Der liebe Gott hat dicke und dünne **Bäume** wachsen lassen. Die dicken bringen mehr Holz.
Günter Strack

Den Wald vor lauter **Bäumen** nicht sehen.
Christoph Martin Wieland

Was Hände **bauten**, können Hände stürzen.
Schiller, Wilhelm Tell

Bei schlechten **Beamten** helfen selbst die besten Gesetze nichts.
Otto von Bismarck

Im **Becher** ersaufen mehr als im Meer.
Deutsches Sprichwort

Man ist nur Herr, sich den ersten **Becher** zu versagen, nicht den zweiten.
Ludwig Börne

Arm ist nicht, wer wenig hat, sondern wer viel **bedarf**.
Deutsches Sprichwort

Vieles wünscht sich der Mensch, und doch **bedarf** er nur wenig.
Goethe, Hermann und Dorothea

Bedenke das Ende!
Jesus Sirach 7,40

Was man zu lang **bedenkt**, das wird bedenklich.
Deutsches Sprichwort

Wer gar zu viel **bedenkt,** wird wenig leisten.
Schiller

Wer lange **bedenkt,** der wählt nicht immer das Beste.
Goethe

Perlen **bedeuten** Tränen.
Lessing, Emilia Galotti

Zwist unter Liebesleuten hat nicht viel zu **bedeuten.**
Deutsches Sprichwort

Da ergreift ihn der Worte **Bedeutung.**
Schiller, Der Graf von Habsburg

Bitten ist lang, **befehlen** kurz.
Deutsches Sprichwort

Wer nur **begann,** hat schon halb vollendet.
Horaz

Je mehr die Menschen haben, desto mehr **begehren** sie.
Justinus

Wer nichts **begehrt,** dem geht nichts ab.
Deutsches Sprichwort

Begeisterung ist keine Heringsware, die man einpökelt auf einige Jahre.
Goethe

Die **Begeisterung** ist das tägliche Brot der Jugend.
Pearl S. Buck

Begierde ist des Menschen Wesen selbst.
Spinoza

Den größten Reichtum hat, wer arm ist an **Begierden.**
Seneca

So tauml' ich von **Begierde** zu Genuß, und im Genuß verschmacht' ich nach Begierde.
Goethe, Faust I

Um seinen Verstand auszubreiten, muß man seine **Begierde** einschränken.
Lessing

Unkraut braucht man nicht zu **begießen**, es wächst über Nacht.
Deutsches Sprichwort

Wohl **begonnen** ist halb gewonnen.
Deutsches Sprichwort

Ach, sie haben einen guten Mann **begraben**, und mir war er mehr!
Claudius, Bei dem Grabe meines Vaters

Denn eben, wo **Begriffe** fehlen, da stellt ein Wort zur rechten Zeit sich ein.
Goethe, Faust I

Erst dann, wenn sich der Mensch **Begriffe** formt, begreift er sich.
Antoine de Saint-Exupéry

Wer zuerst zugreift, **behält.**
Deutsches Sprichwort

Anfangen ist leicht, **beharren** ist Kunst.
Deutsches Sprichwort

Beharrlichkeit überwindet alles.
Deutsches Sprichwort

Nur **Beharrung** führt zum Ziel, nur die Fülle führt zur Klarheit, und im Abgrund wohnt die Wahrheit.
Schiller

Behauptung ist nicht Beweis.
Shakespeare

Die meisten Menschen neigen von Natur zu absprechenden und entschiedenen **Behauptungen.**
David Hume

Eine kühne **Behauptung** ist der Hecht im Karpfenteich unserer täglichen Gedanken und Meinungen.
Charles Tschopp

Wer sich selbst **beherrscht,** der ist ein weiser Mann.
Euripides

Bei großem Gewinn ist großer Betrug.
Deutsches Sprichwort

Bei gutem Wetter kann jeder Steuermann sein.
Deutsches Sprichwort

Bei Männern, welche Liebe fühlen, fehlt auch ein gutes Herze nicht.
Emanuel Schikaneder

Bei tauben Ohren ist jede Predigt verloren.
Deutsches Sprichwort

Doch wer so oft zu **beichten** hat, der muß auch oftmals fehlen.
Logau

Ein Mächtiger, der mit dem Schwächeren spricht, verlangt nur **Beifall,** nicht die Wahrheit.
Karl Wilhelm Ramler

Beim Lehren lernt man.
Seneca

Beim Tanz geigt der Teufel gern.
Deutsches Sprichwort

Beim Wein geht die Zunge auf Stelzen.
Deutsches Sprichwort

Beinahe ist noch nicht halb.
Deutsches Sprichwort

Lügen haben kurze **Beine.**
Deutsches Sprichwort

Was man nicht im Kopf hat, muss man in den **Beinen** haben.
Deutsches Sprichwort

Böse **Beispiele** verderben gute Sitten.
1. Korinther 15,33

Ein gutes **Beispiel** ist der beste Lehrmeister.
Deutsches Sprichwort

Wenige Dinge auf Erden sind lästiger als die stumme Mahnung, die von einem guten **Beispiel** ausgeht.
Mark Twain

Den letzten **beißen** die Hunde.
Deutsche Redensart

Hunde, die viel bellen, **beißen** nicht.
Deutsches Sprichwort

Tote Hunde **beißen** nicht.
Deutsches Sprichwort

Das Publikum **beklatscht** ein Feuerwerk, aber keinen Sonnenaufgang.
Christian Friedrich Hebbel

Wer nichts verlangt, **bekommt** nichts.
Deutsches Sprichwort

Bekümmert Herz treibt selten Scherz.
Deutsches Sprichwort

Hunde, die viel **bellen**, beißen nicht.
Deutsches Sprichwort

Beleidigungen sind die Argumente derer, die unrecht haben.
Jean-Jaques Rousseau

Es gibt **Beleidigungen**, die man nicht bemerken darf, wenn man sich in der Gesellschaft behaupten will.
Luc de Vauvenargues

Gute **Belohnung** macht willige Arbeiter.
Deutsches Sprichwort

Ein gutes **Benehmen** ist wie ein vollendeter Faltenwurf
Japanisches Sprichwort

Ein **Berater** ist jemand, der dir deine Armbanduhr wegnimmt, um dir zu sagen, wie spät es ist.
Roy Kinnear

Beredsamkeit ist Logik in Flammen.
Lyman Beecher

Meister der **Beredsamkeit** ist der, der alles Nötige sagt und nur dies.
La Rochefoucauld

Nichts **bereuen** ist aller Weisheit Anfang.
Ludwig Börne

Nur wer **bereut**, dem wird verziehn im Leben.
Dante

Den schreckt der **Berg** nicht, der darauf geboren.
Schiller

Wenn der **Berg** nicht zum Propheten kommt, muß der Prophet zum Berge gehen.
Mohammed

Der Glaube versetzt **Berge.**
Nach 1. Korinther 13,2

Auf den **Bergen** ist Freiheit!
Schiller

Hinter den **Bergen** wohnen auch Leute.
Deutsches Sprichwort

Alle **Berufe** sind Verschwörungen gegen die Laien.
George Bernhard Shaw

Der wahre **Beruf** des Menschen ist, zu sich selbst zu kommen.
Hermann Hesse

Das Wichtigste im Leben ist die Wahl des **Berufes.** Der Zufall entscheidet darüber.
Blaise Pascal

Viele sind **berufen**, aber wenige sind auserwählt.
Matthäus 20,16

Auf gute Anrede folgt guter **Bescheid.**
Deutsches Sprichwort

Bescheidenheit bei mittelmäßigen Fähigkeiten ist bloße Ehrlichkeit. Bei großen Taten ist sie Heuchelei.
Arthur Schopenhauer

Bescheidenheit ist eine große Tugend – besonders bei anderen Menschen.
Federico Fellini

Bescheidenheit müßte die Tugend derer sein, denen die anderen fehlen.
Georg Christoph Lichtenberg

Ein vernünftiger **Beschluss** ist gewöhnlich der Kompromiss zwischen unvernünftigen Wünschen.
Charles Tschopp

In der **Beschränkung** zeigt sich erst der Meister.
Goethe

Neue **Besen** kehren gut.
Deutsches Sprichwort

Sich selbst bekriegen ist der schwerste Krieg, sich selbst **besiegen** ist der schönste Sieg.
Friedrich von Logau

Amor **besiegt** alles.
Vergil

Besitz entscheidet alles in der Welt.
Adalbert von Chamisso, Sonette

Der **Besitz** macht uns nicht halb so glücklich, wie uns der Verlust unglücklich macht.
Jean Paul

Es gibt keinen **Besitz**, der Nachlässigkeit vertrüge.
Thomas Mann

Nur halb ist der Verlust des schönsten Glücks, wenn wir auf den **Besitz** nicht sicher zählten.
Goethe, Torquato Tasso

Sei im **Besitze**, und du wohnst im Recht.
Schiller

Was du ererbt von deinen Vätern hast, erwirb es, um es zu **besitzen.**
Goethe

Glücklich die **Besitzenden!**
Euripides

Was man nicht versteht, **besitzt** man nicht.
Goethe

Wer **besitzt**, der lerne verlieren, wer im Glück ist, der lerne den Schmerz.
Schiller

Was du heute kannst **besorgen**, das verschiebe nicht auf morgen!
Deutsches Sprichwort

Zwischen heut und morgen liegt eine lange Frist, lerne schnell **besorgen**, da du noch munter bist.
Goethe

Besser arm in Ehren als reich in Schanden.
Deutsches Sprichwort

Besser barfuß als in gebrauchten Schuhen.
Deutsches Sprichwort

Besser ein weiser Tor als ein törichter Weiser.
Shakespeare

Besser freundlich versagen als unwillig gewähren.
Deutsches Sprichwort

Besser karg als arg.
Deutsches Sprichwort

Besser mit Schaden als mit Schanden klug werden.
Deutsches Sprichwort

Besser nachgeben als zu Schaden kommen.
Deutsches Sprichwort

Besser Neider als Mitleider.
Deutsches Sprichwort

Besser offener Feind als zweideutiger Freund.
Deutsches Sprichwort

Besser schielen als blind sein.
Deutsches Sprichwort

Besser schlichten als richten.
Deutsches Sprichwort

Besser Unrecht leiden als Unrecht tun.
Deutsches Sprichwort

Besser von vielem nichts wissen als alles besser wissen.
Deutsches Sprichwort

Besser weichen als die Schlacht verlieren.
Deutsches Sprichwort

Besser zu früh als zu spät.
Deutsches Sprichwort

Besser zweimal fragen als einmal irregehen.
Deutsches Sprichwort

Doppelt genäht hält **besser.**
Deutsches Sprichwort

Etwas ist **besser** als nichts.
Deutsches Sprichwort

Genug ist **besser** als zu viel.
Deutsches Sprichwort

Das **Bessere** ist der Feind des Guten.
Deutsches Sprichwort

Ändern und **Bessern** ist zweierlei.
Deutsches Sprichwort

Der Wechsel ist das **Beständige.**
Arthur Schopenhauer

Ausnahmen **bestätigen** die Regel.
Französisches Sprichwort

Das Teuerste ist nicht immer das **Beste.**
Deutsches Sprichwort

Dem Satten schmeckt das **Beste** nicht.
Deutsches Sprichwort

Du musst das **Beste** hoffen, das Schlimmste kommt von selbst.
Deutsches Sprichwort

Denn wer den **Besten** seiner Zeit genug getan, der hat gelebt für alle Zeiten.
Schiller

Die ersten Gedanken sind die **besten.**
Deutsches Sprichwort

Kurze **Besuche** verlängern die Freundschaft.
Deutsches Sprichwort

Bete und arbeite!
Lateinisches Sprichwort

Not lehrt **beten.**
Deutsches Sprichwort

Wer andere **betrogen** hat, wird dich gewiss betrügen, wenn's ihm dient.
Leopold Schefer

Man wird nie **betrogen,** man betrügt sich selbst.
Goethe

Wer leicht glaubt, wird leicht **betrogen.**
Deutsches Sprichwort

Bei großem Gewinn ist großer **Betrug.**
Deutsches Sprichwort

Der erste **Betrug** ist ärger als der letzte.
Deutsches Sprichwort

Nur der **Betrug** entehrt, der Irrtum nie.
Georg Christoph Lichtenberg

Der dich **betrügt**, ist nahe bei dir.
Sprichwort aus Zentralafrika

Wenn du mich einmal **betrügst** – deine Schande.
Wenn du mich zweimal betrügst – meine Schande.
Sprichwort aus China

Viele Federn machen ein **Bett.**
Deutsches Sprichwort

Betteln ist besser als borgen.
Deutsches Sprichwort

Der Geiz und der **Bettelsack** sind bodenlos.
Deutsches Sprichwort

Wie man sich **bettet**, so liegt man.
Deutsches Sprichwort

Wer keine Zeit hat, ist ärmer als der ärmste **Bettler.**
Italienisches Sprichwort

Will man Schweres **bewältigen**, muß man es leicht angehen.
Bertolt Brecht

Handle so, daß der **Beweggrund** deines Willens jederzeit zugleich als Grundsatz einer allgemeinen Gesetzgebung gelten könnte.
Immanuel Kant,
Kritik der praktischen Vernunft

Und sie **bewegt** sich doch!
Galileo Galilei

Behauptung ist nicht **Beweis.**
Shakespeare, Othello

Die **Bewunderung** preist, die Liebe ist stumm.
Ludwig Börne

Wie die **Bezahlung**, so die Arbeit.
Deutsches Sprichwort

Eine **Beziehung** funktioniert nicht, wenn man ständig Angst um den Partner haben muss.
Wolf Larson

Im Munde **Bibel**, im Herzen übel.
Deutsches Sprichwort

Bienen und Schafe ernähren den Mann im Schlafe.
Bauernregel

Bier hebt in Deutschland das nationale Bewußtsein.
Wolfgang Koeppen

Mit nichts vergeuden die Deutschen mehr Zeit als mit dem **Biertrinken.**
Otto von Bismarck

Worte sind der Seele **Bild.**
Deutsches Sprichwort

Ein **Bild** kannn nicht schrecklich oder heiter sein. Es kann rot sein oder schwarz.
Georg Baselitz

Bilde dich selbst, und dann wirke auf andere durch das, was du bist.
Wilhelm von Humboldt

Bildung macht frei.
Joseph Meyer

Bildung ist das, was übrigbleibt, wenn der letzte Dollar weg ist.
Mark Twain

Bildung ist eine Krücke, mit der der Lahme den Gesunden schlägt, um zu zeigen, daß er auch bei Kräften ist.
Karl Kraus

Die **Bildung** eines Menschen zeigt sich am deutlichsten in seinem Verhalten gegenüber Ungebildeten.
Hans Kilian

Ein bißchen **Bildung** macht die ganze Welt verwandt.
Mark Twain

Was dem einen recht ist, ist dem anderen **billig.**
Deutsches Sprichwort

Drum prüfe, wer sich ewig **bindet**, ob sich das Herz zum Herzen findet.
Schiller, Das Lied von der Glocke

Wenn die **Birne** reif ist, fällt sie ab.
Deutsches Sprichwort

Bis hierher und nicht weiter!
Pindar

Du bleibst doch immer, was du **bist.**
Goethe, Faust I, Mephistopheles

Die **Bitte** ist immer heiß, der Dank kalt.
Deutsches Sprichwort

Bitten ist lang, befehlen kurz.
Deutsches Sprichwort

Es ist nichts teurer, als was man mit **Bitten** erkaufen muss.
Deutsches Sprichwort

Ein ganz klein wenig Süßes kann viel **Bitteres** verschwinden machen
Petrarca

Das steht auf einem anderen **Blatt.**
Deutsche Redensart

Dem Furchtsamen rauschen alle **Blätter.**
Deutsches Sprichwort

Bleibe im Lande und nähre dich redlich.
Psalm 37,3

Blick erst auf dich, dann richte mich!
Deutsches Sprichwort

Auf den ersten **Blick** ist jedes Mädchen zum Verlieben schön. Auf den zweiten Blick kommt es an.
Peter Bamm

Das Glück ist **blind.**
Cicero

Liebe macht **blind.**
Plato

Blinde Rache, schlimme Sache!
Deutsches Sprichwort

Wenn der **Blinde** den Lahmen trägt, so kommen sie beide fort.
Deutsches Sprichwort

Unter **den Blinden** ist der Einäugige König.
Deutsches Sprichwort

Blinder Eifer schadet nur.
Magnus Gottfried Lichtwer, Fabeln

Ein **blindes** Huhn findet auch wohl ein Korn.
Deutsches Sprichwort

Wenn ein Mann etwas ganz **Blödsinniges** tut, so tut er es immer aus den edelsten Motiven.
Oscar Wilde

Aus derselben Ackerkrume wächst das Unkraut wie die **Blume.**
Friedrich von Bodenstedt

Die **Blume** verblüht, die Frucht muß treiben.
Schiller, Das Lied von der Glocke

Blut sagt man, fordert Blut.
Shakespeare, Macbeth

Stiche, die nicht **bluten,** tun weher als andere.
Deutsches Sprichwort

Alte Wunde **blutet** leicht.
Deutsches Sprichwort

Jemanden ins **Bockshorn** jagen.
Deutsche Redensart

Dankbarkeit und Weizen gedeihen nur auf gutem **Boden.**
Deutsches Sprichwort

Handwerk hat goldenen **Boden.**
Deutsches Sprichwort

Allzu straff gespannt zerspringt der **Bogen.**
Schiller, Wilhelm Tell

Hunger macht saure **Bohnen** süß.
Deutsches Sprichwort

Borgen und Schmausen endet mit Grausen.
Deutsches Sprichwort

Betteln ist besser als **borgen.**
Deutsches Sprichwort

Bosheit ist eine Art Delirium und verwirrt den Verstand.
Friedrich II. der Große

Bös' Gerücht nimmt immer zu, gut' Gerücht kommt bald zur Ruh'.
Deutsches Sprichwort

Üble Nachrede ist die Erleichterung der **Bösartigkeit.**
Joseph Joubert

Böse Zungen schneiden schärfer als Schwerter.
Deutsches Sprichwort

Das Gute – dieser Satz steht fest – ist stets das **Böse**, was man läßt.
Wilhelm Busch, Die fromme Helene

An **bösen** Taten lernt sich fort die böse Tat.
Sophokles

Die **Bösen** halten zusammen, auch wenn sie einander hassen, das ist ihre Stärke; die Guten sind in alle Winde zerstreut, das ist ihre Schwäche.
Jewgenij Jewtuschenko

Wer fordert, die **Bösen** zu schonen oder gar zu schützen, ist lieblos, selbst böse oder ein Pharisäer.
Julius Hackethal

Es kann der Frömmste nicht in Frieden leben, wenn es dem **bösen Nachbarn** nicht gefällt.
Schiller, Wilhelm Tell

Böses Gewerbe bringt bösen Lohn.
Deutsches Sprichwort

Böses läßt sich leicht verrichten, aber nicht leicht wieder schlichten.
Deutsches Sprichwort

Böses muß mit Bösem enden.
Schiller

Ein **böses** Unternehmen führt zu bösem Ziel.
Sophokles, Elektra

Das eben ist der Fluch der bösen Tat, daß sie fortzeugend immer **Böses** muß gebären.
Schiller

Wer nichts Gutes tut, tut schon **Böses** genug.
Deutsches Sprichwort

Die **Bosheit** sucht keine Gründe, nur Ursachen.
Goethe

Die **Botschaft** hör' ich wohl, allein mir fehlt der Glaube.
Goethe

Üble **Botschaft** kommt immer zu früh.
Deutsches Sprichwort

Aus dem kleinsten Funken wird oft der größte **Brand.**
Deutsches Sprichwort

Der **Brauch** ist ein Tyrann.
Horaz

Wo Verstand ist, da **braucht** es nicht viele Worte.
Deutsches Sprichwort

Die gute Ehe ist ein ewiger **Brautstand.**
Theodor Körner

Der **brave Mann** denkt an sich selbst zuletzt.
Schiller, Wilhelm Tell

Man soll junge Menschen biegen, aber nicht **brechen.**
Deutsches Sprichwort

Viele Köche verderben den **Brei.**
Deutsches Sprichwort

Der Krug geht so lange zum Brunnen, bis er **bricht.**
Deutsches Sprichwort

Glück und Glas, wie leicht **bricht** das.
Deutsches Sprichwort

Wenn man die Gerechtigkeit biegt, dann **bricht** sie.
Deutsches Sprichwort

Wer nicht sehen will, dem hilft keine **Brille.**
Deutsches Sprichwort

Arbeit bringt **Brot**, Faulenzen Hungersnot.
Deutsches Sprichwort

Des einen Tod, des anderen **Brot.**
Deutsches Sprichwort

Die Kunst geht nach **Brot.**
Lessing

Fleiß bringt **Brot**, Faulheit Not.
Deutsches Sprichwort

Salz und **Brot** machen Wangen rot.
Deutsches Sprichwort

Wes **Brot** ich esse, des Lied ich singe.
Deutsches Sprichwort

Zwischen Freud und Leid ist die **Brücke** nicht breit.
Deutsches Sprichwort

Dem fliehenden Feinde soll man goldene **Brücken** bauen.
Deutsches Sprichwort

Brüder haben ein Geblüte, aber selten ein Gemüte.
Deutsches Sprichwort

Ein guter Nachbar ist besser als der **Bruder** in der Ferne.
Deutsches Sprichwort

Der eine hat die Mühe, der andere die **Brühe.**
Deutsches Sprichwort

Ohne Mühe keine **Brühe.**
Englisches Sprichwort

Ein Ochs, der viel **brüllt,** zieht wenig.
Deutsches Sprichwort

Der Krug geht so lange zum **Brunnen,** bis er bricht.
Deutsches Sprichwort

In deiner **Brust** sind deines Schicksals Sterne.
Schiller

Wo ein **Brutus** lebt, muß Cäsar sterben.
Schiller

Ein **Buch** ist ein Freund, der nie enttäuscht.
René Charles Guilbert de Pixérécourt

Solang ein Mensch ein **Buch** schreibt, kann er nicht unglücklich sein.
Jean Paul

Bücher haben die gleichen Feinde wie der Mensch: Feuer, Nässe, Zeit und ihren Inhalt.
Paul Valéry

Bücher sind nur dickere Briefe an Freunde.
Jean Paul

Bücher sind Schiffe, welche die weiten Meere der Zeit durcheilen.
Francis Bacon

Die besten **Bücher** sind die, von denen jedermann meint, er habe sie selbst schreiben können.
Blaise Pascal

Die originellen **Bücher** sind in der Nacht verstreut wie die Sonnen in den Einöden des Weltenraumes.
Claude-Adrien Helvétius

Dort, wo man **Bücher** verbrennt, verbrennt man am Ende auch Menschen.
Heinrich Heine

Ein Raum ohne **Bücher** ist ein Körper ohne Seele.
Marcus Tullius Cicero

Es wäre gut, **Bücher** zu kaufen, wenn man die Zeit, sie zu lesen, mitkaufen könnte.
Arthur Schopenhauer

Jahre lehren mehr als **Bücher.**
Deutsches Sprichwort

Auch eine Fülle von **Büchern** ersetzt den guten Lehrer nicht.
Chinesisches Sprichwort

Wer sich gern **bückt,** dem tut der Rücken nicht weh.
Deutsches Sprichwort

Bär und **Büffel** können keinen Fuchs fangen.
Deutsches Sprichwort

Die Aufstellung des **Budgets** ist die Kunst, Enttäuschungen gleichmäßig zu verteilen.
Maurice Stans

Doch mit des Geschickes Mächten ist kein ew'ger **Bund** zu flechten.
Schiller

Ich sei, gewährt mir die Bitte,
in eurem **Bunde** der Dritte.
Schiller

Es ist riskant, gute Menschen auf die **Bühne** zu bringen, denn sie sind auf die Dauer langweilig.
Alan Ayckbourn

Ein **Bündnis** ist fester, wenn die Verbündeten aneinander glauben, als wenn sie voneinander wissen.
Friedrich Nietzsche

Manches **Bündnis** ist gegenseitiges Schulterklopfen, bis es weh tut.
Alfred Oder

Gleiche **Bürde** hält feste Freundschaft.
Deutsches Sprichwort

Würde bringt **Bürde.**
Deutsches Sprichwort

Bürger und Bauer scheidet nichts denn die Mauer.
Deutsches Sprichwort

Je kleiner die **Bürger,** desto größer das Imperium.
Stanislaw Lec

Wenn Arbeit so leicht wäre, so tät's der **Bürgermeister** selbst.
Deutsches Sprichwort

Arbeit ist des **Bürgers** Zierde.
Schiller

Der eine klopft auf den **Busch,** der andere fängt den Vogel.
Deutsches Sprichwort

Abbitte ist die beste **Buße.**
Deutsches Sprichwort

C

Ein **Champion** wird als Champion geboren.
Hans Günter Winkler

Die **Chance** klopft öfter an, als man meint, aber meistens ist niemand zu Hause.
Will Rogers

Scheidewege eröffnen immer auch **Chancen.**
Alois Graf von Waldburg-Zeil

Sei dankbar der **Chance**, die dir die Tür öffnet, und den Freunden, die die Scharniere schmieren.
Lothar Schmidt

Besser allein in Ruhe und Harmonie als zu zweit im **Chaos.**
Glenn Close

Nur diejenige Verworrenheit ist ein **Chaos**, aus der eine Welt entspringen kann.
Friedrich Schlegel

Das Spiel zeigt den **Charakter.**
Deutsches Sprichwort

Der **Charakter** eines Menschen ist sein Schicksal.
Heraklit

Der **Charakter** ruht auf der Persönlichkeit, nicht auf den Talenten.
Goethe

Durch nichts bezeichnen die Menschen mehr ihren **Charakter** als durch das, was sie lächerlich finden.
Goethe

Eigensinn ist das wohlfeilste Surrogat für **Charakter.**
Christian Friedrich Hebbel

Es bildet ein Talent sich in der Stille, sich ein **Charakter** in dem Strom der Welt.
Goethe

Es ist der **Charakter** der Deutschen, daß sie über allem schwer werden, daß alles über ihnen schwer wird.
Goethe

Hat man **Charakter**, so hat man auch sein typisches Erlebnis, das immer wieder kommt.
Friedrich Nietzsche

Kein Talent, doch ein **Charakter**.
Heinrich Heine

Man erkennt den **Charakter** eines Menschen, an den Späßen über die er lacht.
Alfred Biolek

Nicht die Politik verdirbt den **Charakter**, sondern ein verdorbener Charakter verdirbt die Politik.
Julius Raab

Wenn überhaupt keine Winde wehen, hat sogar der Wetterhahn auf dem Turm **Charakter**.
Stanislaw Lec

Willst du den **Charakter** eines Menschen erkennen, so gib ihm Macht.
Abraham Lincoln

Charme ist Charakter, der sich von seiner schönsten Seite zeigt.
Lothar Schmidt

Charme: dasjenige in anderen, was uns zufriedener mit uns selbst macht.
Henri Frédéric Amiel

Charme ist, was manche Leute haben, bis sie beginnen, sich darauf zu verlassen.
Simone de Beauvoir

Als **Christ** soll man den Mund nicht weiter aufmachen als die Hand.
Joachim Kardinal Meisner

Wo der Marxist noch heftig zum Endspurt der Geschichte ausholt, sitzt der **Christ** schon im Trockenen der Verheißung.
Hans Maier

Cogito, ergo sum (lat. = Ich denke, also bin ich).
René Descartes

Ein **Computer** ist eine Genieprothese.
Dieter Hildebrandt

Lass den **Computer** für dich arbeiten, aber werde nie Sklave der technischen Systeme.
Sergio Pininfarina

Ich glaube, die große Herausforderung an die zivile Gesellschaft wird sein, mit mehr **Courage** gegen die Gewaltakte einzutreten.
Christian Friedrich Delius

Right or wrong – my **country.**
Englisches Sprichwort

Courage ist gut, aber Ausdauer ist besser.
Theodor Fontane, Der Stechlin

D

Da ergreift ihn der Worte Bedeutung.
Schiller

Da ist keiner, der Gutes tue, auch nicht einer.
Psalm 53,4

Da steh' ich nun, ich armer Tor, und bin so klug als wie zuvor.
Goethe

Vater werden ist nicht schwer, Vater sein **dagegen** sehr.
Wilhelm Busch, Julchen

Daheim bin ich König.
Deutsches Sprichwort

Laß fahren **dahin.**
Martin Luther

Ach, dass es doch wie **damals** wär! Doch kommt die schöne Zeit nicht wieder her.
A. Kopisch

Die **Dämonen** von Liebe, Ehe und Sex sind für die Leute nur sehr schwer zu ertragen.
Woody Allen

Ohne Leidenschaft kein **Dämon** und ohne Dämon kein Genie.
Julius Rodenberg

Dämonen, weiß ich, wird man schwerlich los.
Goethe, Faust II

Die Bitte ist immer heiß, der **Dank** kalt.
Deutsches Sprichwort

Es gibt keinen Anspruch auf **Dank.**
Willi Daume

Was du mit Geld nicht bezahlen kannst, bezahle wenigstens mit **Dank.**
Deutsches Sprichwort

Wer sich ganz dem **Dank** entzieht, der erniedrigt den Beschenkten.
Grillparzer, Die Ahnfrau

Dankbarkeit gehört zu den Schulden, die jeder Mensch hat, aber nur die wenigsten tragen sie ab.
Deutsches Sprichwort

Dankbarkeit ist dünn gesät.
Deutsches Sprichwort

Dankbarkeit und Weizen gedeihen nur auf gutem Boden.
Deutsches Sprichwort

Dankbarkeit ist ein klebrig-mittelmäßiges Gefühl.
Karl Lagerfeld

Die **Dankbarkeit** ist eine Last, und jede Last will abgeschüttelt sein.
Denis Diderot

Jemandem große Verbindlichkeiten schuldig sein hat nichts Unangenehmes; denn die **Dankbarkeit** ist eine süße Pflicht.
Franz Grillparzer

Danken kostet nichts und gefällt Gott und Menschen wohl.
Deutsches Sprichwort

Hier bin ich Mensch! Hier **darf** ich's sein!
Goethe

Man **darf** nicht alles wissen.
Horaz

Weil, so schließt er messerscharf, nicht sein kann, was nicht sein **darf.**
Christian Morgenstern

Das Alte klappert, das Neue klingt.
Deutsches Sprichwort

Das Alte stürzt; es ändert sich die Zeit, und neues Leben blüht aus den Ruinen.
Schiller

Das Bessere ist der Feind des Guten.
Deutsches Sprichwort

Das eben ist der Fluch der bösen Tat, daß sie fortzeugend immer Böses muß gebären.
Schiller

Das Echte bleibt der Nachwelt unverloren.
Goethe

Das eigentliche Studium der Menschheit ist der Mensch.
Goethe

Das einzelne Schaf ist in Gefahr vor dem Wolf.
Deutsches Sprichwort

Das erste steht uns frei, beim zweiten sind wir Knechte.
Goethe, Faust I, Mephistopheles

Das Fragen kostet kein Geld.
Deutsches Sprichwort

Das Gedächtnis ist eine gute Tasche; aber sie reißt, wenn man zuviel hineinstopft.
Deutsches Sprichwort

Das Geld liegt auf der Straße.
Deutsches Sprichwort

Das Gesetz ist der Freund des Schwachen.
Schiller

Das Gesetz nur kann uns Freiheit geben.
Goethe

Das Gleiche läßt uns in Ruhe, aber der Widerspruch ist es, der uns produktiv macht.
Goethe

Das Gleiche sucht sich, das Rechte findet sich.
Deutsches Sprichwort

Das Glück hilft denen nicht, die sich nicht selbst helfen.
Deutsches Sprichwort

Das Glück ist blind.
Cicero

Das **Glück** – kein Reiter wird's erjagen!
Theodor Fontane

Das Glück schützt die Tapferen.
Terenz

Das Gute – dieser Satz steht fest – ist stets das Böse, was man läßt.
Wilhelm Busch

Das Hemd ist näher als der Rock.
Plautus

Das Herz lügt nicht.
Deutsches Sprichwort

Das ist der Lauf der Welt.
Goethe, Faust I

Das ist der Weisheit letzter Schluß: Nur der verdient sich Freiheit wie das Leben, der täglich sie erobern muß.
Goethe, Faust II

Das ist die beste Wissenschaft die gute Menschen schafft.
Deutsches Sprichwort

Das ist im Leben häßlich eingerichtet, daß bei den Rosen gleich die Dornen stehen.
Viktor von Scheffel

Das Leben ist der Güter höchstes nicht, der Übel größtes aber ist die Schuld.
Schiller

Das liegt im Schoße der Götter.
Homer

Das Maß aller Dinge ist der Mensch.
Protagoras

Das Menschenleben hängt an einem Zwirnsfaden.
Deutsches Sprichwort

Das paßt wie die Faust aufs Auge.
Martin Luther

Das Pferd, das den Hafer verdient, kriegt ihn nicht.
Deutsches Sprichwort

Das Recht hat eine wächserne Nase.
Deutsches Sprichwort

Das Schicksal setzt den Hobel an und hobelt alle gleich.
Ferdinand Raimund

Das Schild ist's, das die Kunden lockt.
La Fontaine

Das schwere Herz wird nicht durch Worte leicht.
Schiller, Wilhelm Tell

Das sind die Weisen, die durch Irrtum zur Wahrheit reisen. Die bei dem Irrtum verharren, das sind die Narren.
Friedrich Rückert

Das Spiel zeigt den Charakter.
Deutsches Sprichwort

Das Talent arbeitet, das Genie schafft.
Robert Schumann

Das Teuerste ist nicht immer das Beste.
Deutsches Sprichwort

Das Übel erkennen heißt schon, ihm teilweise abhelfen.
Otto von Bismarck

Das Unzulängliche, hier wird's Ereignis.
Goethe, Faust II

Das Wasser kann ohne Fische auskommen, aber kein Fisch ohne Wasser.
Chinesisches Sprichwort

Das „Wenn" ist das lenkbarste Reittier der Hoffnung.
Honoré de Balzac

Das Werk lobt den Meister.
Deutsches Sprichwort

Das Wort ist tot, der Glaube macht lebendig.
Schiller

Das Wort verwundet leichter als es heilt.
Goethe, Die natürliche Tochter

Das Wunder ist des Glaubens liebstes Kind.
Goethe

Daß sich das größte Werk vollende, genügt ein Geist für tausend Hände.
Goethe, Faust II

Wenn zwei dasselbe tun, so ist es nicht **dasselbe.**
Terenz

Glück hat auf die **Dauer** nur der Tüchtige.
Helmuth von Moltke

Verschweige, was du tun willst, so kommt dir niemand **dazwischen.**
Deutsches Sprichwort

Man muss sich strecken nach den **Decken.**
Deutsches Sprichwort

Um manche **Delikte** zu begreifen, genügt es, die Opfer zu kennen.
Oscar Wilde

Dem Faulpelz geht die Arbeit von der Hand wie das Pech von der Wand.
Deutsches Sprichwort

Dem fleißigen Hamster schadet der Winter nicht.
Deutsches Sprichwort

Dem Fleißigen hilft Gott.
Deutsches Sprichwort

Dem Fuchs sind die Trauben zu sauer.
Äsop

Dem Furchtsamen rauschen alle Blätter.
Deutsches Sprichwort

Dem Glücklichen schlägt keine Stunde.
Schiller

Dem Habenichts kann auch der Teufel nichts stehlen.
Deutsches Sprichwort

Dem Mutigen hilft Gott.
Schiller, Wilhelm Tell

Dem Satten schmeckt das Beste nicht.
Deutsches Sprichwort

Dem Tod kann niemand entgehen.
Cicero

Dem wachsenden Reichtum folgt die Sorge.
Horaz

Dem Weisen genügen wenige Worte.
Schweizerisches Sprichwort

Dem Zorn geht die Reue auf den Socken nach.
Deutsches Sprichwort

Demagogen sind Leute, die in den Wind sprechen, den sie selbst gemacht haben.
Helmut Qualtinger

Dementis sind die Umstandkleider einer sich anbahnenden politischen Veränderung.
Jaques Chirac

Alles ist zufällig in dieser Welt, nur das **Dementi** ist sicher.
Paul Noack

Ein **Dementi** ist nach den internationalen Gepflogenheiten die verneinende Bestätigung einer Wahrheit, die bisher nur als Gerücht verbreitet war.
Alain Peyrefitte

Ich frage mich manchmal: Was nützt ein **Dementi** des Giftes, wenn es schon wirkt?
Günter Grass

Demokratie ist die Regierung des Volkes durch das Volk für das Volk.
Abraham Lincoln

Demokratie. Keiner macht sich Gedanken. Und jeder darf sagen, was erwill.
Werner Mitsch

Die **Demokratie** erstrebt einen Zustand, in dem jeder jedem eine Frage stellen darf.
Ernst Jünger

Die **Demokratie** ist die edelste Form, in der eine Nation zugrundegehen kann.
Heimito von Doderer

Die **Demokratie** ist ein Verfahren, das garantiert, daß wir nicht besser regiert werden als wir es verdienen.
George Bernhard Shaw

Die **Demokratie** lebt davon, dass sie viele Hüter hat.
Johannes Gross

Die **Demokratie** missrät zur Telekratie mit beklatschten Vorurteilen.
Peter Boenisch

Ein natürlicher Nachteil der **Demokratie** ist, dass sie denen die Hände bindet, die es ernst mit ihr meinen.
Václav Havel

Hundertprozentige **Demokratie:** Keiner ist so unbedeutend, dass er einem anderen nicht schaden kann.
Gabriel Laub

Totalitäre Regime jedweder Couleur sind schlecht. Nichts kann **Demokratien** trotz mancher Schwächen ersetzen.
Dalai-Lama

Wir wollen mehr **Demokratie** wagen. Wir wollen eine Gesellschaft, die mehr Freiheit bietet und mehr Mitverantwortung fordert.
Willy Brandt

Zu den Grundregeln jeder **Demokratie** gehört, dass sie mit ihrer Verfassung umgeht wie mit einem Kleinod.
Björn Engholm

Es gibt nichts **Demokratischeres**, als einen Fernsehapparat. Man kann einschalten, umschalten und ausschalten.
Günther Jauch

Demos sind der einzige Weg, friedlich etwas zu bewegen.
Christiane Krüger

Demut ist Selbsterkenntnis mit Rückversicherung.
Helmar Nahr

Es gibt eine besonders unsympathische Art von Hochmut, die **Demut.**
Hans Krailsheimer

Durch **Demütigungen** habe ich mehr gelernt als durch alle Siege.
Kaiser Wilhelm I.

Den besseren Gründen müssen gute weichen.
Shakespeare, Julius Cäsar

Den Dank, Dame, begehr' ich nicht!
Schiller

Den Esel meint man, den Sack schlägt man.
Deutsches Sprichwort

Den Hungrigen ist nicht gut predigen.
Deutsches Sprichwort

Den Leib können sie töten, die Seele nicht.
Ulrich Zwingli

Den Nackten kann man nicht ausziehen.
Deutsches Sprichwort

Den schlechten Mann muß man verachten, der nie bedacht, was er vollbringt.
Schiller

Den Schuldigen schreckt eine Maus.
Deutsches Sprichwort

Den Seinen gibt's der Herr im Schlaf.
Nach Psalm 127,2

Den Tauben ist gut predigen.
Deutsches Sprichwort

Den Teufel spürt das Völkchen nie, und wenn er sie beim Kragen hätte.
Goethe, Faust I

Den toten Löwen kann jeder Hase an der Mähne zupfen.
Deutsches Sprichwort

Den wahren Freund erkennt man in der Not.
Ennius

Denk' ich an Deutschland in der Nacht, so bin ich um den Schlaf gebracht.
Heinrich Heine

Was ich **denk'** und tu', trau' ich auch andern zu.
Deutsches Sprichwort

Drum lebe mäßig, **denke** klug! Wer nichts gebraucht, der hat genug.
Wilhelm Busch, Der Haarbeutel

Ich **denke** niemals an die Zukunft. Sie kommt früh genug.
Albert Einstein

Denken ist die schwerste Arbeit, die es gibt. Das ist wahrscheinlich der Grund, warum sich so wenige Leute damit beschäftigen.
????

Auch führende Köpfe sind rund, damit das **Denken** die Richtung wechseln kann.
Francis Martínez de Picabia

Das **Denken** macht die Größe des Menschen aus.
Blaise Pascal

Die meisten Menschen **denken** hauptsächlich über das nach, was die anderen Menschen über sie denken.
Sean Connery

Glauben ist leichter als **denken.**
Deutsches Sprichwort

Man muß **denken** wie die wenigsten und reden wie die meisten.
Arthur Schopenhauer

Narren sagen, was die Klugen **denken.**
Deutsches Sprichwort

Was unser **Denken** begreifen kann, ist kaum ein Punkt, fast gar nichts im Verhältnis zu dem, was es nicht begreifen kann.
John Locke

Wir lieben Menschen, die frisch heraus sagen, was sie **denken.** Vorausgesetzt, sie denken dasselbe wie wir.
Mark Twain

In schlimmen Zeiten sind **Denkende** Andersdenkende.
Werner Mitsch

Der **Denker** ohne Paradox ist wie der Liebende ohne Leidenschaft: ein mittelmäßiger Patron.
Søren Kierkegaard

Ein **Denker** ist kein Schwätzer.
Deutsches Sprichwort

Ein jeder **denkt**, wie es sein Geschäft von ihm verlangt.
G. B. Shaw, Der Mann des Schicksals

Die meisten **Denkmäler** sind hohl.
Stanislaw Lec

Viele **Denkmäler** werden aus den Steinen errichtet, die man den Toten zu Lebzeiten nachgeworfen hat.
Lebensweisheit

Sprachkürze gibt **Denkweite.**
Jean Paul

Es kommt oft anders, als man **denkt.**
Deutsches Sprichwort

Denn alle Schuld rächt sich auf Erden.
Goethe, Wilhelm Meisters Lehrjahre

Denn dem Glück geliebt zu werden, gleicht kein ander Glück auf Erden.
Johann Gottfried Herder

Denn eben, wo Begriffe fehlen, da stellt ein Wort zur rechten Zeit sich ein.
Goethe

Denn ein Recht zum Leben, Lump, haben nur, die etwas haben.
Heinrich Heine

Denn Liebe ist stark wie der Tod.
Hohelied Salomos 8,6

Denn nur vom Nutzen wird die Welt regiert.
Schiller, Wallensteins Tod

Denn was man schwarz auf weiß besitzt, kann man getrost nach Hause tragen.
Goethe

Der Adler fängt keine Mücken.
Deutsches Sprichwort

Der alte Freund sei nicht geschmäht! Man weiß nicht, wie der neue gerät.
Deutsches Sprichwort

Der Anfang ist die Hälfte des Ganzen.
Aristoteles

Der Angriff ist die beste Verteidigung.
Deutsches Sprichwort

Der Apfel fällt nicht weit vom Stamme.
Deutsches Sprichwort

Der Appetit kommt beim Essen.
François Rabelais

Der April tut was er will.
Deutsches Sprichwort

Der ärgste Feind ist in uns selber.
Deutsches Sprichwort

Der Arme kennt seine Verwandten besser als der Reiche.
Deutsches Sprichwort

Der Arzt für alle notwendigen Übel ist die Zeit.
Menander

Der bessere Teil der Tapferkeit ist Vorsicht.
Shakespeare, König Heinrich IV.

Der beste Advokat ist der schlimmste Nachbar.
Deutsches Sprichwort

Der beste Arzt ist oft der schlechteste Patient.
Deutsches Sprichwort

Der Brauch ist ein Tyrann.
Horaz

Der brave Mann denkt an sich selbst zuletzt.
Schiller, Wilhelm Tell

Der Dilettant will mehr, als zehn Künstler können.
Deutsches Sprichwort

Der Einäugige ist unter den Blinden König.
Deutsches Sprichwort

Der eine hat die Mühe, der andere die Brühe.
Deutsches Sprichwort

Der eine klopft auf den Busch, der andere fängt den Vogel.
Deutsches Sprichwort

Der Elster wird wohl auch ein Ei gestohlen.
Deutsches Sprichwort

Der Erben Tränen sind ein verdecktes Lachen.
Deutsches Sprichwort

Der erste Betrug ist ärger als der letzte.
Deutsches Sprichwort

Der Ertrinkende klammert sich am Strohhalm fest.
Deutsches Sprichwort

Der ewige Friede ist ein Traum, nicht einmal ein schöner.
Helmuth von Moltke

Der Fürst ist der erste Diener seines Staates.
Friedrich der Große

Der Geist bewegt die Materie.
Vergil

Der Geist ist willig, aber das Fleisch ist schwach.
Matthäus 26,41

Der gerade Weg ist der beste.
Deutsches Sprichwort

Der Glaube versetzt Berge.
Nach 1. Korinther 13,2

Der hat gut tanzen, dem das Glück aufspielt.
Deutsches Sprichwort

Der Hehler ist schlimmer als der Stehler.
Deutsches Sprichwort

Der Herr hat's gegeben, der Herr hat's genommen; der Name des Herrn sei gelobt.
Hiob 1,21

Der Herr ist mein Hirte; mir wird nichts mangeln.
Psalm 23,1

Der Herr segne dich und behüte dich.
4. Mose 6,24

Der Himmel hilft dem, der sich selbst hilft.
Englisches Sprichwort

Der Himmel ist hoch, und der Zar ist weit.
Russisches Sprichwort

Der Hinkende ist unter den Einbeinigen König.
Deutsches Sprichwort

Der Honig ist nicht weit vom Stachel.
Deutsches Sprichwort

Der Horcher an der Wand hört seine eigene Schand'.
Deutsches Sprichwort

Der ist der Herr der Erde, wer ihre Tiefen mißt.
Novalis

Der ist nicht ganz weise, der nicht einmal ein Narr sein kann.
Deutsches Sprichwort

Der ist reich, des Reichtum niemand weiß.
Deutsches Sprichwort

Der Klügere gibt nach.
Deutsches Sprichwort

Der Letzte zahlt die Zeche.
Deutsches Sprichwort

Der Liebe und dem Feuer muss man beizeiten wehren.
Deutsches Sprichwort

Der Liebe Wunden kann nur heilen, wer sie schlug.
Deutsches Sprichwort

Der Mensch denkt, aber Gott lenkt.
Deutsches Sprichwort

Der Mensch erfährt, er sei auch wer er mag, ein letztes Glück und einen letzten Tag.
Goethe

Der Mensch ist frei geboren und liegt doch überall in Ketten.
Jean-Jacques Rousseau

Der Mensch ist frei geschaffen, ist frei, und würd' er in Ketten geboren!
Schiller

Der Mensch ist, was er ißt.
Ludwig Feuerbach

Der Mensch ist wie sein Umgang.
Euripides

Der Mensch lernt, solange er lebt und stirbt doch unwissend.
Serbisches Sprichwort

Der Mensch verschläft viel Ungemach.
Deutsches Sprichwort

Der Mensch versuche die Götter nicht.
Schiller, Der Taucher

Der Müßiggang bringt Schand' und Not, der Fleiß hingegen Ehr' und Brot.
Deutsches Sprichwort

Der Mut wächst mit jedem Blick auf die Größe des Unternehmens.
Seneca

Der Narben lacht, wer Wunden nie gefühlt.
William Shakespeare, Romeo und Julia

Der Pfaff' liebt seine Herde, doch die Schafe mehr als die Widder.
Deutsches Sprichwort

Der Pflug am Morgen macht die besten Furchen.
Deutsches Sprichwort

Der Ruhm wie alle Schwindelware, hält selten über tausend Jahre.
Wilhelm Busch, Der Ruhm

Der Schein trügt.
Plinius

Der Selbsthelfer ist der beste Nothelfer.
Deutsches Sprichwort

Der Staat bin ich.
König Ludwig XIV.

Der Starke ist am mächtigsten allein.
Schiller

Der Stärkere hat immer Recht.
Deutsches Sprichwort

Der stärkste Mann der Welt ist's, der ganz allein steht.
Henrik Ibsen

Der Stümper macht die meisten Späne.
Deutsches Sprichwort

Der Teufel ist nie so schwarz, wie man ihn malt.
Deutsches Sprichwort

Der Tod frisst alle Menschenkind', fragt nicht, wes Stands sie sind.
Deutsches Sprichwort

Der Tod hat keinen Kalender.
Deutsches Sprichwort

Der Tod ist das Ende aller Not.
Deutsches Sprichwort

Der Tod ist ein stiller Mann, aber er bezwingt jeden.
Deutsches Sprichwort

Der Tod macht stille Leute.
Deutsches Sprichwort

Der Tod zahlt alle Schulden.
Deutsches Sprichwort

Der Vogel, scheint mir, hat Humor.
Wilhelm Busch,
Es sitzt ein Vogel auf dem Leim

Der Wechsel ist das Beständige.
Arthur Schopenhauer

Der Weg zur Hölle ist mit guten Vorsätzen gepflastert.
Deutsches Sprichwort

Der Wein erfindet nichts, er schwatzt's nur aus.
Schiller

Der Weise trägt sein Glück bei sich.
Deutsches Sprichwort

Der Weise tut das am Anfang, was der Narr am Ende tut.
Deutsches Sprichwort

Der Worte sind genug gewechselt, laßt mich nun endlich Taten sehen!
Goethe

Der Zweck heiligt die Mittel.
Hermann Busembaum

Des einen Schaden ist des anderen Gewinn.
Deutsches Sprichwort

Des einen Tod, des anderen Brot.
Deutsches Sprichwort

Des Faulen Werktag ist immer morgen, sein Ruhetag heute.
Deutsches Sprichwort

Des Lebens Mai blüht einmal und nicht wieder.
Schiller, Resignation

Des Lebens ungemischte Freude ward keinem Irdischen zuteil.
Schiller, Der Ring des Polykrates

Des Menschen Engel ist die Zeit.
Schiller, Wallensteins Tod

Des Menschen Wille ist sein Himmelreich.
Deutsches Sprichwort

Wes Brot ich esse, **des** Lied ich singe.
Deutsches Sprichwort

Die **Deutschen** haben eine Besessenheit, jede Sache so weit zu treiben, bis eine böse daraus geworden ist.
George Bernhard Shaw

Die **Deutschen** haben zwar nicht das Pulver erfunden, wohl aber die Philosophie des Pulvers.
Kurt Tucholsky

Die **Deutschen** mögen Helden nicht. Die wollen einen abstürzen sehen.
Götz George

Die **Deutschen** neigen dazu, Fehler möglichst zwei- oder dreimal zu machen, damit man sie auch beherrscht.
Rolf Linnemann

Die **Deutschen** sind die Greise von Europa, die Engländer die Männer; die Franzosen die Kinder.
Voltaire

Die **Deutschen** sind Opfer ihres eigenen Pessimismus
Otto von Habsburg

Die **Deutschen** wollen die Welt verbessern. Die Österreicher begnügen sich damit, sie mies zu finden.
Ernst Stankovski

Der große Wunsch der **Deutschen** ist, dass das Gute siegen möge, aber kämpfen sollen dafür die anderen.
Alfred Grosser

Es ist der Charakter der **Deutschen**, daß sie über allem schwer werden, und daß alles über ihnen schwer wird.
Goethe

Gerne bleibe ich **Deutscher** und werde Welt-Bürger zur selben Zeit. Lieber lebe ich großgemustert als kleinkariert.
Wolfgang Joop

Deutschland ist wie ein schöner weidlicher Hengst, der Futter und alles genug hat; es fehlte ihm nur an einem guten Reiter.
Mittelhochdeutsche Volksweisheit

Deutschland ist für mich eine faszinierende Mischung aus Sachlichkeit und Romantik.
Diane von Fürstenberg

Deutschland ist wie eine Katze, die man aus dem 20. Stock schmeißt. Sie fällt auf die Füße.
Ion Tiriac

Denk' ich an **Deutschland** in der Nacht, so bin ich um den Schlaf gebracht.
Heinrich Heine

In **Deutschland** wird das Wissen von der eigenen Geschichte nicht geglaubt.
Gerd Heidenreich

Sagt, ist noch ein Land außer **Deutschland**, wo man die Nase eher rümpfen als putzen lernt?
Georg Christoph Lichtenberg

1933 wollten viele aus **Deutschland** raus, heute wollen viele rein. Das muss doch etwas bedeuten.
Peter Ustinov

Diät halte ich für pure Zeitverschwendung. Wenn ich mir die Powerfrauen von Hollywood ansehe, wird mir angst und bange.
Kathy Najimy

Frei will ich sein im Denken und im **Dichten.**
Goethe

Als **Dichter** bist du auch ein Brandstifter.
Rolf Hochhuth

Das Amt des **Dichters** ist nicht das Zeigen der Wege, sondern vor allem das Wecken der Sehnsucht.
Hermann Hesse

Der **Dichter** ist das Herz der Welt.
Josef Freiherr von Eichendorff

Die **Dichtkunst** ist eine redende Malerei, die Malerei aber eine stumme Dichtkunst.
Plutarch

Die **Dicken** leben zwar kürzer, aber sie essen länger.
Stanislav Lec

Die Abwesenden haben immer unrecht.
Giacomo Casanova, Memoiren

Die Arbeit ist etwas Unnatürliches. Die Faulheit allein ist göttlich.
Anatole France

Die Augen glauben sich selbst, die Ohren anderen Leuten.
Deutsches Sprichwort

Die beste Amme ersetzt keine Mutter.
Deutsches Sprichwort

Die besten Gedanken kommen hinten nach.
Deutsches Sprichwort

Die Botschaft hör' ich wohl, allein mir fehlt der Glaube.
Goethe, Faust I, Faust

Die eingebildeten Übel sind die unheilbarsten.
Marie von Ebner-Eschenbach

Die einzige Gesellschaft, in der man es aushalten kann, ist man selbst.
Oscar Wilde, Der ideale Gatte

Die ersten Gedanken sind die besten.
Deutsches Sprichwort

Die Faulen und die Dreisten schreien am meisten.
Deutsches Sprichwort

Die Freiheit ist ein Luxus, den sich nicht jedermann gestatten kann.
Otto von Bismarck

Die Gelegenheit ist günstig.
Schiller, Wilhelm Tell

Die Gewohnheit ist eine zweite Natur.
Cicero

Die Hälfte ist mehr als das Ganze.
Hesiod

Die ich rief, die Geister, werd' ich nun nicht los!
Goethe

Die ist es, oder keine sonst auf Erden!
Schiller, Die Braut von Messina

Die Klage, sie wecket den Toten nicht auf.
Schiller

Die Kugel, die mich töten soll, ist noch nicht gegossen.
Napoleon I.

Die Kühe, die am meisten brüllen, geben die wenigste Milch.
Deutsches Sprichwort

Die Liebe ist nicht blind, aber sie sieht nichts.
Deutsches Sprichwort

Die Lüge ist der Schild des Feigen.
Deutsches Sprichwort

Die Nacht ist niemands Freund.
Deutsches Sprichwort

Die Natur läßt sich nicht zwingen.
Christian Fürchtegott Gellert

Die Rache ist ein Gericht, das man kalt verspeisen muss.
Deutsches Sprichwort

Die Rache ist süß, aber man verdirbt sich leicht den Magen daran.
Deutsches Sprichwort

Die Religion ist ein Teil des Schicksals.
Napoleon I.

Die schlechtesten Früchte sind es nicht, woran die Wespen nagen.
Gottfried Bürger

Die Sonne bringt es an den Tag.
Deutsches Sprichwort

Die Sonne scheint über Gerechte und Ungerechte.
Deutsches Sprichwort

Die Sprache ist dem Menschen gegeben, um seine Gedanken zu verbergen.
Talleyrand

Die Tage folgen einander wohl, aber sie gleichen sich nicht.
Deutsches Sprichwort

Die teuersten Pferde sind in der Regel die Steckenpferde.
Deutsches Sprichwort

Die wahre Heimat ist eigentlich die Sprache.
Wilhelm von Humboldt

Die Wahrheit liegt in der Mitte.
Deutsches Sprichwort

Die Wände haben Ohren.
Deutsches Sprichwort

Die wildesten Fohlen werden die besten Pferde.
Deutsches Sprichwort

Die Zeiten ändern sich und wir uns mit ihnen.
Kaiser Lothar I.

Die Zunge ist der Degen der Frauen. Sie lassen ihn nie rosten.
Chinesisches Sprichwort

Die Zunge ist mein Feind; sie redet, bevor der Verstand spricht.
Deutsches Sprichwort

Die Zweige geben Kunde von der Wurzel.
Arabisches Sprichwort

Kein größerer **Dieb** als der Schlaf: Er raubt uns das halbe Leben.
Deutsches Sprichwort

Wer die Leiter hält, ist so schuldig wie der **Dieb.**
Deutsches Sprichwort

Die kleinen **Diebe** hängt man, die großen läßt man laufen.
Deutsches Sprichwort

Gelegenheit macht **Diebe.**
Deutsches Sprichwort

Niemand kann zwei Herren **dienen.**
Matthäus 6,24

Wer allen **dienen** will, kommt immer am schlimmsten weg.
Deutsches Sprichwort

Der Fürst ist der erste **Diener** seines Staates.
Friedrich der Große

Temperament ist ein vorzüglicher **Diener**, doch ein gefährlicher Herrscher.
Deutsches Sprichwort

Dienstjahre sind keine Herrenjahre.
Deutsches Sprichwort

Dies ist der Tag, den Gott gemacht.
Christian Fürchtegott Gellert

Diktaturen haben niemals ein Problem gelöst. Sie haben es nur verschwinden lassen.
Otto von Habsburg

Diktaturen sind immer dann besonders „tapfer“, wenn die anderen besonders schwach sind.
Alois Mock

Nur die **Diktatur** ist schnell und einfach – nicht so die Demokratie.
Rita Süssmuth

Der **Dilettant** will mehr, als zehn Künstler können.
Deutsches Sprichwort

Ich gebe mich als gebildet und bleibe doch ein ewiger **Dilettant.**
Tomi Ungerer

Gut **Ding** will Weile haben.
Deutsches Sprichwort

Jedes **Ding** hat zwei Seiten.
Deutsches Sprichwort

Aller guten **Dinge** sind drei.
Deutsches Sprichwort

Die einzigen **Dinge**, über die es sich lohnt, ernsthaft zu sprechen, sind lustige Dinge.
Curt Goetz

Die Zeit herrscht über die **Dinge.**
Lateinisches Sprichwort

Die Zeit zernagt alle **Dinge.**
Ovid

Es gibt mehr **Dinge** im Himmel und auf Erden, als eure Schulweisheit sich träumt.
Shakespeare

Es sind nicht die **Dinge**, die uns beunruhigen, sondern die Meinungen, die wir von den Dingen haben.
Epiktet

Jede Ursache der **Dinge** ist klein.
Cicero

Maß ist zu allen **Dingen** gut.
Deutsches Sprichwort

Überlebensgroße **Dinge** geschehen im Leben öfter als in Büchern.
Isabel Allende

Diplomatie und Öffentlichkeit gehen eine Verbindung ein wie Feuer und Wasser. Die Diplomatie zischt und wird zu Wasser.
Ludwig Marcuse

Wir sind **Diplomaten**, Das heißt: Wenn wir sagen, was wir denken, haben wir uns versprochen.
Henry Morton Robinson

Wie du mir, so ich **dir**.
Deutsches Sprichwort

Es gibt keinen schlechten Chor – es gibt nur einen schlechten **Dirigenten.**
Siegfried Heinrich

Was nützt **Diskretion**, wenn es nichts mehr gibt, was man diskret behandeln müßte.
Heinrich Böll

Ich nehme eine streitbare **Diskussion** auf nach dem Motto: Hart in der Sache, verbindlich im Ton.
Hans Maier

Disteln sind dem Esel lieber als Rosen.
Deutsches Sprichwort

Disziplin, das ist der erste Schritt zum Erfolg.
Stefan Effenberg

Man muss einen **Doktorhut** nicht jede Woche neu erwerben, sondern man muss sich seiner würdig erweisen.
Dieter Stolte

Es schlägt nicht immer ein, wenn es **donnert.**
Deutsches Sprichwort

Doppelt genäht hält besser.
Deutsches Sprichwort

So viel **Dörfer**, so viel Sitten.
Sprichwort

Zertritt den **Dorn** nur, wenn du Schuhe trägst!
Deutsches Sprichwort

Das ist im Leben häßlich eingerichtet, daß bei den Rosen gleich die **Dornen** stehen.
Viktor von Scheffel, Der Trompeter von Säckingen

Keine Rose ohne **Dornen.**
Deutsches Sprichwort

Vermeidbar wäre manches **Drama**, wenn die Waffen Zahlenschlösser hätten.
Wolfgang Steinke

Ein guter Mensch in seinem dunklen **Drange** ist sich des rechten Weges wohl bewußt.
Goethe, Faust I

Gute **Drehbücher** sind so selten wie ein Sandsturm in der Antarktis.
Meryl Streep

Ein rechtschaffender Ochse geht mitten durch den **Dreck!**
Deutsches Sprichwort

Einen alten **Dreck** soll man nicht aufrühren, sonst stinkt er.
Schweizerisches Sprichwort

Was **dreie** wissen, das erfahren hundert.
Agricola, Sprichwörter

Dreimal umgezogen ist so gut wie einmal abgebrannt.
Benjamin Franklin

Die Faulen und die **Dreisten** schreien am meisten.
Deutsches Sprichwort

Ich sei, gewährt mir die Bitte, in eurem Bunde der **Dritte.**
Schiller

Wenn zwei sich streiten, freut sich der **Dritte.**
Deutsches Sprichwort

Der Feige **droht** nur, wo er sicher ist.
Goethe

Wer lange **droht,** macht dich nicht tot.
Deutsches Sprichwort

Drum lebe mäßig, denke klug! Wer nichts gebraucht, der hat genug.
Wilhelm Busch, Der Haarbeutel

Drum prüfe, wer sich ewig bindet, ob sich das Herz zum Herzen findet.
Schiller, Das Lied von der Glocke

Du bist mein Fels und meine Burg.
Psalm 71,3

Du bleibst doch immer, was du bist.
Goethe

Du fragst nach Dingen, Mädchen, die dir nicht geziemen.
Schiller

Du glaubst zu schieben, und du wirst geschoben.
Goethe

Du hast es eingebrockt; du mußt es auch ausessen.
Terenz

Du musst das Beste hoffen, das Schlimmste kommt von selbst.
Deutsches Sprichwort

Du musst lächeln, immer lächeln.
Otto Reuter

Du siehst, mit diesem Trank im Leibe, bald Helenen in jedem Weibe.
Goethe

Am **Du** werden wir erst zum Ich.
Martin Buber

Kokain ist Gottes Art und Weise, um dir mitzuteilen, dass **du** zuviel Geld hast.
Sting

Dulden, schweigen, lachen hilft vielen bösen Sachen.
Deutsches Sprichwort

Keiner ist so **dumm**, daß er sich nicht hin und wieder einmal dumm stellt.
Stanislav Lec

Die **Dummen** werden nicht alle.
Deutsches Sprichwort

Dummheit ist eine Gabe Gottes.
Deutsche Redensart

Dummheit ist lebensgefährlich und hoffnungslos.
Ortega y Gasset, Aufstand der Massen

Dummheit und Stolz wachsen auf einem Holz.
Deutsches Sprichwort

Die **Dummheit** weiß von keiner Sorge.
Goethe

Es ist ein Jammer, daß die **Dummköpfe** so selbstsicher sind und die Klugen so voller Zweifel.
Bertrand Russell

Man sollte nie die gleiche **Dummheit** zweimal machen, denn die Auswahl ist groß genug.
Bertrand Russell

Man kann es auf zweierlei Arten zu etwas bringen: durch eigenes Können oder durch die **Dummheit** der anderen.
Jean de La Bruyère

Nie hatte ich Angst vor Liebe, immer Angst vor **Dummheit** und jeder Art von Freiheitsverlust.
Wolfgang Joop

Dummheiten können reizend sein, Dummheit nicht.
Alberto Moravia

Die **Dummheiten** wechseln, aber die Dummheit bleibt bestehen.
Erich Kästner

Ein **Dummkopf** findet immer einen noch Dümmeren, der ihn bewundert.
Nicolas Boileau-Despréaux

Ein **Dummkopf** hat bisweilen Witz, aber nie Verstand.
La Rochefoucauld

Dunkel sind die Wege, die das Schicksal geht.
Euripides

Einem Kind, das die **Dunkelheit** fürchtet, verzeiht man gern; tragisch wird es erst, wenn Männer das Licht fürchten.
Platon

Dankbarkeit ist **dünn** gesät.
Deutsches Sprichwort

Durch fremden Schaden wird man klug.
Deutsches Sprichwort

Durch Heftigkeit ersetzt der Irrende, was ihm an Wahrheit und an Kräften fehlt.
Goethe, Torquato Tasso

Durch Würfel, Kart' und Kann', wird mancher zum armen Mann.
Deutsches Sprichwort

Durch zweier Zeugen Mund wird allerwegs die Wahrheit kund.
Goethe

E

Das **Echte** bleibt der Nachwelt unverloren.
Goethe, Faust I

Edel sei der Mensch, hilfreich und gut.
Goethe, Das Göttliche

Der **Edle** steht der Welt ohne Vorliebe und Vorurteile gegenüber. Er hält sich allein an das Rechte.
Konfuzius

Der wahrhaft **Edle** predigt nicht, was er tut, bevor er nicht getan hat, was er predigt.
Konfuzius

Ein **edles** Herz bekennt sich gern von der Vernunft besiegt.
Schiller, Die Jungfrau von Orléans

Egoist: ein unfeiner Mensch, der für sich selbst mehr Interesse hat als für mich.
Ambrose Bierce

Der **Egoist** flieht vor sich und seinem hassenswerten Ich. Wer aber sich selbst nicht akzeptieren kann, ist auch nicht im Stande, andere zu lieben.
Iring Fetscher

Der Teufel ist ein **Egoist.**
Goethe, Faust I

Die **Ehe** ist eine Fleißaufgabe.
Hans Korte

Die gute **Ehe** ist ein ewiger Brautstand.
Theodor Körner

Die zweite **Ehe** ist der Triumph der Hoffnung über die Erfahrung.
Samuel Johnson

Es gibt kein Rezept für eine glückliche, funktionierende **Ehe.** Nur einfach Liebe.
Mario Adorf

Gezwungene **Ehe** – des Herzens Wehe!
Deutsches Sprichwort

Heute ist eine **Ehe** schon glücklich, wenn man dreimal die Scheidung verschiebt.
Danny Kaye

Wer seine **Ehefrau** betrügt, dem kann man nicht in öffentlichen Ämtern trauen!
George Carey

Ehemänner leben länger als Junggesellen, das ist ihre Strafe.
Jerry Lewis

Pracht, Geld und **Ehr'** ist morgen oft nicht mehr.
Deutsches Sprichwort

Ehre, dem die Ehre gebührt!
Römer 13,7

Ehre und Profit haben nicht im gleichen Sack Platz.
Spanisches Sprichwort

Besser arm in **Ehren** als reich in Schanden.
Deutsches Sprichwort

Ehret die Frauen! Sie flechten und weben himmlische Rosen in irdische Leben.
Schiller, Würde der Frauen

Ehrgeiz ist die letzte Zuflucht des Mißerfolgs.
Oscar Wilde

Ehrgeiz geizt mit der Ehre anderer.
Lothar Schmidt

Begehren von Amt und Vorrecht ist **Ehrgeiz.**
Thomas Hobbes

Unter den mancherlei Eigenschaften, die in ihrer Übertreibung giftig werden, kann man auch den **Ehrgeiz** nennen.
Adolf Sommerauer

Ehrlich währt am längsten.
Deutsches Sprichwort

Fehlt's dem Diebe an Gelegenheit, glaubt er an seine **Ehrlichkeit.**
Talmud

Ehrungen, das ist, wenn die Gerechtigkeit ihren liebenswürdigen Tag hat.
Konrad Adenauer

Was kümmert es die **Eiche,** wenn sich eine Sau an ihr scheuert.
Deutsches Sprichwort

Um ein Königreich bricht man jeden **Eid.**
Shakespeare

Aus ungelegten **Eiern** schlüpfen keine Hühner.
Deutsches Sprichwort

Blinder **Eifer** schadet nur.
Lichtwer

Der **Eifer** ist wohl ein guter Diener, aber ein böser Herr.
Alter Spruch

Eifersucht ist eine Leidenschaft, die mit Eifer sucht, was Leiden schafft.
Friedrich Schleiermacher

Eigenliebe ist der Beginn einer lebenslangen Romanze.
Oscar Wilde

Eigenlob stinkt.
Deutsches Sprichwort

Wer zu laut und zu oft seinen **eigenen** Namen kräht, erweckt den Verdacht, auf einem Misthaufen zu stehen.
Otto von Leixner

Eigennutz erwürgt auch den Freund.
Deutsches Sprichwort

Eigensinn ist der Wille, der sich bestätigt, ohne sich rechtfertigen zu können.
Henri-Frédéric Amiel

Aller **Eigensinn** beruht darauf, daß der Wille sich an die Stelle der Erkenntnis gedrängt hat.
Arthur Schopenhauer

Es gibt eine einfache Definition für **Eigensinn:** Sie ist die Energie der Dummheit.
Aus den „Fliegenden Blättern"

Eigner Herd ist Goldes wert.
Deutsches Sprichwort

Eile mit Weile!
Deutsches Sprichwort

Ein alter Bär kann leicht in eine Falle tappen.
Russisches Sprichwort

Ein alter Fuchs ist schwer zu fangen.
Deutsches Sprichwort

Ein Anfänger ist kein Meister.
Deutsches Sprichwort

Ein bisschen zu spät ist viel zu spät.
Deutsches Sprichwort

Ein blindes Huhn findet auch wohl ein Korn.
Deutsches Sprichwort

Ein böses Unternehmen führt zu bösem Ziel.
Sophokles

Ein Denker ist kein Schwätzer.
Deutsches Sprichwort

Ein Ende mit Schrecken nehmen.
Psalm 73,19

Ein guter Amboss fürchtet keinen Hammer.
Deutsches Sprichwort

Ein guter Koch ist ein guter Arzt.
Deutsches Sprichwort

Ein guter Mensch in seinem dunklen Drange ist sich des rechten Weges wohl bewußt.
Goethe

Ein guter Nachbar ist besser als der Bruder in der Ferne.
Deutsches Sprichwort

Ein gutes Beispiel ist der beste Lehrmeister.
Deutsches Sprichwort

Ein gutes Gewissen ist ein sanftes Ruhekissen.
Deutsches Sprichwort

Ein hungriger Bauch hat keine Ohren.
Deutsches Sprichwort

Ein jeder kehre vor seiner Tür!
Goethe

Ein jeder Wechsel schreckt den Glücklichen.
Schiller

Ein jegliches hat seine Zeit.
Prediger Salomo 3,1

Ein Kerl, den alle Menschen hassen, der muß was sein.
Goethe

Ein leerer Sack steht nicht aufrecht.
Benjamin Franklin

Ein Lügner muss ein gutes Gedächtnis haben.
Deutsches Sprichwort

Ein Mann soll immer mehr wollen als er leisten kann.
Deutsches Sprichwort

Ein Narr kann mehr fragen als sieben Weise beantworten können.
Deutsches Sprichwort

Ein Ochs, der viel brüllt, zieht wenig.
Deutsches Sprichwort

Ein Schelm gibt mehr als er hat.
Deutsches Sprichwort

Ein schlechtes Handwerk, das seinen Meister nicht ernährt.
Deutsches Sprichwort

Ein schlechtes Schaf, das mit dem Wolf spazierengeht.
Deutsches Sprichwort

Ein Sperling in der Hand ist besser als eine Taube auf dem Dach.
Deutsches Sprichwort

Ein Unglück kommt selten allein.
Deutsches Sprichwort

Ein unnütz Leben ist ein früher Tod.
Goethe, Iphigenie auf Tauris

Ein Vater ernährt eher zehn Kinder als zehn Kinder einen Vater.
Deutsches Sprichwort

Ein voller Bauch studiert nicht gern.
Deutsches Sprichwort

Ein Wort ist wie ein Pfeil, der einmal von der Sehne geschnellt, nicht zurückgehalten werden kann.
Arabisches Sprichwort

Eine Katze, die einen Kanarienvogel gefressen hat, kann deshalb noch nicht singen.
Deutsches Sprichwort

Eine Krähe hackt der anderen kein Auge aus.
Deutsches Sprichwort

Eine Lüge schleppt zehn andere nach sich.
Deutsches Sprichwort

Eine Rede wird durch Gleichnisse schön.
Russisches Sprichwort

Einem faulen Arbeiter ist jeder Hammer zu schwer.
Deutsches Sprichwort

Einem geschenkten Gaul sieht man nicht ins Maul.
Deutsches Sprichwort

Einem Ochsen kann man nur einmal das Fell über die Ohren ziehen.
Deutsches Sprichwort

Einen alten Baum versetzt man nicht.
Deutsches Sprichwort

Einen alten Dreck soll man nicht aufrühren, sonst stinkt er.
Schweizerisches Sprichwort

Alle für **einen**, und einer für alle.
Schweizerische Devise

Einer kann nicht alles wissen.
Deutsches Sprichwort

Alle für einen, und **einer** für alle.
Schweizerische Devise

Eines schickt sich nicht für alle! Sehe jeder, wie er's treibe, sehe jeder, wo er bleibe, und wer steht, daß er nicht falle.
Goethe, Beherzigung

Ein guter **Einfall** ist wie ein Hahn am Morgen. Gleich krähen andere Hähne mit.
Karl Heinrich Waggerl

Die **eingebildeten** Übel sind die unheilbarsten.
Marie von Ebner-Eschenbach

Du hast es **eingebrockt**; du mußt es auch ausessen.
Terenz

Einigkeit macht stark.
Deutsches Sprichwort

Man kann keine **Einigkeit** erzielen, wenn man sich gegenseitig auf die Füße tritt.
François Mitterand

Wer **einkauft**, hat hundert Augen nötig, wer verkauft, nur eins.
Deutsches Sprichwort

Gute Haushaltung macht kleines **Einkommen** groß.
Deutsches Sprichwort

Je höher die **Einkünfte**, desto höher das Ansehen.
Ovid

Einmal geschrieben ist so gut wie zehnmal gelesen.
Deutsches Sprichwort

Einmal gesehen ist besser als zehnmal hören.
Deutsches Sprichwort

Einmal ist keinmal.
Deutsches Sprichwort

Man lebt nur **einmal** in der Welt.
Goethe, Clavigo

Sparsamkeit ist eine gute **Einnahme.**
Cicero

Verstand läßt sich nicht **einprügeln.**
Deutsches Sprichwort

Einsamkeit ist der Weg, auf dem das Schicksal den Menschen zu sich selber führen will.
Hermann Hesse

Die **Einsamkeit** ist der vertraute Umgang mit sich selbst.
Robert Schumann

Die **Einsamkeit** ist ein dichter Mantel, und doch friert das Herz darunter.
Erwin Guido Kolbenheyer

Wir hätten alle mindestens eine Stunde **Einsamkeit** am Tag nötig, um aufzufüllen und Atem zu schöpfen.
Maria Schell

Wer sich **einsetzt**, setzt sich aus.
Friedrich Schorlemmer

Wer sich nicht **einsetzt**, hat kaum das Recht, das Misslingen des Einsatzes anderer zu kritisieren.
Alfred Grosser

Mit der **Einsicht** steigt die Zuversicht.
Max Dauthendey

Eintracht ernährt, Zwietracht verzehrt.
Deutsches Sprichwort

Beim Schiffbruch hilft der **Einzelne** sich leichter.
Schiller, Wilhelm Tell

Wenn es dem Esel zu wohl ist, geht er aufs **Eis**.
Deutsches Sprichwort

Man muss das **Eisen** schmieden, solange es heiß ist.
Deutsche Redensart

Wer auf dem Bildschirm erscheint und behauptet, er sei nicht **eitel**, lügt.
Jörg Wontorra

Die **Eitelkeit** ist die größte aller Schmeicheleien.
La Rochefoucauld

Ganz wird unsereins die **Eitelkeit** wohl nie los, aber man sollte wenigstens versuchen, sie mit der Zeit in würdigere Bahnen zu lenken.
Arthur Koestler

Jedermann hat gerade soviel **Eitelkeit**, als es ihm an Verstand fehlt.
Friedrich Nietzsche

Wer ist von **Eitelkeit** so frei, um nicht für seinen Glauben gern zu werben?
Schiller

Eleganz heißt nicht, ins Auge zu fallen, sondern im Gedächtnis zu bleiben.
Giorgio Armani

Besser sparsam leben als im **Elend** verderben.
Deutsches Sprichwort

Wir haben von Kindheit an gelernt, unsere **Ellbogen** zu benutzen. Es ist schwer, das im Bett nicht mehr zu tun.
Ernest Bornemann

Der **Elster** wird wohl auch ein Ei gestohlen.
Deutsches Sprichwort

Die besten **Eltern** haben oft ungeratene Kinder.
Deutsches Sprichwort

Es gibt leider nicht sehr viele **Eltern**, deren Umgang für ihre Kinder wirklich ein Segen ist.
Marie von Ebner-Eschenbach

Ungeratene Kinder sind Nägel zu der **Eltern** Sarg.
Deutsches Sprichwort

Verehre deine Lehrer wie deine **Eltern**.
Russisches Sprichwort

Elternliebe ist oft Affenliebe.
Deutsches Sprichwort

Eine **emanzipierte** Frau tut, was sie will.
Liv Ullmann

Emanzipation ist, wenn ich alles bezahle und wir nicht verheiratet zusammenleben.
Eva Heller

Emanzipationsdiskussionen halte ich für komplett unsinnig.
Hans-Joachim Kulenkampff

Der ganze **Emanzipationsrummel** hat nichts daran geändert, dass Frauen sich schön machen, um Männern zu gefallen.
Marcello Mastroianni

Ein guter **Emigrant** hat tot zu sein.
Hans Sahl

Ende gut, alles gut!
Deutsches Sprichwort

Bedenke das **Ende**!
Jesus Sirach 7,40

Der Tod ist das **Ende** aller Not.
Deutsches Sprichwort

Halte Maß und bedenke das **Ende.**
Kaiser Maximilian I.

Lieber ein **Ende** mit Schrecken als ein Schrecken ohne Ende.
Ferdinand von Schill

Niemand ist vor seinem **Ende** glücklich zu preisen.
Solon

Böses muß mit Bösem **enden.**
Schiller, Das Siegesfest

Wohl angefangen ist gut, wohl **enden** ist besser.
Deutsches Sprichwort

Wer viel anfängt, **endet** wenig.
Deutsches Sprichwort

Was lange währt, wird **endlich** gut.
Deutsches Sprichwort

Des Menschen **Engel** ist die Zeit.
Schiller, Wallensteins Tod

Ein Mann ist **entbehrlich**, ein Kind nicht.
Juliette Greco

Falsch verhält sich, wer dort schnüffelt, wo schon viele Hunde waren – man muss neue Bäume **entdecken.**
Lothar-Günther Buchheim

Der Baum der **Enthaltsamkeit** hat die Genügsamkeit zur Wurzel und die Zufriedenheit zur Frucht.
Denis Diderot

Enthaltsamkeit ist das Vergnügen an Sachen, welche wir nicht kriegen.
Wilhelm Busch, Die Haarbeutel

Wenige Menschen denken, und doch wollen alle **entscheiden.**
Friedrich der Große

Die ersten **Entschließungen** sind nicht immer die klügsten, aber gewöhnlich die redlichsten.
Lessing

Schneller **Entschluss** bringt oft Verdruss.
Deutsches Sprichwort

Wer sich **entschuldigt**, klagt sich an.
Französisches Sprichwort

Wir geben uns zuwenig Rechenschaft darüber, wie viele **Enttäuschungen** wir anderen bereiten.
Heinrich Böll

Im Trüben ist gut fischen, aber auch gut **entwischen.**
Deutsches Sprichwort

Er aber, sag's ihm, er kann mich im Arsch lecken.
Goethe, Götz von Berlichingen (Urfassung)

Er denkt zu viel, die Leute sind gefährlich.
William Shakespeare, Julius Cäsar

Der **Erben** Tränen sind ein verdecktes Lachen.
Deutsches Sprichwort

Arbeit, Sorg und Herzeleid ist der **Erde** Alltagskleid.
Deutsches Sprichwort

Der ist der Herr der **Erde**, wer ihre Tiefen mißt.
Novalis

Raum für alle hat die **Erde.**
Schiller, Der Alpenjäger

Auf **Erden** lebt kein Menschenkind, an dem man keinen Mangel find't.
Deutsches Sprichwort

Das **Erdentreiben**, wie's auch sei, ist immer doch nur Plackerei.
Goethe, Faust II

Man kann die Wahrheit drücken, aber nicht **erdrücken.**
Deutsches Sprichwort

Große **Ereignisse** werfen ihre Schatten voraus.
Thomas Campbell

Was du **ererbt** von deinen Vätern, erwirb es, um es zu besitzen.
Goethe

An dem, was ich an mir selber **erfahren** habe, fände ich genug, ein Weiser zu werden, wenn ich nur ein guter Schüler wäre.
Michel de Montaigne

Erfahrung ist eine teure Schule.
Deutsches Sprichwort

Erfahrung verbessert unsere Einsicht, ohne unsere Absichten zu verändern.
Alfred Polgar

Alles Wissen stammt aus der **Erfahrung.**
Immanuel Kant

Alter gibt **Erfahrung.**
Ovid

Es ist besser, sich von **Erfahrungen** als von Zielen leiten zu lassen.
Martin Walser

Vergeben und vergessen heißt kostbare **Erfahrungen** zum Fenster hinauswerfen.
Arthur Schopenhauer

Wer **Erfahrungen** machen will, muss Umwege gehen.
Andrzej Szczypiorski

Wenn Gott nicht existierte, müßte man ihn **erfinden.**
Voltaire

Not macht **erfinderisch.**
Deutsches Sprichwort

Not ist die Mutter der **Erfindungen.**
Deutsches Sprichwort

Erfolg kann einen Lebensweg nicht ersetzen.
Erika Pluhar

Erfolg stellt sich ein, wenn man mehr tut als nötig. Und das immer.
Lothar Schmidt

Die einzige Ursache für **Erfolg** oder Niederlage liegt in uns selbst.
Konosuke Matsushita

Nichts ist überzeugender als der **Erfolg.**
Leopold von Ranke

Unzufriedenheit ist der erste Schritt zum **Erfolg.**
Oscar Wilde

Es tut ziemlich **erfolgreichen** Menschen manchmal ganz gut, wieder eine schwarze Serie zu haben.
Boris Becker

Erfolglosigkeit würde mich in den Selbstmord treiben.
Franz Xaver Kroetz

Die **Erfüllung** dessen, was sich ein Mensch als sein Glück wünscht, ist zugleich seine Zerstörung.
Bud Spencer

Wer will denn alles gleich **ergründen!** Sobald der Schnee schmilzt, wird sich's finden.
Goethe, Kommt Zeit, kommt Rat

Erhalten ist schwerer als erwerben.
Deutsches Sprichwort

Nirgends strapaziert sich der Mensch mehr als bei der Jagd nach **Erholung.**
Laurence Sterne

Erinnern heißt auswählen.
Günter Grass

Erinnern ist eine Form der Begegnung.
Khalil Gibran

Erinnern kann nicht ungeschehen machen, aber die Wiederholungswahrscheinlichkeit verringern.
Friedrich Schorlemmer

Vergessen ist oft schwerer, als sich zu **erinnern.**
Deutsches Sprichwort

Die **Erinnerung** ist das einzige Paradies, woraus wir nicht vertrieben werden können.
Jean Paul, Die unsichtbare Loge

Die **Erinnerung** ist wie ein Hund, der sich hinlegt, wo er will.
Cees Nooteboom

Erinnerungen sind wie manche Konserven: ein bißchen schöngefärbt und deshalb nicht ganz ungefährlich.
Maurice Chevalier

Erkenne dich selbst!
Thales von Milet

Ja, was man so **erkennen** heißt! Wer darf das Kind beim rechten Namen nennen?
Goethe

Jeder, der sich die Fähigkeit erhält, Schönes zu **erkennen,** wird nie alt werden.
Franz Kafka

Willst du dich selber **erkennen**, so sieh, wie die andern es treiben; willst du die andern verstehen, blick in dein eigenes Herz!
Friedrich Schiller

Am Werke **erkennt** man den Meister.
La Fontaine

An den Federn **erkennt** man den Vogel.
Deutsches Sprichwort

An den Scherben **erkennt** man den Topf.
Deutsches Sprichwort

Staunen ist der erste Schritt zu einer **Erkenntnis.**
Louis Pasteur

Erlaubt ist, was gefällt!
Goethe, Torquato Tasso

Erlaubt ist, was sich ziemt.
Goethe

Was nicht verboten ist, ist **erlaubt.**
Schiller

Nicht alles, was nicht verboten ist, ist deshalb **erlaubt.**
Norbert Blüm

Wenn es anderen erlaubt ist, so ist es deswegen noch nicht dir **erlaubt.**
Terenz

Wie du gesät hast, so wirst du **ernten.**
Cicero

Man säe nur, man **erntet** mit der Zeit.
Goethe

Nur der verdient sich Freiheit wie das Leben, der täglich sie **erobern** muß.
Goethe

Erotik setzt sich zusammen aus Charisma, Stärke, Erfahrung, Verweigerung.
Iris Berben

Erquickung hast du nicht gewonnen, wenn sie dir nicht aus eigener Seele quillt.
Goethe, Faust I

Was man **erringt**, behauptet man hartnäckiger, als was man ererbt hat.
Goethe, Die guten Weiber

Wer hängen soll, **ersäuft** nicht.
Deutsches Sprichwort

Kraft, die nicht wirkt, **erschlafft.**
Deutsches Sprichwort

Erst die Arbeit, dann das Vergnügen.
Deutsches Sprichwort

Erst die Last, dann die Rast.
Deutsches Sprichwort

Erst wägen, dann wagen!
Helmuth von Moltke

Das **erste** steht uns frei, beim zweiten sind wir Knechte.
Goethe, Faust I, Mephistopheles

Lieber der **erste** hier als der zweite in Rom.
Julius Cäsar

Dem **Ersten** gebührt der Ruhm, wenn auch die Nachfolger es besser gemacht haben.
Arabisches Sprichwort

Alles in der Welt läßt sich **ertragen**, nur nicht eine Reihe von schönen Tagen.
Goethe, Sprichwörtlich

Man darf nur anderen die Wahrheit sagen, wenn man sie selber **ertragen** kann.
Deutsches Sprichwort

Man möge bedenken, daß man andere **ertragen** soll, wie man selbst ertragen zu werden wünscht.
Jeremias Gotthelf

Der **Ertrinkende** klammert sich am Strohhalm fest.
Deutsches Sprichwort

Einen **Erwachsenen** nennt man jenes Krüppelwesen, das in einer entzauberten Welt sogenannter Tatsachen existiert.
Michael Ende

Man kann nicht einerseits wie ein **Erwachsener** behandelt werden wollen und dann weinen wie ein Kind.
Karl-Heinz Schnellinger

Ein Vergnügen **erwarten** ist auch ein Vergnügen.
Lessing, Minna von Barnhelm

Es bekommt einer Sache besser, wenn sich einer dafür **erwärmt**, als wenn sich hundert dafür erhitzen.
Robert Lembke

Erhalten ist schwerer als **erwerben.**
Deutsches Sprichwort

Erziehen heißt, natürliche Anlagen entwickeln.
Ferdinando Galiani

Erziehung ist Beispiel und Liebe, sonst nichts.
Friedrich Wilhelm August Fröbel

Erziehung läuft meist darauf hinaus, dass der Vater erlaubt, was ihm selbst verboten ist.
Roman Polanski

Bester Beweis einer guten **Erziehung** ist die Pünktlichkeit.
Lessing

Es bellen die jungen Hunde nach, was sie von den alten gehört haben.
Russisches Sprichwort

Es braucht viel Weisheit, aber wenig Wein, um die Menschen zufrieden zu stellen.
Pestalozzi

Es führen viele Wege in die Hölle, aber keiner heraus.
Deutsches Sprichwort

Es geht ihm ein Licht auf.
Nach Hiob 25,3

Es geschieht nichts Neues unter der Sonne.
Prediger Salomo 1,9

Es gibt kein vollkommenes Glück.
Horaz

Es gibt nichts, was nicht schon früher gesagt wurde.
Terenz

Es irrt der Mensch, solang er strebt.
Goethe

Es ist alles ganz eitel.
Prediger Salomo 1,2

Es ist der Geist, der sich den Körper baut.
Schiller

Es ist des Menschen Zunge, nicht die Tat, die alles lenkt.
Sophokles

Es ist etwas Weises in jedem Sprichwort.
Arabisches Sprichwort

Es ist nicht alles Gold, was glänzt.
Deutsches Sprichwort

Es ist nicht gut, daß der Mensch allein sei.
1. Mose 2,18

Es ist nichts so fein gesponnen, es kommt doch an das Licht der Sonnen.
Deutsches Sprichwort

Es ist nichts teurer, als was man mit Bitten erkaufen muss.
Deutsches Sprichwort

Es ist noch kein Meister vom Himmel gefallen.
Deutsches Sprichwort

Es ist noch keiner geboren, der nichts dazugelernt hätte.
Russisches Sprichwort

Es ist noch nicht aller Tage Abend.
Deutsches Sprichwort

Es kommt oft anders, als man denkt.
Deutsches Sprichwort

Es muß ja nicht gleich sein, – es hat ja noch Zeit.
Johann Nepomuk Nestroy

Es schlägt nicht immer ein, wenn es donnert.
Deutsches Sprichwort

Es sind nicht alle frei, die ihrer Ketten spotten.
Lessing, Nathan der Weise

Es sollt ein Freund des Freundes Schwächen tragen.
Shakespeare, Julius Cäsar

Es war die Nachtigall und nicht die Lerche.
William Shakespeare, Romeo und Julia

Es wird nichts so heiß gegessen, wie es gekocht wird.
Deutsches Sprichwort

Es wird überall mit Wasser gekocht.
Deutsches Sprichwort

Den **Esel** meint man, den Sack schlägt man.
Deutsches Sprichwort

Disteln sind dem **Esel** lieber als Rosen.
Deutsches Sprichwort

Wenn es dem **Esel** zu wohl ist, geht er aufs Eis.
Deutsches Sprichwort

Wer sich zum **Esel** macht, dem will jeder seine Säcke auflegen.
Deutsches Sprichwort

Wo sich der **Esel** einmal stößt, da stößt er sich nicht wieder.
Deutsches Sprichwort

Der Appetit kommt beim **Essen.**
François Rabelais

Nach dem **Essen** sollst du ruhn oder tausend Schritte tun.
Deutsches Sprichwort

Viele Menschen haben das **Essen** verlernt – sie können nur noch schlucken.
Paul Bocuse

Wer nicht arbeitet, soll auch nicht **essen.**
Deutsches Sprichwort

Etwas ist besser als nichts.
Deutsches Sprichwort

Eulen nach Athen tragen.
Aristophanes

Was dem einen seine **Eule,** ist dem anderen seine Nachtigall.
Deutsches Sprichwort

Europa hat keine Ränder, es ist überall Mittelpunkt.
Slobodan P. Novak

Europa ist unglücklich, weil es kein reines Gewissen hat.
Peter Ustinov

Auch die **Ewigkeit** besteht aus Augenblicken.
Deutsches Sprichwort

Jugend und verlorene Zeit kommt nicht wieder in **Ewigkeit.**
Deutsches Sprichwort

Was man von der Minute ausgeschlagen, gibt keine **Ewigkeit** zurück.
Schiller, Resignation

Wie das ertragen, diesen lautlosen Andrang der **Ewigkeit?**
Hans Egon Holthusen

Auch die **Existenz** eines Nichts läßt sich nicht beweisen.
Hans Küng

Unsere ganze **Existenz** ist eine Feier unverdienter Privilegien.
Aubernon Waugh

Wo Menschen um ihre **Existenz** bangen, ist ihnen mit Grundsätzen nicht zu helfen.
Erhard Eppler

Der **Experte** ist ein gewöhnlicher Mann, der – wenn er nicht daheim ist – Ratschläge erteilt.
Oscar Wilde

Experten sind Leute, die andere daran hindern, ihren gesunden Menschenverstand zu gebrauchen.
Hannes Messemer

Wenn alle **Experten** einig sind, ist Vorsicht geboten.
Bertrand Russell

Die allermeisten Deutschen wissen, dass politischer **Extremismus** immer nur Leid und Unglück über die Menschen gebracht hat.
Helmut Kohl

F

Facelifting? Nein, dann würde ich ja alle diese großartigen Falten zerstören.
Clint Eastwood.

Leute, die zu nichts **fähig** sind, sind zu allem fähig.
John Steinbeck

Wer sacht **fährt,** kommt auch an.
Deutsches Sprichwort

Fair-play bedeutet, das Foul so versteckt zu machen, dass der Schiedsrichter es nicht sieht.
Dieter Hildebrandt

Mein Rheuma stört mich mehr als meine **Falten.**
Peter Weck

Ein tiefer **Fall** führt oft zu höherem Glück.
Shakespeare, Cymbeline

Hochmut kommt vor dem **Fall.**
Sprüche Salomos 16,18

Ein alter Bär kann leicht in eine **Falle** tappen.
Russisches Sprichwort

Fallen ist keine Schande, aber liegen bleiben.
Deutsches Sprichwort

Man muß die Feste feiern wie sie **fallen.**
Deutsches Sprichwort

Der Apfel **fällt** nicht weit vom Stamme.
Deutsches Sprichwort

Wer andern eine Grube gräbt, **fällt** selbst hinein.
Deutsches Sprichwort

Das Schicksal des Staates hängt vom Zustand der **Familie** ab.
Alexandre Vinet

Die **Familie** ist das Vaterland des Herzens
Giuseppe Mazzini

Eine **Familie** ist in Ordnung, wenn man den Papagei unbesorgt verkaufen kann.
Will Rogers

Fanatismus ist das Paradies für eine Sekte.
John Keats

Fanatismus besteht im Verdoppeln der Anstrengungen, wenn das Ziel vergessen ist.
George Santayana

Der **Fanatismus** ist die hochexplosive Mischung von Engstirnigkeit und Energie.
Herbert von Karajan

Ein alter Fuchs ist schwer zu **fangen.**
Deutsches Sprichwort

Wer zu **fangen** glaubte, wird selbst gefangen.
La Fontaine, Fabeln

Wer will, was er kann, **fängt** nichts vergeblich an.
Deutsches Sprichwort

Neuen Freunden und altem **Fass** ist nicht wohl zu trauen.
Deutsches Sprichwort

Unmaß sprengt das **Fass.**
Deutsches Sprichwort

Faule Schäfer haben gute Hunde.
Deutsches Sprichwort

Abends werden die **Faulen** fleißig.
Deutsches Sprichwort

Die **Faulen** und die Dreisten schreien am meisten.
Deutsches Sprichwort

Die **Faulen** sind stets aufgelegt, irgendetwas zu tun.
Luc de Vauvenargues

Arbeit bringt Brot,
Faulenzen Hungersnot.
Deutsches Sprichwort

Wer nicht richtig **faulenzen** kann, kann auch nicht richtig arbeiten.
Deutsches Sprichwort

Faulheit ist der Schlüssel zur Armut.
Deutsches Sprichwort

Faulheit ist die Dummheit des Körpers, und Dummheit ist Faulheit des Geistes.
Johann Gottfried Seume

Die Arbeit ist etwas Unnatürliches. Die **Faulheit** allein ist göttlich.
Anatole France

Fleiß bringt Brot, **Faulheit** Not.
Deutsches Sprichwort

Nach **Faulheit** folgt Krankheit.
Deutsches Sprichwort

Dem **Faulpelz** geht die Arbeit von der Hand wie das Pech von der Wand.
Deutsches Sprichwort

Das paßt wie die **Faust** aufs Auge.
Martin Luther

An den **Federn** erkennt man den Vogel.
Deutsches Sprichwort

Mancher will fliegen, ehe er **Federn** hat.
Deutsches Sprichwort

Viele **Federn** machen ein Bett.
Deutsches Sprichwort

Auf einen Heger kommt ein **Feger.**
Deutsches Sprichwort

Anderer **Fehler** sind gute Lehrer.
Deutsches Sprichwort

Fremde **Fehler** beurteilen wir als Staatsanwälte, die eigenen als Verteidiger.
Sprichwort aus Brasilien

Ich wäre am begierigsten, die **Fehler** der Engel zu wissen.
Jean Paul

Je größer der Mann ist, desto strafbarer ist er, wenn er die **Fehler** anderer ausplaudert.
Georg Christoph Lichtenberg

Kein Fisch ohne Gräten, kein Mensch ohne **Fehler**.
Norwegisches Sprichwort

Politiker sind dazu da, um **Fehler** zu machen, nicht, um aus ihnen zu lernen.
Günter Kunert

Wenn jeder **Fehler** angemerkt wird, hört jeder Umgang auf.
Indisches Sprichwort

Wer sich seiner **Fehler** schämt, macht sie zu Verbrechen.
Konfuzius

Man muss die Feste **feiern**, wie sie fallen.
Hermann Salinger

Unglück **feiert** nicht.
Deutsches Sprichwort

Man ist nicht **feige**, wenn man weiß, was dumm ist.
Ernest Hemingway

Allzu **fein** ist eitel Schein.
Deutsches Sprichwort

Das Bessere ist der **Feind** des Guten.
Deutsches Sprichwort

Der ärgste **Feind** ist in uns selber.
Deutsches Sprichwort

Wer seinen Zorn bezwingt, hat seinen **Feind** besiegt.
Deutsches Sprichwort

Hüte dich, wenn dein **Feind** dich lobt.
Russisches Sprichwort

Hätte ich keine **Feinde** und keine Neider, dann wäre ich eigentlich schlecht.
Armin Mueller-Stahl

In der Auswahl seiner **Feinde** kann man nicht sorgfältig genug sein.
Oscar Wilde

Wer ohne **Feindbild** auskommt, wird niemals Politiker.
István Szabò

Gott beschütze mich vor meinen Freunden! Mit meinen **Feinden** will ich schon selbst fertig werden.
Deutsches Sprichwort

Versöhnter **Feindschaft** und geflickter Freundschaft ist wenig zu trauen.
Deutsches Sprichwort

Auf Nachbars **Feld** steht das Korn besser.
Deutsches Sprichwort

Einem Ochsen kann man nur einmal das **Fell** über die Ohren ziehen.
Deutsches Sprichwort

Feminismus sollte den Geist befreien und ihn nicht beschränken.
Camille Paglia

Ich weiß nicht einmal, was **Feminismus** ist. Ich glaube, dass wir Menschen sind, ob Mann oder Frau.
Sandra Paretti

Gütiger Himmel, das **Fernsehen** ist etwas, in dem man auftritt, und nicht etwas, das man sich ansieht.
Noel Coward

Wir sollten fähig sein, das **Fernsehen** aufzugeben oder es auf zwei Kanäle zu begrenzen.
Federico Fellini

Das **Fernsehen** bewirkt nicht nur, dass das Fernste anschaubar wird – es hält auch das Nächste auf Distanz.
Hans Maier

Fernsehen macht die Dummen dümmer und die Klugen klüger.
Günther Jauch

Dem **Fernsehen** fehlt Herz und Gemüt.
Wim Thoelke

Früher gab es öffentliche Hinrichtungen, heute gibt es das **Fernsehen.**
Martin Scorsese

Das **Fernsehen** verursacht eine Hörigkeit, die ökonomisch und politisch beliebig auszunutzen ist.
Neil Postman

Fernsehen ist ein Wegwerfprodukt. Was heute war, ist morgen ein alter Hut.
Alfred Biolek

Wahrscheinlich wäre es für die Welt besser, wenn es kein **Fernsehen** geben würde.
Peter Alexander

Wer den ganzen Tag **fernsieht,** die totale Tagesschau, für den heißt Zuschauen erleben.
Bazon Brock

Wer **fertig** ist, dem ist nichts recht zu machen, ein Werdender wird immer dankbar sein.
Goethe, Faust I

Zu einem gutvermischten **Fest** gehören Enthusiasmus und Zeit, an beidem sind wir unterernährt.
Ursula von Kardorff

Ein Leben ohne **Feste** ist wie ein langer Weg ohne Einkehr.
Demokrit

Man muss die **Feste** feiern, wie sie fallen.
Hermann Salinger

Mit Gold ist jede **Festung** zu erobern.
Deutsches Sprichwort

Feuer und Wasser sind zwei gute Diener, aber zwei schlimme Herren.
Deutsches Sprichwort

Der Liebe und dem **Feuer** muss man beizeiten wehren.
Deutsches Sprichwort

Gebrannt Kind scheut das **Feuer.**
Deutsches Sprichwort

Leute, die sich die Finger verbrennen, verstehen nichts vom Spiel mit dem **Feuer.**
Oscar Wilde

Wer das **Feuer** haben will, muss den Rauch leiden.
Deutsches Sprichwort

Wo Rauch ist, muss auch **Feuer** sein.
Deutsches Sprichwort

Wohltätig ist des **Feuers** Macht, wenn sie der Mensch bezähmt, bewacht.
Schiller, Das Lied von der Glocke

Immer wieder die eigenen **Filme** sehen zu müssen, wäre für mich schlimmer als jedes Fegefeuer.
Peter O'Toole

Filme machen heißt, zu seinen Wurzeln zurückzukehren, in die Kindheit.
Ingmar Bergmann

Der beste **Film** ist der, den man mit geschlossenen Augen wahrnehmen kann.
Salvador Dali

Gibt man dem Teufel den kleinen **Finger,** so will er die ganze Hand.
Deutsches Sprichwort

Wer den kleinen **Finger** gibt, dem nimmt man die ganze Hand.
Deutsches Sprichwort

Fische fängt man mit Angeln, Leute mit Worten.
Deutsches Sprichwort

Das Wasser kann ohne **Fische** auskommen, aber kein Fisch ohne Wasser.
Chinesisches Sprichwort

Ohne Köder ist schlimm **Fische** fangen.
Deutsches Sprichwort

Wer **Fische** fangen will, muss sich nass machen.
Spanisches Sprichwort

Lust und Liebe sind die **Fittiche** zu großen Taten.
Goethe, Iphigenie

Jede **Flasche** findet ihren Stöpsel.
Deutsches Sprichwort

Der Geist ist willig, aber das **Fleisch** ist schwach.
Matthäus 26,41

Wenn man ins **Fleisch** schneiden muss, dann muss man beim eigenen Fleisch anfangen.
Helmut Schmidt

Fleiß bringt Brot, Faulheit Not.
Deutsches Sprichwort

Fleiß ist der größte Lehrer.
Arabisches Sprichwort

Fleiß ist des Glückes Vater.
Deutsches Sprichwort

Seines **Fleißes** darf sich jedermann rühmen.
Lessing

Ohne **Fleiß** kein Preis.
Deutsches Sprichwort

Wo Verstand und Herz zugleich sich regen, bringt der **Fleiß** Erstaunliches zuwegen.
Deutsches Sprichwort

Fleißige Hand geht durch alle Land.
Deutsches Sprichwort

Fleißige Schüler machen fleißige Lehrer.
Deutsches Sprichwort

Dem **fleißigen** Hamster schadet der Winter nichts.
Deutsches Sprichwort

Machst du dich zu Honig, so fressen dich die **Fliegen.**
Spanisches Sprichwort

Mancher will **fliegen**, ehe er Federn hat.
Deutsches Sprichwort

Die Jahre **fliehen** pfeilgeschwind.
Schiller

Alles **fließt.**
Heraklit

Schimmer und **Flimmer** dauern nicht immer.
Deutsches Sprichwort

Das eben ist der **Fluch** der bösen Tat, daß sie fortzeugend immer Böses muß gebären.
Schiller, Die Piccolomini

Die schlechten Nachrichten haben **Flügel.**
Deutsches Sprichwort

Alle **Flüsse** laufen ins Meer.
Deutsches Sprichwort

Die wildesten **Fohlen** werden die besten Pferde.
Deutsches Sprichwort

Wird ein **Fohlen** im Schweinestall geboren, ist es deswegen noch lange kein Schwein.
Deutsches Sprichwort

Unter **Fortschritt** versteht man eher das Tempo als die Richtung.
Thornton Wilder

Tausend Dinge bewegen sich vorwärts; neunhundertneunundneunzig zurück; das ist der **Fortschritt.**
Henri-Frédéric Amiel

Fragen macht klug.
Deutsches Sprichwort

Fragen sind niemals indiskret; nur Antworten sind es zuweilen.
Oscar Wilde, Ein idealer Gatte

Fragen sind immer der Mühe wert, Antworten nicht immer.
Oscar Wilde

Die „dumme **Frage**" ist gewöhnlich das erste Anzeichen einer völlig neuen Entwicklung.
Alfred North Whitehead

Oft beweist es mehr Geist, sich um eine **Frage** zu kümmern, als sie zu lösen.
Henry de Montherlant

Am vielen **Fragen** erkennt man den Narren.
Deutsches Sprichwort

Auf schnelle **Fragen** gib langsame Antwort!
Deutsches Sprichwort

Besser zweimal **fragen** als einmal irregehen.
Deutsches Sprichwort

Das **Fragen** kostet kein Geld.
Deutsches Sprichwort

Wer **fragt,** der lernt.
Deutsches Sprichwort

Wer gerne gibt, **fragt** nicht lange.
Deutsches Sprichwort

Wer viel **fragt**, geht viel irre.
Deutsches Sprichwort

Die Zunge ist der Degen der **Frauen.** Sie lassen ihn nie rosten.
Chinesisches Sprichwort

Ehret die **Frauen**! Sie flechten und weben himmlische Rosen ins irdische Leben.
Schiller, Würde der Frauen

Mit **Frauen** soll man sich nie unterstehn zu scherzen.
Goethe, Faust I

Willst du genau erfahren, was sich ziemt, so frage nur bei edlen **Frauen** an!
Goethe, Torquato Tasso

Die Biologie spricht den **Frauen** das rationale Denken ab, um sie aus Männerberufen fernzuhalten.
Gloria Steinem

Ein Jackett mit Schulterpolstern macht noch nicht unbedingt eine emanzipierte **Frau.**
Maren Kroymann

Von einer **Frau** kann man alles erfahren, wenn man keine Fragen stellt.
William Somerset Maugham

Frauen haben einen untrüglichen Instinkt für alles, außer für das, was auf der Hand liegt.
Oscar Wilde

Die größte Macht der **Frauen** liegt darin, dass sie besser mit Gefühlen umgehen können.
Renate Daimer

Jede **Frau** ist mehr als ihr Körper
Sophia Loren

Eine **Frau,** die ihren Mann liebt, kennt sein Gesicht wie der Seemann das offene Meer.
Honoré de Balzac

An der Seite vieler Männer kann sich eine **Frau** maximal den Rang eines Möbelstücks erarbeiten.
Amelie Fried

Frauen haben sicher heute mehr Rechte. Aber mehr Macht hatten sie früher.
Charles Aznavour

Ich halte es für sehr wichtig, sich klarzumachen, wie und in welcher Form **Frauen** auch Täter sind und nicht immer die ewig Unschuldigen.
Margarete Mitscherlich

Fast jede **Frau** wäre gerne treu. Es wird nur immer schwieriger, einen Mann zu finden, dem man treu sein kann.
Marlene Dietrich

Der Widerstand einer **Frau** ist nicht immer ein Beweis ihrer Tugend; oft ist er ein Beweis ihrer Erfahrung.
Ninon de Lenclos

Eine **Frau** gleichgestellt, wird überlegen.
Sokrates

Ob die **Frauen** soviel Vernunft haben wie die Männer, mag ich nicht entscheiden, aber sie haben ganz gewiß nicht soviel Unvernunft.
Johann Gottfried Seume

Ich werfe unserer Zeit vor, daß sie starke und zu allem Guten begabte Geister zurückstößt, nur weil es sich um **Frauen** handelt.
Teresa von Avila

Die effektivsten Waffen der **Frauen** sind Klugheit und Humor.
Sandra Maischberger

Frei will ich sein im Denken und im Dichten.
Goethe, Torquato Tasso

Bildung macht **frei**.
Joseph Meyer

Das erste steht uns **frei**, beim zweiten sind wir Knechte.
Goethe, Faust I, Mephistopheles

Der Mensch ist **frei** geboren und liegt doch überall in Ketten.
Jean Jacques Rousseau

Der Mensch ist **frei** geschaffen, ist frei, und würd' er in Ketten geboren!
Schiller, Die Worte des Glaubens

Es sind nicht alle **frei**, die ihrer Ketten spotten.
Lessing, Nathan der Weise

Gedanken sind **frei.**
Deutsches Sprichwort

Niemand ist **frei**, der nicht über sich selbst Herr ist.
Matthias Claudius

Auf den Bergen ist **Freiheit**!
Schiller, Die Braut von Messina

Das Gesetz nur kann uns **Freiheit** geben.
Goethe, Natur und Kunst

Früher sind die Menschen für die **Freiheit** auf die Barrikaden gegangen, jetzt tun sie es für die Freizeit.
Werner Finck

Jede Erweiterung der **Freiheit** ist eine große Wette darauf, dass ihr guter Gebrauch ihren schlechten überwiegen wird.
Hans Jonas

Die **Freiheit** ist wie das Meer: Die einzelnen Wogen vermögen nicht viel, aber die Kraft der Brandung ist unwiderstehlich.
Václav Havel

Um sich **frei** zu fühlen, gibt es ein einfaches Mittel: Nicht an der Leine zerren.
Hans Krailsheimer

Der Gebrauch der **Freiheit** schließt Missbrauch immer ein.
Christoph Hein

Man muss immer daran denken, dass **Freiheit** im Gleichschritt mit Verantwortung geht.
Metropolit Alexij II

Freiheit bedeutet lediglich, daß du nichts mehr zu verlieren hast.
Janis Joplin

Die Geschichte der **Freiheit** ist die Geschichte des Widerspruchs.
Robert Woodrow Wilson

Die **Freiheit** besteht darin, daß man alles tun kann, was einem andern nicht schadet.
Matthias Claudius

Die **Freiheit** ist ein Luxus, den sich nicht jedermann gestatten kann.
Otto von Bismarck

Der Deutsche soll alle Sprachen lernen, damit ihm zu Hause kein **Fremder** unbequem, aber er in der Fremde überall zu Hause sei.
Goethe

Fremdenfeindlichkeit zeugt nur von eigener Schwäche.
Richard von Weizsäcker

Geteilte **Freud'** ist doppelt Freude, geteilter Schmerz, ist halber Schmerz.
Christoph August Tiedge, Urania

Freude war in Trojas Hallen.
Schiller, Kassandra

Die schönste **Freude** erlebt man immer da, wo man sie am wenigsten erwartet hat.
Antoine de Saint-Exupéry

Wer viel **Freude** hat, muß ein guter Mensch sein.
Friedrich Nietzsche

Freude ist das Leben durch einen Sonnenstrahl gesehen.
Königin Elisabeth von Rumänien

Freude läßt sich nur voll auskosten, wenn sich ein anderer mitfreut.
Mark Twain

Große Herren haben das Vergnügen, das Volk hat **Freude.**
Charles de Montesquieu

In jeder **Freude** ist ein Tropfen Wermut.
Deutsches Sprichwort

Kurz ist der Schmerz, und ewig ist die **Freude.**
Schiller, Die Jungfrau von Orléans

Scheiden bringt Leiden, Wiederkehr **Freuden.**
Deutsches Sprichwort

Das Gesetz ist der **Freund** des Schwachen.
Schiller, Die Braut von Messina

Den wahren **Freund** erkennt man in der Not.
Ennius

Der alte **Freund** sei nicht geschmäht! Man weiß nicht, wie der neue gerät.
Deutsches Sprichwort

Die Nacht ist niemands **Freund.**
Deutsches Sprichwort

Eigennutz erwürgt auch den **Freund.**
Deutsches Sprichwort

Es sollt' ein **Freund** des Freundes Schwächen tragen.
Shakespeare, Julius Cäsar

Wenn ich einem **Freund** alles gebe, dann will ich auch alles von ihm bekommen.
Bernd Schuster

Jedermanns Freund ist niemands **Freund.**
Deutsches Sprichwort

Die **Freunde** nennen sich aufrichtig, die Feinde sind es.
Arthur Schopenhauer

Es gehen viele **Freunde** in ein kleines Haus.
Deutsches Sprichwort

Gute **Freunde** findet man nicht am Wege.
Deutsches Sprichwort

Es gibt keine **Freunde**, die man nicht verlieren, und keine Feinde, die man sich nicht zuziehen könnte.
Winston Churchill

Es ist schlimm, erst dann zu merken, daß man keine **Freunde** hat, wenn man Freunde nötig hat.
Plutarch

Gott beschütze mich vor meinen **Freunden**! Mit meinen Feinden will ich schon selbst fertig werden.
Deutsches Sprichwort

Neuen **Freunden** und altem Fass ist nicht wohl zu trauen.
Deutsches Sprichwort

Freundschaft hält stand in allen Dingen, nur in der Liebe Dienst und Werbung nicht.
Shakespeare, Viel Lärm um nichts

Drei halten gut **Freundschaft**, wenn zwei nicht daheim sind.
Mittelhochdeutsche Volksweisheit

Im Spiel gibt's keine **Freundschaft.**
Deutsches Sprichwort

Kleine Geschenke erhalten die **Freundschaft.**
Deutsches Sprichwort

Freundschaft – das ist wie Heimat.
Kurt Tucholsky

Kurze Besuche verlängern die **Freundschaft.**
Deutsches Sprichwort

Ungleich trennt die **Freundschaft.**
Deutsches Sprichwort

An einer **Freundschaft** muss man arbeiten, die Liebe ist einfach da und hält nicht, was sie verspricht.
Giuliana De Sio

Verdacht ist der **Freundschaft** Gift.
Deutsches Sprichwort

Versöhnter Feindschaft und geflickter **Freundschaft** ist wenig zu trauen.
Deutsches Sprichwort

Friede ernährt, Unfriede verzehrt.
Deutsches Sprichwort

Frieden wird nicht zwischen Freunden, sondern zwischen Feinden geschlossen.
Yitzhak Rabin

Der **Friede** hat ebenso viele Siege aufzuweisen wie der Krieg, aber weit weniger Denkmäler.
Kin Hubbard

Frieden ist wertvoller als ein Stück Land.
Muhamad Anwar Al Sadat

Man darf **Frieden** nie mit Liebe verwechseln.
Amos Oz

Nur der kann in **Frieden** mit sich leben, der für den Mitmenschen etwas tut.
Hans-Joachim Kulenkampff

Es gibt keinen Weg zum **Frieden.** Der Frieden ist der Weg.
Mahatma Gandhi

Wenn die Mächtigen der Welt den **Frieden** nicht wollen, dann dürfen wir, die Ohnmächtigen, nicht nach Waffen rufen.
Ludger Volmer

Der ewige **Friede** ist ein Traum, nicht einmal ein schöner.
Helmuth von Moltke

Frisch gewagt ist halb gewonnen.
Deutsches Sprichwort

Zwischen heut und morgen liegt eine lange **Frist**, lerne schnell besorgen, da du noch munter bist.
Goethe

Wer schaffen will, muß **fröhlich** sein.
Theodor Fontane

Fröhlichkeit und Mäßigkeit sind die zwei besten Ärzte.
Deutsches Sprichwort

Wo **Frösche** sind, da gibt es auch Störche.
Deutsches Sprichwort

Die Blume verblüht, die **Frucht** muß treiben.
Schiller

An ihren **Früchten** sollt ihr sie erkennen.
Matthäus 7,16

Früh übt sich, was ein Meister werden will.
Schiller

Besser zu **früh** als zu spät.
Deutsches Sprichwort

Wer **früh** aufsteht, dem hilft Gott.
Spanisches Sprichwort

Bär und Büffel können keinen **Fuchs** fangen.
Deutsches Sprichwort

Ein alter **Fuchs** ist schwer zu fangen.
Deutsches Sprichwort

Wer den **Fuchs** fangen will, muss mit den Hühnern aufstehen.
Deutsches Sprichwort

Was du nicht willst, das man dir tu, das **füg** auch keinem andern zu!
Deutsches Sprichwort

Wer nicht hören will, muss **fühlen.**
Deutsches Sprichwort

Fürchte den Bock von vorn, das Pferd von hinten und den Mensch von allen Seiten.
Russisches Sprichwort

Man muss bisweilen **fünf** gerade sein lassen.
Deutsches Sprichwort

Aus dem kleinsten **Funken** wird oft größter Brand.
Deutsches Sprichwort

Nicht Macht korrumpiert die Menschen, sondern **Furcht.**
Aung San Suu Kyi

Der Pflug am Morgen macht die besten **Furchen.**
Deutsches Sprichwort

Dem **Furchtsamen** rauschen alle Blätter.
Deutsches Sprichwort

Der **Fürst** ist der erste Diener seines Staates.
Seneca

Fußball beginnt nicht in den Beinen, sondern im Kopf.
Arrigo Sacchi

Für mich ist **Fußball** ein Spiegel der Gesellschaft.
Dieter Hoeneß

Fußball ist immer Teamwork
Franz Beckenbauer

Hätte der liebe Gott gewollt, dass **Fußball** in der Luft gespielt wird, hätte er das Gras auf den Wolken wachsen lassen.
Brian Clough

Mit Sprüchen wurde noch nie ein **(Fußball-)Spiel** gewonnen.
Otto Rehhagel

Fußball ist heute nicht nur Technik, sondern vor allem Zweikampf.
Anthony Yeboah

Williger Sinn macht leichte **Füße.**
Deutsches Sprichwort

Wer sich zum Wurme macht, kann nachher nicht klagen, wenn er mit **Füßen** getreten wird.
Immanuel Kant

G

Alle gute **Gabe** kommt von oben.
Deutsche Redensart

Eine kleine **Gabe** kann wertvoll sein, wenn sie zur rechten Zeit gegeben wird.
Menander

Wer mit der **Gabe** zaudert, hat den Dank schon eingenommen.
Deutsches Sprichwort

Wo deine **Gaben** liegen, da liegen auch deine Aufgaben.
Deutsches Sprichwort

Galanterie besteht darin, leere Dinge auf angenehme Weise zu sagen.
La Rochefoucauld

Wer zum **Galgen** geboren ist, ersäuft nicht.
Deutsches Sprichwort

Außen Honig, innen **Galle.**
Deutsches Sprichwort

Der Anfang ist die Hälfte des **Ganzen.**
Aristoteles

Als **Gast** bei einer Einladung sollte man vernünftig, aber nicht zu gut essen – und man sollte gut, aber nicht zu vernünftig reden.
Peter Ustinov

Wenn man den **Gast** nicht ändern kann, sollte man das Gästezimmer ändern.
Amos Oz

Hier wendet sich der **Gast** mit Grausen.
Schiller, Der Ring des Polykrates

Armer Leute **Gäste** gehen früh nach Hause.
Deutsches Sprichwort

Tages Arbeit, abends **Gäste!**
Saure Wochen, frohe Feste!
Goethe, Der Schatzgräber

Auch der beste **Gaul** stolpert einmal.
Deutsches Sprichwort

Einem geschenkten **Gaul** sieht man nicht ins Maul.
Deutsches Sprichwort

Sei nicht faul, die Krippe kommt nicht zum **Gaul.**
Deutsches Sprichwort

Rom ist nicht an einem Tag **gebaut** worden.
Deutsches Sprichwort

Mit **Geben** wuchert man am meisten.
Deutsches Sprichwort

Der Wille und nicht die Gabe macht den **Geber.**
Lessing, Nathan der Weise

Gebet ohne Andacht ist ein Leib ohne Seele.
Talmud

Gebete sind eine Konzentration von schönen Gedanken. Sie können im Unterbewusstsein Wunder bewirken.
Gyula Trebitsch

Der **Gebildete** widerspricht den anderen, der wahre Weise sich selbst.
Oscar Wilde

Brüder haben ein **Geblüte,** aber selten ein Gemüte.
Deutsches Sprichwort

Es ist noch keiner **geboren,** der nichts dazugelernt hätte.
Russisches Sprichwort

Zum Sehen **geboren,** zum Schauen bestellt.
Goethe, Faust II, Türmer

Not kennt kein **Gebot.**
Deutsches Sprichwort

Gebranntes Kind scheut das Feuer.
Deutsches Sprichwort

Gebrauchter Pflug blinkt, stehendes Wasser stinkt.
Deutsches Sprichwort

Ehre, dem die Ehre **gebührt**!
Römer 13, 7

Tüchtigkeit, nicht **Geburt**, unterscheid't die Menschen.
Voltaire

Aus einem kleinen **Gebüsch** springt oft ein großer Hase.
Deutsches Sprichwort

Das **Gedächtnis** ist eine gute Tasche; aber sie reißt, wenn man zuviel hineinstopft.
Deutsches Sprichwort

Wer ein schlechtes **Gedächtnis** hat, spart sich viele Gewissensbisse.
John Osborne

Das **Gedächtnis** der Menschheit für erduldete Leiden ist erstaunlich kurz.
Bertolt Brecht

Gedächtnis ist das Tagebuch, das wir immer mit uns herumtragen.
Oscar Wilde

Wer unschuldig ist, hat auch ein schlechteres **Gedächtnis.**
Wofgang Thierse

Ein Lügner muss ein gutes **Gedächtnis** haben.
Deutsches Sprichwort

Gedanken sind frei.
Deutsches Sprichwort

Die ersten **Gedanken** sind die besten.
Deutsches Sprichwort

Die besten **Gedanken** kommen hinten nach.
Deutsches Sprichwort

Die Sprache ist dem Menschen gegeben, um seine **Gedanken** zu verbergen.
Talleyrand

Lass die Zunge nicht schneller als die **Gedanken** sein!
Deutsches Sprichwort

Dumme **Gedanken** hat jeder, aber der Weise verschweigt sie.
Wilhelm Busch

Am Anfang gehören alle **Gedanken** der Liebe. Später gehört dann alle Liebe den Gedanken.
Albert Einstein

Gedanken sind nicht stets parat. Man schreibt auch, wenn man keine hat.
Wilhelm Busch

Dankbarkeit und Weizen **gedeihen** nur auf gutem Boden.
Deutsches Sprichwort

Redlichkeit **gedeiht** in jedem Stande.
Schiller

Geduldige Schafe gehen viel in einen Stall.
Deutsches Sprichwort

Hab' **Geduld**, alle Dinge sind schwierig, bevor sie leicht werden.
Französisches Sprichwort

Wer sich in **Gefahr** begibt, kommt darin um.
Deutsches Sprichwort

Der Furchtsame erschrickt vor der **Gefahr**, der Feige in ihr, der Mutige nach ihr.
Jean Paul

Wenn die **Gefahr** vorbei ist, wird der Heilige ausgelacht.
Deutsches Sprichwort

Es ist **gefährlich**, aufrichtig zu sein, außer wenn man auch dumm ist.
George Bernhard Shaw

Danken kostet nichts und **gefällt** Gott und Menschen wohl.
Deutsches Sprichwort

Gefühl ist alles. Name ist Schall und Rauch.
Goethe

Es ist schwerer, **Gefühle,** die man hat, zu verbergen, als solche, die man nicht hat, zu heucheln.
La Rochefoucauld

Wem viel **gegeben** ist, von dem wird viel verlangt.
Herder, Palmblätter

Wer da hat, dem wird **gegeben.**
Matthäus 13,12

Gegen den Tod ist kein Kraut gewachsen.
Deutsches Sprichwort

Druck erzeugt **Gegendruck.**
Deutsches Sprichwort

Wer seinen **Gegner** umarmt, macht ihn bewegungsunfähig.
Aus Tunesien

Wer einen ebenbürtigen **Gegner** überlebt, wird entdecken, daß ihm etwas fehlt.
Otto von Bismarck

Man soll den **Gegner** nicht schlechter machen, als er ohnehin ist.
Mark Twain

Geh mir ein wenig aus der Sonne.
Diogenes

Drei können ein **Geheimnis** bewahren, wenn zwei von ihnen tot sind.
Bejamin Franklin

Durch Sagen und Wiedersagen wird ein **Geheimnis** durch die Stadt getragen.
Deutsches Sprichwort

Das **Geheimnis** leuchtet am hellen Tag, das Geheimnisvolle verschmilzt mit der Dunkelheit.
Georges Braque

Es gibt Situationen, in denen man ein **Geheimnis** halb preisgeben muss, um den Rest zu bewahren.
Earl of Chesterfield

Ein **Geheimnis** ist wie ein Loch im Gewande. Je mehr man es zu verbergen sucht, desto mehr zeigt man es.
Königin Elisabeth von Rumänien

Das Wort ist frei, die Tat ist stumm, der **Gehorsam** blind.
Schiller

Gehorchen mag, wer nicht zu herrschen weiß.
Shakespeare

Es bellen die jungen Hunde nach, was sie von den alten **gehört** haben.
Russisches Sprichwort

Daß sich das größte Werk vollende, genügt ein **Geist** für tausend Hände.
Goethe

Der **Geist** bewegt die Materie.
Vergil

Der **Geist** der Mäßigung muß der Geist des Gesetzgebers sein.
Montesquieu

Der **Geist** ist willig, aber das Fleisch ist schwach.
Matthäus 26,41

Es ist der **Geist**, der die Welt bewegt.
Antoine de Saint-Exupéry

Die Natur des **Geistes** ist so geartet, daß uns der Wechsel meist mehr Erholung schafft als die Ruhe.
Freiherr von·Feuchtersleben

Lasset die **Geister** aufeinanderprallen, aber die Fäuste haltet still.
Friedrich Schorlemmer

Der **Geist** nützt sich durch Verstehen ab.
Henry de Montherlant

Die Feder ist die Zunge des **Geistes.**
Miguel de Cervantes

Es ist der **Geist**, der sich den Körper baut.
Schiller, Wallensteins Tod

Die ich rief, die **Geister**, werd' ich nun nicht los!
Goethe, Der Zauberlehrling

Der **Geiz** und der Bettelsack sind bodenlos.
Deutsches Sprichwort

Geiz ist die letzte und die tyrannischte unserer Leidenschaften.
Luc de Vauvenargues

Auch die hohlste Nuß will noch **geknackt** sein.
Friedrich Nietzsche

Es wird nichts so heiß gegessen, wie es **gekocht** wird.
Deutsches Sprichwort

Es wird überall mit Wasser **gekocht.**
Deutsches Sprichwort

Gott gebe mir die **Gelassenheit,** Dinge hinzunehmen, die ich nicht ändern kann, den Mut, Dinge zu ändern, die ich ändern kann und die Weisheit, das eine von dem anderen zu unterscheiden.
Friedrich Christoph Oetinger

Gelassenheit ist eine anmutige Form des Selbstbewußtseins.
Marie von Ebner-Eschenbach

Geld stinkt nicht.
Vespasian

Das **Geld** liegt auf der Straße.
Deutsches Sprichwort

Das Fragen kostet kein **Geld.**
Deutsches Sprichwort

Wenig auf Erden macht melancholischer als der Besitz von zu viel **Geld.**
???

Geld zu haben ist schön. Doch auch das wird irgendwann langweilig.
Robert de Niro

Geld macht nicht glücklich, aber es gestattet uns, auf verhältnismäßig angenehme Art unglücklich zu sein.
Amerikanisches Sprichwort

Geld erwerben erfordert Klugheit; Geld bewahren erfordert eine gewisse Weisheit; und Geld schön ausgeben ist eine Kunst.
Bertold Auerbach

Geld und Kreativität haben noch nie gut zusammengepaßt.
Emanuel Ungaro

Was der liebe Gott vom **Geld** hält, kann man an den Leuten sehen, denen er es gibt.
Peter Bamm

Geld ist wie gutes Parfüm – es verdeckt Probleme.
Hawaianische Weisheit

Die Phönizier haben das **Geld** erfunden – aber warum so wenig?
Johann Nepomuk Nestroy

Wenn man genug **Geld** hat, stellt sich der gute Ruf ganz von selbst ein.
Erich Kästner

Geld ist immer da, nur die Taschen wechseln.
Gertrude Stein

Wenn du den Wert des **Geldes** kennenlernen willst, versuche, dir welches zu borgen.
Benjamin Franklin

Hat der Bauer **Geld,** hat es die ganze Welt.
Deutsches Sprichwort

Pracht, **Geld** und Ehr' ist morgen oft nicht mehr.
Deutsches Sprichwort

Redet **Geld,** so schweigt die Welt.
Deutsches Sprichwort

Was du mit **Geld** nicht bezahlen kannst, bezahle wenigstens mit Dank.
Deutsches Sprichwort

Wein, **Geld** und Gut verkehrt der Weisen Mut.
Deutsches Sprichwort

Zeit ist **Geld.**
Englisches Sprichwort

An Gottes Segen ist alles **gelegen.**
Deutsches Sprichwort

Gelegenheit macht Diebe.
Deutsches Sprichwort

Gelegenheit macht nicht Diebe allein, sie macht auch große Männer.
Lichtenberg, Über Physiognomik

Ein kluger Mann wird sich mehr **Gelegenheiten** verschaffen, als sich ihm darbieten.
Francis Bacon

Inmitten von Schwierigkeiten liegen günstige **Gelegenheiten.**
Albert Einstein

Der **Gelehrte** ist in seiner Heimat wie das Gold in seinem Schachte.
Arabisches Sprichwort

Einmal geschrieben ist so gut wie zehnmal **gelesen.**
Deutsches Sprichwort

Wonach einer ringt, das ihm **gelingt.**
Deutsches Sprichwort

Wer ausharrt, dem **gelingt's.**
Deutsches Sprichwort

Das Glücken und **Gelingen** hat so gut wie keinen Ausdruck.
Martin Walser

Man muß ins **Gelingen** verliebt sein, nicht ins Scheitern.
Ernst Bloch

Wer was **gelten** will, muß andre gelten lassen.
Goethe, Zahme Xenien

Edel macht das **Gemüt,** nicht das Geblüt.
Deutsches Sprichwort

Adel sitzt im **Gemüte,** nicht im Geblüte.
Deutsches Sprichwort

Brüder haben ein Geblüte, aber selten ein **Gemüte.**
Deutsches Sprichwort

Doppelt **genäht** hält besser.
Deutsches Sprichwort

Auf dem Ofen sitzend wird man nicht **General.**
Russisches Sprichwort

Jede **Generation** lächelt über die Väter, lacht über die Großväter und bewundert die Urgroßväter.
William Somerset Maugham

Jede **Generation** fängt merkwürdigerweise immer wieder neu an, nichts zu wissen.
Dieter Hildebrandt

Das Talent arbeitet, das **Genie** schafft.
Robert Schumann

Das **Genie** erkennt man daran, daß es alle Dummköpfe gegen sich hat.
Jonathan Swift

Genie ist Intelligenz der Begeisterung.
Christian Friedrich Hebbel

Der **Genius** weist den Weg, Talent geht ihn.
Marie von Ebner-Eschenbach

Zu den Blitzen des **Genies** machen die Talente den Donner.
Peter Sirius

Was leicht gegeben wird, wird leicht **genommen.**
Deutsches Sprichwort

Genug ist besser als zuviel.
Deutsches Sprichwort

Drum lebe mäßig, denke klug!
Wer nichts gebraucht, der hat **genug.**
Wilhelm Busch

Zeit hätte man wohl **genug,** wenn man sie nur wohl anlegte.
Deutsches Sprichwort

Wer einen Hinkenden verspotten will, muss selbst **gerade** sein.
Deutsches Sprichwort

Geradlinige, passt in den Kurven auf!
Heinz Eggert

Die **gerade** Linie hat keine Daseinsberechtigung in unserem Universum
Luigi Colani

Musik wird oft nicht schön gefunden, weil sie stets mit **Geräusch** verbunden.
Wilhelm Busch

Die Sonne scheint über **Gerechte** und Ungerechte.
Deutsches Sprichwort

Wenn man die **Gerechtigkeit** biegt, dann bricht sie.
Deutsches Sprichwort

Die Göttin der **Gerechtigkeit** ist blind, verstopft sich die Ohren und legt sich einen Keuschheitsgürtel an.
Karl Kraus

Von den Bürgern hängt ab, wie **gerecht** eine Gesellschaft ist.
Judith Shklar

Nachhaltig geübte **Gerechtigkeit** verträgt mehr Menschlichkeit.
Ernst Gottfried Mahrenholz

Es ist nicht genug, die **Gerechtigkeit** auf deiner Seite zu haben, es ist entscheidend, stark genug zu sein, um sie zu verteidigen.
Chaime Herzog

Verzögerte **Gerechtigkeit** ist verweigerte Gerechtigkeit.
William Gladstone

Richtet nicht, auf daß ihr nicht **gerichtet** werdet!
Matthäus 7,1

Was man nicht **gern** tut, soll man zuerst tun.
Deutsches Sprichwort

Wer **gerne** gibt, fragt nicht lange.
Deutsches Sprichwort

Bös' **Gerücht** nimmt immer zu, gut Gerücht kommt bald zur Ruh'.
Deutsches Sprichwort

Gerichte können kein **Gerücht** zum Schweigen bringen.
Johann Nepomuk Nestroy

Gerüchte sind der Wellenschlag unterdrückter Information.
Roger Peyrefitte

Das **Gerücht** ist eine halbe Lüge.
Thomas Fuller

Gerüchte sind die Rauchzeichen der Wahrheit.
Henry de Montherlant

Dankbarkeit ist dünn **gesät.**
Deutsches Sprichwort

Wie du **gesät** hast, so wirst du ernten.
Cicero

Führe dein **Geschäft**, oder es wird dich führen.
Benjamin Franklin

Geschäftssinn rät, die Flinte nicht ins Korn zu werfen – ehe geerntet ist.
Hans Kasper

Bei einem wirklich guten **Geschäft** haben beide etwas davon.
Gabriele Krone-Schmalz

Kleine **Geschenke** erhalten die Freundschaft.
Deutsches Sprichwort

Es **geschieht** nichts Neues unter der Sonne.
Prediger Salomo 1,9

Über **Geschmack** läßt sich nicht streiten.
Deutsches Sprichwort

Der alte Freund sei nicht **geschmäht!** Man weiß nicht, wie der neue gerät.
Deutsches Sprichwort

Du glaubst zu schieben, und du wirst **geschoben.**
Goethe, Faust I

Was kann der Schöpfer lieber sehen, als ein fröhliches **Geschöpf.**
Lessing, Minna von Barnhelm

Ein **Geschenk** ist genausoviel wert wie die Liebe, mit der es ausgesucht worden ist.
Thyde Monnier

Die **Geschenke** sind wie Ratschläge: Vergnügen bereiten sie vor allem demjenigen am meisten, der sie gibt.
Emile Henriot

Wir müssen unsere **Geschichte** im Auge behalten, dürfen uns aber nicht hinter ihr verschanzen.
Klaus Kinkel

Die **Geschichte** lehrt, wie man sie fälscht.
Stanislaw Lec

Die **Geschichte** ist kein Klub, aus dem man nach Belieben austreten kann.
John Major

Geschichte ist nicht unmoralisch, sie hat überhaupt keine Moral.
Wolf Biermann

Geschichte läßt sich nur durch die Erinnerung und Phantasie bewahren.
Carlos Fuentes

Die **Geschichte** scheint mir fast zu bürgen, daß die Menschen keine Vernunft haben.
Johann Gottfried Seume

Ich habe einen ganz einfachen **Geschmack**: Ich bin immer mit dem Besten zufrieden.
Oscar Wilde

Der gute **Geschmack** ist oft die Ausrede von Ignoranten.
Paul Hosefros

Guter **Geschmack** ist die Fähigkeit, kontinuierlich den Übertreibungen entgegenzuwirken.
Hugo von Hoffmannsthal

Es ist schwer vorstellbar, dass wir die einzigen **Geschöpfe** im Weltall sein sollen.
Jill Tarter

Einmal **geschrieben** ist so gut wie zehnmal gelesen.
Deutsches Sprichwort

Einmal **gesehen** ist besser als zehnmal hören.
Deutsches Sprichwort

Jeder **Geselle** will lieber Meister sein.
Deutsches Sprichwort

Je verbreiteter die **Geselligkeit,** desto frostiger die Herzen.
Karl Julius Weber

Jede **Gesellschaft** beruht darauf, dass man Dinge von gemeinem Interesse auch allgemein finanziert.
Rudolf Scharping

Die Schwäche der liberalen **Gesellschaft** ist, dass sie keinen Lebenssinn vermittelt.
Joachim C. Fest

Die einzige **Gesellschaft**, in der man es aushalten kann, ist man selbst.
Oscar Wilde, Der ideale Gatte

Willst du wissen, wer der Mann, so sieh nur seine **Gesellschaft** an!
Deutsches Sprichwort

Gesetz ist mächtig, mächtiger ist die Not.
Goethe

Das **Gesetz** ist der Freund des Schwachen.
Schiller

Das **Gesetz** nur kann uns Freiheit geben.
Goethe

Es erben sich **Gesetz** und Rechte, wie eine ew'ge Krankheit fort.
Goethe

Was das **Gesetz** nicht verbietet, das verbietet der Anstand.
Seneca

Wo das **Gesetz** aufhört, da beginnt die Tyrannei.
William Pitt d. Ä.

Jedes **Gesetz** soll klar, einheitlich und genau sein; es auslegen heißt fast immer, es verderben.
Voltaire

Das **Gesetz** ist für jedermann gleich. Nur das Einkommen müßte geändert werden.
George Bernhard Shaw

Das **Gesetz** garantiert zwar nicht das Mittagessen, aber die Mittagspause
Wieslaw Brudzinski

In den verdorbensten Staaten gibt es die meisten **Gesetze.**
Französisches Sprichwort

Früher litten wir an den Verbrechen, heute an **Gesetzen.**
Tacitus

Das **Gesicht** zeigt, wie man gelebt hat.
Heide Keller

Man sollte schon deshalb kein langes **Gesicht** machen, weil man dann mehr zu rasieren hat.
Fernandel

Die unterhaltendste Fläche auf der Erde für uns ist die vom menschlichen **Gesicht.**
Georg Christoph Lichtenberg

Liebe hat viele **Gesichter.**
Napoleon I.

Die Menschen werden durch **Gesinnungen** geeinigt, durch Meinungen getrennt.
Goethe

Die Sorgen sind wie **Gespenster:** Wer sich nicht vor ihnen fürchtet, dem können sie nichts anhaben.
Deutsches Sprichwort

Es ist nichts so fein **gesponnen**, es kommt doch an das Licht der Sonnen.
Deutsches Sprichwort

Gesten sind sichtbar gewordene Gedanken.
Marcel Marceau

Symbolische **Gesten** haben immer etwas Hilfloses.
Hertha Müller

Gestrenge Herren regieren nicht lange.
Deutsches Sprichwort

Die **Gesunden** bedürfen des Arztes nicht, sondern die Kranken.
Matthäus 9,12

Gesundheit ist leichter verloren als wiedergewonnen.
Deutsches Sprichwort

So wenig **Gesundheit** ein Verdienst ist, so wenig ist Behinderung eine Strafe.
Deutsches Sprichwort

Gesundheit ist ein Geschenk, das man sich selber machen muss.
Schwedisches Sprichwort

Jung gewohnt, alt **getan.**
Deutsches Sprichwort

Selbst **getan** ist bald getan.
Deutsches Sprichwort

Was **getan** ist, ist getan und bleibt's.
Shakespeare

Wer warten kann, hat viel **getan.**
Deutsches Sprichwort

Geteilte Freud ist doppelt Freude, geteilter Schmerz ist halber Schmerz.
Christoph August Tiedge

Alles zu retten, muß alles **gewagt** werden.
Schiller

Frisch **gewagt** ist halb gewonnen.
Deutsches Sprichwort

Gewalt geht vor Recht.
Deutsches Sprichwort

Gewalt macht schnellen Vertrag.
Deutsches Sprichwort

Gewalt gegen Gewalt lehne ich ab.
Anja Schiller

Gewalt ist Analphabetentum der Seele.
Rita Süssmuth

Gewalt ist kein Weg, das System zu ändern.
George Bush

Wer öffentlich zu **Gewalt** aufruft, soll selbst bereit sein, ins Feuer zu gehen.
Heinrich Albertz

Was man mit **Gewalt** gewinnt, kann man nur mit Gewalt behalten.
Mahatma Gandhi

Gewalt korrumpiert das Bewusstsein und die Gesellschaft.
Jeschajahu Leibowitz

Gewalt ist das Problem, als dessen Lösung sie sich ausgibt.
Friedrich Hacker

Gewalt birgt immer ein Element der Verzweiflung.
Thomas Mann

Wer **Gewalt** hat, doch ihr Wirken hemmt, der ist des Himmels Liebling.
Shakespeare

Wenn die **Gewalt** kommt, geht das Recht auf Krücken.
Alter Spruch

Böses **Gewerbe** bringt bösen Lohn.
Deutsches Sprichwort

Bei großem **Gewinn** ist großer Betrug.
Deutsches Sprichwort

Gewinn ist ein Segen, wenn man ihn nicht stiehlt.
Shakespeare

Des einen Schaden ist des anderen **Gewinn.**
Deutsches Sprichwort

Manchen schon stürzte die Hoffnung auf **Gewinn** in sein Verderben.
Sophokles

Allzeit **gewinnen** macht verdächtig; allzeit verlieren macht verächtlich.
Deutsches Sprichwort

Man verliert die meiste Zeit damit, daß man Zeit **gewinnen** will.
John Steinbeck

Wer klarmachen möchte, dass er wirklich **gewinnen** will, der muss alles auf eine Karte setzen.
Gerhard Schröder

Wo viel verloren wird, ist manches zu **gewinnen.**
Goethe

Wer sich selbst überwindet, der **gewinnt.**
Deutsches Sprichwort

Wer überwindet, der **gewinnt.**
Goethe, Faust I

Wer wagt, **gewinnt.**
Deutsches Sprichwort

Reue kommt langsam, aber **gewiss.**
Deutsches Sprichwort

Das **Gewissen** ist der einzige Spiegel, der weder betrügt noch schmeichelt.
Christine von Schweden

Ein gutes **Gewissen** ist ein sanftes Ruhekissen.
Deutsches Sprichwort

Man entgeht wohl der Strafe, aber nicht dem **Gewissen.**
Deutsches Sprichwort

Gewissen ist ein Synonym für ethische Überzeugungen und kann durch Instanzen nicht geprüft werden.
Manfred Opel

Das **Gewissen** hindert uns nicht, Sünden zu begehen. Aber es hindert uns, die Sünden zu genießen.
Salvador de Madariaga y Rojo

Gewissensbisse sind Erinnerungen an das, was man eigentlich vergessen wollte.
Bernhard Wicki

Gewohnheit ist König über den Verstand.
Deutsches Sprichwort

Die Fesseln der **Gewohnheit** sind zu leicht, als daß man sie spürte, bevor sie zu fest sind, um sie noch abzuschütteln.
Samuel Johnson

Die **Gewohnheit** ist eine zweite Natur.
Cicero

Missbrauch ist keine **Gewohnheit.**
Deutsches Sprichwort

Jung **gewohnt**, alt getan.
Deutsches Sprichwort

Frisch gewagt ist halb **gewonnen.**
Deutsches Sprichwort

Wie **gewonnen**, so zerronnen.
Deutsches Sprichwort

Wohl begonnen ist halb **gewonnen.**
Deutsches Sprichwort

Gezwungene Ehe – des Herzens Wehe!
Deutsches Sprichwort

Gezwungener Wille ist Unwille.
Deutsches Sprichwort

Gib blind, nimm sehend.
Deutsches Sprichwort

Gib einer Frau zehn gute Ratschläge: Sie befolgt einen elften.
Deutsches Sprichwort

Doppelt **gibt**, wer gleich gibt.
Publilius Syrus, Sentenzen

Es ist nicht alles Gold, was **glänzt.**
Deutsches Sprichwort

Glück und **Glas**, wie leicht bricht das.
Deutsches Sprichwort

Wer im **Glashaus** sitzt, soll nicht mit Steinen werfen.
Deutsches Sprichwort

Das Wort ist tot, der **Glaube** macht lebendig.
Schiller, Maria Stuart

Der **Glaube** ist nicht der Anfang, sondern das Ende alles Wissens.
Goethe

Der **Glaube** macht selig.
Nach Markus 16,16

Der **Glaube** versetzt Berge.
Nach 1. Korinther 13,2

Die Botschaft hör' ich wohl, allein mir fehlt der **Glaube.**
Goethe, Faust I, Faust

Ein **Glaube** ohne Tat ist ein Feld ohne Saat.
Deutsches Sprichwort

Wo das Wissen aufhört, fängt der **Glaube** an.
Augustin

Glauben ist leichter als denken.
Deutsches Sprichwort

An das Göttliche **glauben** die allein, die es selber sind.
Friedrich Hölderlin, Menschenbeifall

Der **Glaube** versetzt Berge, der Zweifel erklettert sie.
Karl Heinrich Waggerl

Der Mensch von heute **glaubt** an eine neue Dreifaltigkeit: an den Sex, an die Zuwachsrate und an die Vorfahrt.
Jens Rasmussen

Die Welt ist in zwei Klassen geteilt, in die, die das Unglaubliche **glauben**, und in die, die das Unwahrscheinliche tun.
Oscar Wilde

Glaubenssachen sind Liebessachen, es gibt keine Gründe dafür und dagegen.
Wilhelm Busch

Man **glaubt** gern, was man wünscht!
Cäsar

Wer leicht **glaubt**, wird leicht betrogen.
Deutsches Sprichwort

Gleich und gleich fängt keinen Krieg an.
Deutsches Sprichwort

Gleich und gleich gesellt sich gern.
Deutsches Sprichwort

Arm oder reich, vor Gott sind alle **gleich.**
Deutsches Sprichwort

Es muß ja nicht **gleich** sein, – es hat ja noch Zeit.
Johann Nepomuk Nestroy

Das **Gleiche** läßt uns in Ruhe, aber der Widerspruch ist es, der uns produktiv macht.
Goethe

Das **Gleiche** sucht sich, das Rechte findet sich.
Deutsches Sprichwort

Die Tage folgen einander wohl, aber sie **gleichen** sich nicht.
Deutsches Sprichwort

Gleichgültigkeit ist ein Feind des Friedens.
Wladislaw Bartoszewski

Keine Kette ist stärker als ihr schwächstes **Glied.**
Deutsches Sprichwort

Kleine **Glöckchen** klingen auch.
Deutsches Sprichwort

Jede **Glocke** hat ihren Klöppel.
Deutsches Sprichwort

Glück hat auf die Dauer nur der Tüchtige.
Helmuth von Moltke

Glück im Spiel – Unglück in der Liebe.
Deutsches Sprichwort

Glück und Glas, wie leicht bricht das.
Deutsches Sprichwort

Das **Glück** ist mehr auf der Seite des Angreifers als auf der desjenigen, der sich verteidigt.
Niccolò Macchiavelli

Um **Glück** zu empfinden, muss man bereit sein, sich zu öffnen, und in sich ruhen.
Alain Delon

Keinen verderben zu lassen, auch nicht sich selber, jeden mit **Glück** erfüllen, auch sich. Das ist gut.
Bertolt Brecht

Es ist schwer, das **Glück** in uns zu finden, und es ist ganz unmöglich, es anderswo zu finden.
Nicolas de Chamfort

Glück ist für mich Frieden. Innerer Frieden und der Friede nach außen.
Hannelore Kohl

Im Reich der Wirklichkeit ist man nie so **glücklich** wie im Reich der Gedanken.
Arthur Schopenhauer

Glück ist ein bisschen die Kunst, kein Pech zu haben.
Gerd Ruge

Wer sagt, dass man **Glück** nicht kaufen kann, hat keine Ahnung von Shopping
David Lee Roth

Wenn man **glücklich** ist, soll man nicht noch glücklicher sein wollen.
Theodor Fontane

Man darf nicht mehr **Glück** verbrauchen, als man erzeugt.
Glenn Close

Viele Menschen versäumen das kleine **Glück**, während sie auf das große vergebens warten.
Pearl S. Buck

Man weiß selten, was **Glück** ist; aber man weiß meistens, was glückt.
Françoise Sagan

Zum **Glück** gehört, dass man irgandwann beschließt, zufrieden zu sein.
Klaus Löwitsch

Das **Glück** hilft denen nicht, die sich nicht selbst helfen.
Deutsches Sprichwort

Das **Glück** ist blind.
Cicero

Der hat gut tanzen, dem das **Glück** aufspielt.
Deutsches Sprichwort

Der Weise trägt sein **Glück** bei sich.
Deutsches Sprichwort

Die Dummen haben das meiste **Glück.**
Deutsches Sprichwort

Es gibt kein vollkommenes **Glück.**
Horaz

Im **Glück** wird man vergeßlich.
Menander

Im Leben regiert das **Glück,** nicht die Weisheit.
Deutsches Sprichwort

Sorgenlos sein ist ein **Glück,** sorglos sein viel Unglück.
Deutsches Sprichwort

Wenn Hochmut aufgeht, geht **Glück** unter.
Deutsches Sprichwort

Wer im **Glück** ist, der lerne den Schmerz!
Schiller, Die Braut von Messina

Glücklich ist, wer vergißt, was doch nicht zu ändern ist.
Johann Strauß, Die Fledermaus

Ein jeder Wechsel schreckt den **Glücklichen.**
Schiller, Die Braut von Messina

Niemand ist vor seinem Ende **glücklich** zu preisen.
Solon

Jeder ist eines **Glückes** Schmied.
Appius Claudius

Da streiten sich die Leut' herum oft um den Wert des **Glücks.** Der eine heißt den anderen dumm, am End' weiß keiner nix.
Ferdinand Raimund

Es ist nicht alles **Gold,** was glänzt.
Deutsches Sprichwort

Mit **Gold** ist jede Festung zu erobern.
Deutsches Sprichwort

Morgenstund' hat **Gold** im Mund.
Deutsches Sprichwort

Ruhm ist verführerischer als **Gold.**
Deutsches Sprichwort

Eigner Herd ist **Goldes** wert.
Deutsches Sprichwort

Goldner Zaum macht's Pferd nicht besser.
Deutsches Sprichwort

Gott gibt's den Seinen im Schlafe.
Deutsches Sprichwort

Gott läßt wohl sinken, aber nicht ertrinken.
Deutsches Sprichwort

Gott schuf den Menschen ihm zum Bilde.
1. Mose 1,27

Arm oder reich, vor **Gott** sind alle gleich.
Deutsches Sprichwort

Dem Fleißigen hilft **Gott.**
Deutsches Sprichwort

Dem Mutigen hilft **Gott.**
Schiller, Wilhelm Tell

Ich zweifle, ob es richtig war, nicht an **Gott** zu glauben.
Curd Jürgens

Gott geht zu dem, der zu ihm kommt.
Russische Weisheit

Sogar **Gott** braucht seine Propheten, um durch ihren Mund zu sprechen.
Hermann Kesten

Gott grämt sich über die Welt, die er geschaffen hat.
Walter Kempowski

Mach' **Gott** zur Wirklichkeit, und er wird dich zur Wahrheit machen.
Islamische Weisheit

Als **Gott** die Welt erschuf, da schuf er den Mann und das Weib, nicht Herrn und Knecht, nicht Juden und Christen, nicht Arme und Reiche.
Ludwig Börne

Der Mensch denkt, aber **Gott** lenkt.
Deutsches Sprichwort

Der Unmäßigen **Gott** ist der Bauch.
Deutsches Sprichwort

Hilf dir selbst, so hilft dir **Gott.**
Deutsches Sprichwort

Was **Gott** tut, das ist wohlgetan.
Samuel Rodigast

Was **Gott** zusammengefügt hat, das soll der Mensch nicht scheiden.
Matthäus 19,5

Was man **Gott** nimmt, das holt der Teufel wieder.
Deutsches Sprichwort

Wen **Gott** vernichten will, den verblendet er vorher.
Sophokles

Wenn **Gott** nicht existierte, müßte man ihn erfinden.
Voltaire

Wer früh aufsteht, dem hilft **Gott.**
Spanisches Sprichwort

Zu **Gott** hinken die Leute, zum Teufel laufen sie.
Deutsches Sprichwort

Jung stirbt, wen die **Götter** lieben.
Menander

Vor die Tugend setzten den Schweiß die unsterblichen **Götter.**
Hesiod

Gottes Auge schläft nicht.
Deutsches Sprichwort

An **Gottes** Segen ist alles gelegen.
Deutsches Sprichwort

Aus **Gottes** Hand in Gottes Hand.
Ludwig Uhland, Auf den Tod eines Kindes

An das **Göttliche** glauben die allein, die es selber sind.
Friedrich Hölderlin, Menschenbeifall

Ich finde es besser, wenn sich die Leute im **Grabe** umdrehen, als ewig zu ruhen.
Karl Lagerfeld

Hauptsache, auf meinem **Grabstein** steht einmal: Sie diente keinem Mann.
Camille Paglia

Auf meinem **Grabstein** könnte stehen: Gestatten Sie, dass ich liegen bleibe.
Jürgen von der Lippe

Spring nicht über den **Graben,** wenn der Steg daneben ist.
Deutsches Sprichwort

Die Ziege muss **grasen**, wo sie angebunden ist.
Deutsches Sprichwort

Bei Nacht sind alle Katzen **grau.**
Deutsches Sprichwort

Grenzen werden bitter, wenn man an ihnen rüttelt.
Christian Graf von Krockow

Die **Grenzen** müssen in den Köpfen und Herzen der Menschen fallen.
Heide Keller

Wer seine **Grenzen** kennt, ist schon ein halber Weiser.
John Galsworthy

Das **Greisenalter,** das alle zu erreichen wünschen, klagen alle an, wenn sie es erreicht haben.
Cicero

Wer **grob** ist, ist noch lange nicht stark.
Deutsches Sprichwort

Auf einen **groben** Klotz gehört ein grober Keil.
Deutsches Sprichwort

Wer stolz ist, ist auch **grob.**
Deutsches Sprichwort

Große Ereignisse werfen ihre Schatten voraus.
Lord Byron

Große Ereignisse werfen ihre Schatten voraus.
Thomas Campbell

Der Mut wächst mit jedem Blick auf die **Größe** des Unternehmens.
Seneca

Bekannt wollte ich eigentlich nie werden, mir genügt, der **Größte** zu sein.
Ray Charles

Nicht auf die **Größe** des Vermögens, sondern auf die des Geistes kommt es an.
Seneca

Wer das Kleine nicht ehrt, ist des **Großen** nicht wert.
Deutsches Sprichwort

Je **größer** der Berg, je tiefer das Tal; je größer der Mann, je härter der Fall.
Deutsches Sprichwort

Wer andern eine **Grube** gräbt, fällt selbst hinein.
Deutsches Sprichwort

Fern von Menschen wachsen **Grundsätze,** unter ihnen Handlungen.
Jean Paul

Grundsätze sind nicht angeboren, weil sie wenig nützen oder unsicher sind.
John Locke

Gut angegriffen, gut verteidigt.
Deutsches Sprichwort

Gut Ding will Weile haben.
Deutsches Sprichwort

Gut gebrüllt, Löwe!
William Shakespeare, Ein Sommernachtstraum

Courage ist **gut**, aber Ausdauer ist besser.
Theodor Fontane, Der Stechlin

Edel sei der Mensch, hilfreich und **gut**!
Goethe, Das Göttliche

Ende **gut**, alles gut!
Deutsches Sprichwort

Es ist nicht **gut**, daß der Mensch allein sei.
1. Mose 2,18

Heiraten ist **gut**. Aber nicht heiraten ist besser.
Deutsches Sprichwort

Übermut tut selten **gut**.
Deutsches Sprichwort

Wein, Geld und **Gut** verkehrt der Weisen Mut.
Deutsches Sprichwort

Gute Belohnung macht willige Arbeiter.
Deutsches Sprichwort

Gute Freunde findet man nicht am Wege.
Deutsches Sprichwort

Gute Haushaltung macht kleines Einkommen groß.
Deutsches Sprichwort

Gute Ware lobt sich selbst.
Deutsches Sprichwort

Das **Gute** – dieser Satz steht fest – ist stets das Böse, was man läßt.
Wilhelm Busch, Die fromme Helene

Das Bessere ist der Feind des **Guten.**
Deutsches Sprichwort

Guter Anfang ist halbe Arbeit.
Deutsches Sprichwort

Guter Rat ist teuer.
Deutsches Sprichwort

Guter Rat kommt über Nacht.
Lessing, Emilia Galotti

Guter Umgang verbessert schlechte Sitten.
Deutsches Sprichwort

Was **gut** ist, wird, wenn es in die Jahre kommt, immer noch besser.
Herbert Asmodi

Das **Gute** braucht lediglich nichts zu tun, damit das Böse triumphiert.
Edmund Burke

Ich glaube an das **Gute** im Menschen, rate aber, sich auf das Schlechte in ihm zu verlassen.
Alfred Polgar

Ein bißchen **Güte** von Mensch zu Mensch ist besser als alle Liebe zur Menschheit.
Richard Dehmel

Das Leben ist der **Güter** höchstes nicht, der Übel größtes aber ist die Schuld.
Schiller, Die Braut von Messina

Wer nichts **Gutes** tut, tut schon Böses genug.
Deutsches Sprichwort

H

Der Wolf ändert das **Haar** und bleibt wie er war.
Deutsches Sprichwort

Auf Sparen folgt **Haben.**
Deutsches Sprichwort

Wer wenig **haben** will, muss viel verlangen.
Deutsches Sprichwort

Dem **Habenichts** kann auch der Teufel nichts stehlen.
Deutsches Sprichwort

Wenn das Pferd tot ist, kommt der **Hafer** zu spät.
Deutsches Sprichwort

Was ein **Häkchen** werden will, krümmt sich beizeiten.
Deutsches Sprichwort

Beinahe ist noch nicht **halb.**
Deutsches Sprichwort

Nichts **halb** zu tun, ist edler Geister Arbeit.
Christoph Martin Wieland

Der Anfang ist die **Hälfte** des Ganzen.
Aristoteles

Versprechen und **halten** ist zweierlei.
Deutsches Sprichwort

Es ist nicht wichtig, ob man erster, zweiter oder dritter ist. Wichtig ist, dass du **Haltung** hast.
Erich Ribbeck

Ein guter Amboss fürchtet keinen **Hammer.**
Deutsches Sprichwort

Einem faulen Arbeiter ist jeder **Hammer** zu schwer.
Deutsches Sprichwort

Dem fleißigen **Hamster** schadet der Winter nicht.
Deutsches Sprichwort

Mit nur einer **Hand** läßt sich kein Knoten knüpfen.
Mongolisches Sprichwort

Dem Faulpelz geht die Arbeit von der **Hand** wie das Pech von der Wand.
Deutsches Sprichwort

Fleißige **Hand** erwirbt, faule Hand verdirbt.
Deutsches Sprichwort

Frisch, Gesellen, seid zur **Hand!**
Schiller, Das Lied von der Glocke

Wer den kleinen Finger gibt, dem nimmt man die ganze **Hand.**
Deutsches Sprichwort

Daß sich das größte Werk vollende, genügt ein Geist für tausend **Hände.**
Goethe

Pfaffen haben zwei **Hände:** eine zum Nehmen und eine zum Festhalten.
Deutsches Sprichwort

Und sie erhoben die **Hände** zum lecker bereiteten Mahle.
Homer

Was **Hände** bauen, können Hände stürzen.
Schiller, Wilhelm Tell

Laß diesen **Händedruck** dir sagen, was unaussprechlich ist!
Goethe, Faust

An schmutzigen **Händen** bleibt viel hängen.
Deutsches Sprichwort

Der Mensch hat dreierlei Wege, klug zu **handeln**; erstens durch Nachdenken, das ist das Edelste, zweitens durch Nachahmen, das ist das Leichteste, und drittens durch Erfahrung, das ist das Bitterste.
Konfuzius

Handeln bedeutet oft einen Kompromiss mit irgendeiner Form des Bösen.
David Owen.

Tadeln können zwar die Toren, aber klüger **handeln** nicht.
August Friedrich Langbein

Handle so, daß der Beweggrund deines Willens jederzeit zugleich als Grundsatz einer allgemeinen Gesetzgebung gelten könnte.
Immanuel Kant

Handwerk hat goldenen Boden.
Deutsches Sprichwort

Ein schlechtes **Handwerk**, das seinen Meister nicht ernährt.
Deutsches Sprichwort

Klappern gehört zum **Handwerk.**
Deutsches Sprichwort

An schmutzigen Händen bleibt viel **hängen.**
Deutsches Sprichwort

Wer **hängen** soll, ersäuft nicht.
Deutsches Sprichwort

Die kleinen Diebe **hängt** man, die großen läßt man laufen.
Deutsches Sprichwort

Womit man umgeht, das **hängt** einem an.
Deutsches Sprichwort

Den toten Löwen kann jeder **Hase** an der Mähne zupfen.
Deutsches Sprichwort

Viele Hunde sind des **Hasen** Tod.
Deutsches Sprichwort

Wenn der **Haß** feige wird, geht er maskiert in Gesellschaft und nennt sich Gerechtigkeit.
Arthur Schnitzler

Hat der Bauer Geld, hat es die ganze Welt.
Deutsches Sprichwort

Wer da **hat**, dem wird gegeben.
Matthäus 13,12

Auf vollem Bauch steht ein fröhlich **Haupt.**
Deutsches Sprichwort

Am Abend schätzt man erst das **Haus.**
Goethe

Es gehen viele Freunde in ein kleines **Haus.**
Deutsches Sprichwort

Was du hast in deinem **Haus**, das plaudere nicht vor anderen aus.
Deutsches Sprichwort

Wo Arbeit das **Haus** bewacht, kann Armut nicht hinein.
Deutsches Sprichwort

Heiraten ist leicht, **Haus halten** schwer.
Deutsches Sprichwort

Ordnung hilft **Haus halten.**
Deutsches Sprichwort

Rechnen hilft **Haus halten.**
Deutsches Sprichwort

Gute **Haushaltung** macht kleines Einkommen groß.
Deutsches Sprichwort

Häuslicher Zwist gehört nicht auf die Straße.
Deutsches Sprichwort

Der **Hehler** ist schlimmer als der Stehler.
Deutsches Sprichwort

Verletzt ist leicht, **heilen** schwer.
Deutsches Sprichwort

Der Zweck **heiligt** die Mittel.
Hermann Busembaum

Das Wort verwundet leichter als es **heilt.**
Goethe, Die natürliche Tochter

Die wahre **Heimat** ist eigentlich die Sprache.
Wilhelm von Humboldt

Heimat ist immer etwas Verlorenes, eine Sehnsucht, die sich nie erfüllen läßt.
Edgar Reitz

Heimat ist da, wo einer stirbt, nicht da, wo einer lebt.
Hans Albers

Heirate oder heirate nicht, du wirst beides bereuen.
Sokrates

Heiraten ist gut. Aber nicht heiraten ist besser.
Deutsches Sprichwort

Heiraten ist leicht, Haus halten schwer.
Deutsches Sprichwort

Ich habe immer die Ansicht vertreten, daß jede Frau **heiraten** sollte, aber nie ein Mann.
Benjamin Disraeli

Es wird nichts so **heiß** gegessen, wie es gekocht wird.
Deutsches Sprichwort

Man muss das Eisen schmieden, solange es **heiß** ist.
Deutsche Redensart

Was ich nicht weiß, macht mich nicht **heiß.**
Deutsches Sprichwort

Es ist nicht leicht, in Friedenszeiten ein **Held** zu werden.
Carlo de Benedetti

Der **Held** ist einer, der fünf Minuten länger tapfer ist als der gewöhnliche Mensch.
Ralph Waldo Emerson

Die meisten Menschen müssen **Helden** sein, um den Lebenskampf zu bestehen.
Dustin Hoffmann

Es gibt **Heldentaten**, derer nur die ganz Schüchternen fähig sind.
Pierre Gascar

Das Glück hilft denen nicht, die sich nicht selbst **helfen.**
Deutsches Sprichwort

Wer sich nicht selbst **helfen** will, dem kann niemand helfen.
Johann Heinrich Pestalozzi

Mein ist der **Helm** und mir gehört er zu.
Schiller, Die Jungfrau von Orléans

Es gibt nichts Schlimmers, als zu wissen, dass man einem guten Freund nicht mehr **helfen** kann.
Liz Taylor

Man kann nicht allen Leuten **helfen,** sagen manche Leute, und helfen keinem.
Peter Frankenfeld

Wie man in den Wald hineinruft, so schallt es **heraus.**
Deutsches Sprichwort

Eigner **Herd** ist Goldes wert.
Deutsches Sprichwort

Der Pfaff' liebt seine **Herde,** doch die Schafe mehr als die Widder.
Deutsches Sprichwort

Ein räudiges Schaf steckt die ganze **Herde** an.
Deutsches Sprichwort

Der ist der **Herr** der Erde, wer ihre Tiefen mißt.
Novalis

Wie der **Herr,** so die Herde.
Lateinisches Sprichwort

Gestrenge **Herren** regieren nicht lange.
Deutsches Sprichwort

Mit großen **Herren** ist schlecht Kirschen essen.
Deutsches Sprichwort

Niemand kann zwei **Herren** dienen.
Matthäus 6,24

Lehrjahre sind keine **Herrenjahre.**
Deutsches Sprichwort

Untreue schlägt den eigenen **Herrn.**
Deutsches Sprichwort

Verleumde den Knecht nicht bei seinem **Herrn.**
Sprüche Salomos 30,10

Zu viel Recht hat manchen **Herrn** gemacht zum Knecht.
Deutsches Sprichwort

Temperament ist ein vorzüglicher Diener, doch ein gefährlicher **Herrscher.**
Deutsches Sprichwort

Herrschen ist Unsinn, Regieren ist Weisheit. Man herrscht also, weil man nicht regieren kann.
Johann Gottfried Seume

Der König **herrscht**, aber er regiert nicht.
Adolphe Thiers

Eine auf Waffen gegründete **Herrschaft** muß sich auf Waffen stützen.
Charles de Montesquieu

Bekümmert **Herz** treibt selten Scherz.
Deutsches Sprichwort

Das **Herz** lügt nicht.
Deutsches Sprichwort

Der Dichter ist das **Herz** der Welt.
Joseph Freiherr von Eichendorff

Der Rache sind die Hände ans **Herz** gebunden.
Deutsches Sprichwort

Drum prüfe, wer sich ewig bindet, ob sich das **Herz** zum Herzen findet.
Schiller, Das Lied von der Glocke

Man sieht nur mit dem **Herzen** gut. Das Wesentliche ist für die Augen unsichtbar.
Antoine de Saint-Eupéry

So mancher meint, ein gutes **Herz** zu haben, und hat nur schwache Nerven.
Marie von Ebner-Eschenbach

Wes das **Herz** voll ist, des gehet der Mund über.
Matthäus 12,34

Wo euer Schatz ist, da ist auch euer **Herz.**
Matthäus 6,21

Arbeit, Sorg' und **Herzeleid** ist der Erde Alltagskleid.
Deutsches Sprichwort

Arm am Beutel, krank am **Herzen.**
Goethe, Der Schatzgräber

Was dem **Herzen** gefällt, das suchen die Augen.
Deutsches Sprichwort

Was von **Herzen** kommt, das geht zu Herzen.
Deutsches Sprichwort

Zwist nährt oft die **Herzen.**
Deutsches Sprichwort

Der Zug des **Herzens** ist des Schicksals Stimme.
Schiller, Die Piccolomini

Gezwungene Ehe – des **Herzens** Wehe!
Deutsches Sprichwort

Die Meinung von **heute** ist nicht immer die Meinung von gestern.
Deutsches Sprichwort

Morgen können wir's nicht mehr, darum laßt uns **heute** leben!
Schiller

Morgen, morgen! Nur nicht **heute!** Sprechen alle faulen Leute.
Christian Felix Weiße

Bis **hierher** und nicht weiter!
Pindar

Hilf dir selbst, so hilft dir Gott.
Deutsches Sprichwort

Wenn die Not am größten, dann ist Gottes **Hilfe** am nächsten.
Deutsches Sprichwort

Edel sei der Mensch, **hilfreich** und gut!
Goethe

Der Himmel hilft dem, der sich selbst **hilft.**
Englisches Sprichwort

Der **Himmel** hilft dem, der sich selbst hilft.
Englisches Sprichwort

Der **Himmel** ist hoch, und der Zar ist weit.
Russisches Sprichwort

Der **Himmel** ist weiter nichts als der große Schlafsaal der Erde, der allen Menschen offensteht.
Voltaire

Es gibt mehr Ding im **Himmel** und auf Erden, als eure Schulweisheit sich träumt, Horatio!
Shakespeare

Es ist noch kein Meister vom **Himmel** gefallen.
Deutsches Sprichwort

Des Menschen Wille ist sein **Himmelreich.**
Deutsches Sprichwort

Alles ist **hin.**
Aus einem Wiener Lied

Hindernisse überwinden ist der Vollgenuß des Daseins.
Arthur Schopenhauer

Wie man in den Wald **hineinruft**, so schallt es wieder heraus.
Deutsches Sprichwort

Der **Hinkende** ist unter den Einbeinigen König.
Deutsches Sprichwort

Wer einen **Hinkenden** verspotten will, muss selbst gerade sein.
Deutsches Sprichwort

Die besten Gedanken kommen **hinten** nach.
Deutsches Sprichwort

Hinter den Bergen wohnen auch Leute.
Deutsches Sprichwort

Der Neid gönnt dem Teufel nicht die **Hitze** in der Hölle.
Deutsches Sprichwort

Wo **gehobelt** wird, da fallen Späne.
Deutsches Sprichwort

Lass nicht nach, so kommst du **hoch.**
Deutsches Sprichwort

Wer **hoch** steigt, fällt tief.
Deutsches Sprichwort

Wer zu **hoch** hinaus will, stößt gewöhnlich oben an.
Deutsches Sprichwort

Wenn **Hochmut** aufgeht, geht Glück unter.
Deutsches Sprichwort

So lange ich atme, **hoffe** ich auch.
Lateinisches Sprichwort

Das „Wenn“ ist das lenkbarste Reittier der **Hoffnung.**
Honoré de Balzac

Was wäre das Leben ohne **Hoffnung.**
Friedrich Hölderlin

Wer mit der **Hoffnung** fährt, hat die Armut zum Kutscher.
Deutsches Sprichwort

Hoffnung macht mehr Betrogene als Schlauheit.
Luc de Vauvenargues

Wer heute falsche **Hoffnungen** weckt, weckt morgen echte Enttäuschung.
Richard Nixon

Die **Hoffnung** ist ein gutes Frühstück, aber ein schlechtes Abendessen.
Francis Bacon

Von der **Hoffnung** allein läßt sich nicht leben – und ohne Hoffnung auch nicht.
Lothar Schmidt

Höflichkeit ist der Versuch, Menschenkenntnis durch gute Manieren zu mildern.
Jean Gabin

Die wenigsten Menschen kennen das Geheimnis, zu sich selbst **höflich** zu sein.
Peter Bamm

Pünktlichkeit ist die **Höflichkeit** der Könige.
Ludwig XVIII.

Sprich leise und **höflich**, aber trage stets einen dicken Knüppel bei dir.
Theodor Roosevelt

Der Weg zur **Hölle** ist mit guten Vorsätzen gepflastert.
Deutsches Sprichwort

Die **Hölle**, das sind die anderen.
Jean Paul Sartre

Die **Hölle** und der Argwohn werden nimmer satt.
Deutsches Sprichwort

Es führen viele Wege in die **Hölle,** aber keiner heraus.
Deutsches Sprichwort

Dummheit und Stolz wachsen auf einem **Holz.**
Deutsches Sprichwort

Alte Bienen geben wenig **Honig.**
Deutsches Sprichwort

Außen **Honig,** innen Galle.
Deutsches Sprichwort

Der **Honig** ist nicht weit vom Stachel.
Deutsches Sprichwort

Machst du dich zu **Honig,** so fressen dich die Fliegen.
Spanisches Sprichwort

Der **Horcher** an der Wand hört seine eigene Schand.
Deutsches Sprichwort

Einmal gesehen ist besser als zehnmal **hören.**
Deutsches Sprichwort

Wer nicht **hören** will, muss fühlen.
Deutsches Sprichwort

Ein blindes **Huhn** findet auch wohl ein Korn.
Deutsches Sprichwort

Aus ungelegten Eiern schlüpfen keine **Hühner.**
Deutsches Sprichwort

Wer den Fuchs fangen will, muss mit den **Hühnern** aufstehen.
Deutsches Sprichwort

Außen **hui,** innen pfui.
Deutsches Sprichwort

Einen anderen nicht beurteilen wollen, ist oft ein Zeichen von **Humanität.**
Friedrich Nietzsche

Humor ist die Fähigkeit im Leben mit Gegenwind zu segeln.
Günther Pfitzmann

Kein Geist ist in Ordnung, dem der Sinn für **Humor** fehlt.
Samuel Taylor Coleridge

Humor hat viel mit Verstand zu tun.
Helmut Dietl

Der **Humor** ist keine Gabe des Geistes, er ist eine Gabe des Herzens.
Ludwig Börne

Der Vogel, scheint mir, hat **Humor.**
Wilhelm Busch,
Es sitzt ein Vogel auf dem Leim

Hunde an Ketten sind bissiger als alle anderen.
Deutsches Sprichwort

Hunde, die viel bellen, beißen nicht.
Deutsches Sprichwort

Der **Hund**, dem man den Maulkorb anlegt, bellt mit dem Hintern.
Heinrich Heine

Dem **Hunde**, wenn er gut gezogen, wird selbst ein weiser Mann gewogen.
Goethe, Faust I

Es bellen die jungen **Hunde** nach, was sie von den alten gehört haben.
Russisches Sprichwort

Faule Schäfer haben gute **Hunde.**
Deutsches Sprichwort

Tote **Hunde** beißen nicht.
Deutsches Sprichwort

Viele **Hunde** sind des Hasen Tod.
Deutsches Sprichwort

Hunger ist der beste Koch.
Deutsches Sprichwort

Hunger macht saure Bohnen süß.
Deutsches Sprichwort

Der **Hunger** ist der beste Koch, aber er hat nichts zu essen.
Freidank, Bescheidenheit

Samt am Kragen, **Hunger** im Magen.
Deutsches Sprichwort

Wenn ich **Hunger** habe, gib mir keinen Fisch, gib mir die Angel.
Estnisches Sprichwort

Den **Hungrigen** ist nicht gut predigen.
Deutsches Sprichwort

Ein **hungriger** Bauch hat keine Ohren.
Deutsches Sprichwort

Viele Köpfe gehen schwer unter einen **Hut.**
Deutsches Sprichwort

Hüte dich vor einem Mann, der im Zorn lächeln kann!
Deutsches Sprichwort

Des Hauses redlicher **Hüter.**
Schiller

Zufriedenheit wohnt mehr in **Hütten** als in Palästen.
Deutsches Sprichwort

I

Ich bin ein Mensch. Nichts Menschliches ist mir fremd.
Terenz

Ich bin mir selbst der Nächste.
Terenz

Ich bin von Kopf bis Fuß auf Liebe eingestellt.
Heinrich Mann

Ich sei, gewährt mir die Bitte, in eurem Bunde der Dritte.
Schiller, Die Bürgschaft

Ich weiß, daß ich nichts weiß.
Plato

Ich werde älter und höre doch nicht auf, immer noch viel zu lernen.
Solon

Der Staat bin **ich.**
König Ludwig XIV.

Hier stehe ich! **Ich** kann nicht anders. Gott helfe mir! Amen.
Martin Luther

Idealismus ist die Fähigkeit, die Menschen so zu sehen, wie sie sein könnten, wenn sie nicht so wären, wie sie sind.
Curt Goetz

Klar nennt man die **Ideen**, die dasselbe Maß an Verwirrung haben wie unser eigener Geist.
Marcel Proust

Nichts auf der Welt ist so kraftvoll wie eine **Idee**, deren Zeit gekommen ist.
Victor Hugo

Der Mensch ist bereit, für jede **Idee** zu sterben. Voraussetzung dafür bleibt, daß ihm die Idee nicht ganz klar ist.
Gilbert Keith Chesterton

Im Becher ersaufen mehr als im Meer.
Deutsches Sprichwort

Im Deutschen lügt man, wenn man höflich ist.
Goethe

Im echten Manne ist ein Kind versteckt.
Friedrich Nietzsche

Im Glück wird man vergeßlich.
Menander

Im Leben regiert das Glück, nicht die Weisheit.
Deutsches Sprichwort

Im schönsten Apfel ist der Wurm.
Deutsches Sprichwort

Im Spiel gibt's keine Freundschaft.
Deutsches Sprichwort

Im Unglück erkennt man die Freunde.
Johann Gottfried Herder

Im Wein ist Wahrheit!
Alkäus

Das **Image** ist ein geborgtes Gesicht.
Thornton Wilder

Das Leben ist lang, und ein **Image** bleibt.
Max Schmeling

Du bleibst doch **immer**, was du bist.
Goethe

Es kann ja nicht **immer** so bleiben hier unter dem wechselnden Mond.
August Friedrich Ferdinand von Kotzebue

Schimmer und Flimmer dauern nicht **immer**.
Deutsches Sprichwort

Große Spieler haben immer von der **Improvisation** gelebt.
Bernd Schuster

In dieser Brust sind deines Schicksals Sterne.
Schiller, Die Piccolomini

In der Beschränkung zeigt sich erst der Meister.
Goethe

In der Jugend faul, im Alter Not leidend.
Englisches Sprichwort

In der Kürze liegt die Würze.
Shakespeare

In der Mitte geht man am sichersten.
Ovid

In eine leere Scheune kommt keine Maus.
Deutsches Sprichwort

In jeder Freude ist ein Tropfen Wermut.
Deutsches Sprichwort

In Schurken und Narren teilt sich die Welt.
Deutsches Sprichwort

Fragen sind niemals **indiskret;** nur Antworten sind es zuweilen.
Oscar Wilde

Menschen, denen man die **Information** entzieht, macht man damit unfähig, sich selbst zu helfen.
Dieter Hildebrandt

Information ist eine Ware, die verdirbt, nicht nur unter Konkurrenzgesichtspunkten.
Heinz-Klaus Mertes

Wirklich **innovativ** ist man nur dann, wenn mal etwas danebengegangen ist.
Woody Allen

Instinkt ist Intelligenz, die unfähig ist, sich ihrer selbst bewusst zu werden.
John Sterling

Nicht ein Treuebruch ist das große Verbrechen, sondern Gleichgültigkeit, Bosheit und **Intoleranz.**
Lilli Palmer

Unter **Intuition** versteht man die Fähigkeit, eine Lage in Sekundenschnelle falsch zu beurteilen.
Friedrich Dürrenmatt

Intuitionen sind die Träume , deren man sich erinnert.
Walther Rathenau

Folge immer der **innerern** Stimme. Auch auf Umwegen.
Annette von Klier

Alles **Irdische** ist vergänglich.
Joseph Viktor von Scheffel, Die letzte Rose

Ironie ist das Körnchen Salz, das das Aufgetischte überhaupt erst genießbar macht.
Goethe

Selbst **Ironie** ist die Kunst, sich so durch den Kakao zu ziehen, dass er noch schmeckt.
Joachim Teege

Ironie heißt fast immer, aus der Not eine Überlegenheit zu machen.
Thomas Mann

Wer sich leiten läßt, geht nicht **irre.**
Deutsches Sprichwort

Wer viel fragt, geht viel **irre.**
Deutsches Sprichwort

Irren ist menschlich.
Hieronymus

Sobald man spricht, beginnt man schon zu **irren.**
Goethe

Wir **irren** allesamt, nur jeder irret anders.
Georg Christoph Lichtenberg

Durch Heftigkeit ersetzt der **Irrende**, was ihm an Wahrheit und an Kräften fehlt.
Goethe

Es **irrt** der Mensch, solang er strebt.
Goethe

Die **Irrtümer** des Menschen machen ihn eigentlich liebenswürdig.
Goethe

Ein alter **Irrtum** hat mehr Freunde als eine neue Wahrheit.
Deutsches Sprichwort

Wer tiefer **irrt**, der wird auch tiefer weise.
Gerhard Hauptmann

Das sind die Weisen, die durch **Irrtum** zur Wahrheit reisen.
Die bei dem Irrtum verharren,
das sind die Narren.
Friedrich Rückert

Nur der **Irrtum** ist das Leben, und das Wissen ist der Tod.
Schiller

Die **Irrtümer** des Menschen machen ihn eigentlich liebenswürdig.
Goethe

Wie einer **isst**, so arbeitet er auch.
Deutsches Sprichwort

J

Ja, was man so erkennen heißt! Wer darf das Kind beim rechten Namen nennen?
Goethe

Es ist der meiste Streit um **Ja** und Nein, Mein und Dein.
Deutsches Sprichwort

Das **Jahr** hat ein weites Maul und großen Magen.
Deutsches Sprichwort

Jäger sind Menschen, denen niemand ausreden kann, dass es für einen Rehbock kein größeres Vergnügen gibt, als von einer Kugel getroffen zu werden.
Brigitte Bardot

Jahre lehren mehr als Bücher.
Deutsches Sprichwort

Die **Jahre** wachsen, aber die Kräfte schwinden.
Lateinisches Sprichwort

Jammer füllt keine Kammer.
Deutsches Sprichwort

Je höher die Einkünfte, desto höher das Ansehen.
Ovid

Jede Flasche findet ihren Stöpsel.
Deutsches Sprichwort

Jede Glocke hat ihren Klöppel.
Deutsches Sprichwort

Jede Sache hat ihr Aber.
Deutsches Sprichwort

Jede Schuld rächt sich auf Erden.
Goethe

Jede Ursache der Dinge ist klein.
Cicero

Jedem ist sein Teil bestimmt!
Vergil

Der Tod ist ein stiller Mann, aber er bezwingt **jeden.**
Deutsches Sprichwort

Jeder Geselle will lieber Meister sein.
Deutsches Sprichwort

Jeder ist seines Glückes Schmied.
Appius Claudius

Jeder ist so alt wie er sich fühlt.
Deutsche Redensart

Jeder kehre vor seiner Tür.
Deutsches Sprichwort

Jeder liebt sich selber nur am meisten.
Lessing

Alt werden will **jeder,** älter werden niemand.
Deutsches Sprichwort

Jedermanns Freund ist niemands Freund.
Deutsches Sprichwort

Die Unsterblichkeit ist nicht **jedermanns** Sache.
Goethe

Jedes Ding hat zwei Seiten.
Deutsches Sprichwort

Jedes Volk hat die Regierung, die es verdient.
Graf Joseph de Maistre

Ein **jegliches** hat seine Zeit.
Prediger Salomo 3,1

Jugend und verlorene Zeit kommt nicht wieder in Ewigkeit.
Deutsches Sprichwort

Die **Jugend** soll erwerben, was das Alter verzehrt.
Deutsches Sprichwort

Kluge Menschen verstehen es, den Abschied von der **Jugend** auf mehrere Jahrzehnte zu verteilen.
Françoise Rosay

Die **Jugend** irrt, wenn sie meint, man stürbe an einem gebrochenen Herzen. Davon lebt man meist noch im hohen Alter.
Maurice Chevalier

Die **Jugend** hat Heimweh nach der Zukunft.
Jean-Paul Sartre

Jung gewohnt, alt getan.
Deutsches Sprichwort

Jung stirbt, wen die Götter lieben.
Menander

Jung zu bleiben und alt zu werden ist das höchste Gut.
Deutsches Sprichwort

Was man **jung** lernt, das bleibt.
Deutsches Sprichwort

Ein **Junggeselle** ist ein Mann, der nur ein einziges Problem hat – und das ist lösbar.
Woody Allen

K

Wo nichts ist, hat der **Kaiser** sein Recht verloren.
Deutsches Sprichwort

Alte Kuh gar leicht vergisst, dass sie ein **Kalb** gewesen ist.
Deutsches Sprichwort

Der Tod hat keinen **Kalender.**
Deutsches Sprichwort

Die **Kamera** ist der Bleistift des Fernsehreporters.
Günther Jauch

Jammer füllt keine **Kammer.**
Deutsches Sprichwort

Leben heißt **kämpfen.**
Seneca

Um eine Frau kann man **kämpfen**, aber nicht um ein Publikum.
Thomas Gottschalk

Nichts ist so elend als der Mann, der alles will und der nichts **kann.**
Matthias Claudius

Wer will, was er **kann**, fängt nichts vergeblich an.
Deutsches Sprichwort

Lerne was, so **kannst** du was.
Deutsches Sprichwort

Tu, was du nicht lassen **kannst!**
Lessing

Verstand ist das beste **Kapital.**
Deutsches Sprichwort

Besser **karg** als arg.
Deutsches Sprichwort

Der **Kapitalismus** ist eine kriminelle Vereinigung, von der wir alle ziemlich profitieren.
Peter Zadek

Ich wünsche mir einen starken **Kapitalismus**, aber mit mehr menschlichem Gesicht!
Prinz Charles von Wales

Am sichersten macht man **Karriere**, wenn man anderen den Eindruck vermittelt, es sei für sie von Nutzen, einem zu helfen.
Jean de La Bruyère

Die **Katze** läßt das Mausen nicht.
Deutsches Sprichwort

Eine **Katze**, die einen Kanarienvogel gefressen hat, kann deshalb noch nicht singen.
Deutsches Sprichwort

Vögel, die früh singen, fängt am Abend die **Katze.**
Deutsches Sprichwort

Wenn die **Katze** fort ist, tanzen die Mäuse.
Deutsches Sprichwort

Willst du lange leben gesund, iss wie die **Katze**, trink wie der Hund.
Deutsches Sprichwort

Bei Nacht sind alle **Katzen** grau.
Deutsches Sprichwort

Ob weiße oder schwarze **Katzen**, fangen sie Mäuse, sind sie gute Katzen.
Deng Xiaoping

Der **Katzen** Scherz ist der Mäuse Tod.
Deutsches Sprichwort

Wer **kauft**, was er nicht braucht, muss, was er braucht, verkaufen.
Deutsches Sprichwort

Wer den Lüsten nicht das Messer an die **Kehle** setzt, den bringen sie um.
Deutsches Sprichwort

Jeder **kehre** vor seiner Tür.
Deutsches Sprichwort

Neue Besen **kehren** gut.
Deutsches Sprichwort

Auf einen groben Klotz gehört ein grober **Keil.**
Deutsches Sprichwort

Kein Baum fällt auf den ersten Streich.
Deutsches Sprichwort

Kein Mensch ist unersetzbar.
Wilhelm von Humboldt

Keine Kette ist stärker als ihr schwächstes Glied.
Deutsches Sprichwort

Keine Rose ohne Dornen.
Deutsches Sprichwort

Die ist es, oder **keine** sonst auf Erden!
Schiller

Ich **kenne** alles, nur mich selber nicht.
François Villon

Wer sich selbst recht kennt, kann sehr bald alle anderen Menschen **kennenlernen.** Es ist alles Zurückstrahlung.
Georg Christoph Lichtenberg

Hab' ich des Menschen **Kern** erst untersucht, so weiß ich auch sein Wollen und sein Handeln.
Schiller

Keine **Kette** ist stärker als ihr schwächstes Glied.
Deutsches Sprichwort

Der Mensch ist frei geschaffen, ist frei, und würd' er in **Ketten** geboren!
Schiller

Es sind nicht alle frei, die ihrer **Ketten** spotten.
Lessing

Hunde an **Ketten** sind bissiger als alle anderen.
Deutsches Sprichwort

Das Wunder ist des Glaubens liebstes **Kind.**
Goethe

Gebrannt **Kind** scheut das Feuer.
Deutsches Sprichwort

Im echten Manne ist ein **Kind** versteckt.
Friedrich Nietzsche

Erwachsene sind sehr auf die Nachsicht der **Kinder** angewiesen.
Alice Miller

Kinder müssen die Dummheit der Erwachsenen ertragen, bis sie groß genug sind, sie selbst zu machen.
Jean Anouilh

Die **Kinder** finden im Nichts das Gesamte, die Erwachsenen im Gesamten das Nichts.
Giacomo Leopardi

Zwei Dinge sollen **Kinder** von ihren Eltern bekommen: Wurzeln und Flügel.
Goethe

Bei **Kindern** und Uhren muss man beachten: Man kann sie nicht ständig nur aufziehen, man muss sie auch laufen lassen.
Jörg Schwäblein.

Wenn wir ganz und gar aufgehört haben, **Kinder** zu sein, dann sind wir schon tot.
Michael Ende

Jeder Tag muss ein **Kindertag** sein.
Norbert Eimer

Lieb **Kind** hat viele Namen.
Deutsches Sprichwort

Kinder und Narren reden die Wahrheit.
Deutsches Sprichwort

Denn wir können die **Kinder** nach unserem Sinne nicht formen; so wie Gott sie uns gab, so muß man sie haben und lieben.
Goethe

Die Alten werden zweimal **Kinder.**
Deutsches Sprichwort

Die besten Eltern haben oft ungeratene **Kinder.**
Deutsches Sprichwort

Ein Vater ernährt eher zehn **Kinder** als zehn Kinder einen Vater.
Deutsches Sprichwort

Sind **Kinder** still, so haben sie etwas angerichtet.
Englisches Sprichwort

Werdet wie die **Kinder!**
Matthäus 18,3

Aus klugen **Kindern** werden oft alte Narren.
Schwedisches Sprichwort

Eine goldene Wiege ist nicht immer eine gute **Kinderstube.**
Deutsches Sprichwort

Im **Kino** hebt man den Kopf, beim Fernsehen senkt man ihn.
Jean-Luc Godard

Der **Kirchhof** deckt die Sünden der Ärzte zu.
Deutsches Sprichwort

Mit großen Herren ist schlecht **Kirschen** essen.
Deutsches Sprichwort

Kitsch kann amüsant sein und die Phantasie beflügeln. Kitsch hat Charme – Purismus nicht.
Peter Schmidt

Schaden, Sorge, **Klage** wachsen alle Tage.
Deutsches Sprichwort

Wo kein **Kläger**, da ist auch kein Richter.
Deutsches Sprichwort

Wer sich entschuldigt, **klagt** sich an.
Hieronymus

Klappern gehört zum Handwerk.
Deutsches Sprichwort

Das Alte **klappert**, das Neue klingt.
Deutsches Sprichwort

Klarheit ist die Ehrlichkeit der Philosophen.
Luc de Vauvenargues

Kleider machen Leute.
Deutsches Sprichwort

Wer sich unter die **Kleie** mengt, den fressen die Schweine.
Deutsches Sprichwort

Wer die andern neben sich **klein** macht, ist nie groß.
Johann Gottfried Seume

Kleine Geschenke erhalten die Freundschaft.
Deutsches Sprichwort

Kleine Glöckchen klingen auch.
Deutsches Sprichwort

Kleine Mäuse haben auch Schwänze.
Deutsches Sprichwort

Kleine Sorgen machen viele Worte, große sind stumm.
Deutsches Sprichwort

Wer das **Kleine** nicht ehrt, ist des Großen nicht wert.
Deutsches Sprichwort

Kleinvieh macht auch Mist.
Deutsches Sprichwort

Das Alte klappert, das Neue **klingt.**
Deutsches Sprichwort

Jede Glocke hat ihren **Klöppel.**
Deutsches Sprichwort

Besser mit Schaden als mit Schanden **klug** werden.
Deutsches Sprichwort

Durch fremden Schaden wird man **klug.**
Deutsches Sprichwort

Fragen macht **klug.**
Deutsches Sprichwort

Umgang mit Leuten macht **klug.**
Deutsches Sprichwort

Versuch macht **klug.**
Deutsches Sprichwort

Es ist ein Gebot der **Klugheit,** nur in Zungen zu reden, die man geübt hat.
Johannes Gross

Es kann mich niemand daran hindern, **klüger** zu werden.
Konrad Adenauer

Wenn der **kluge** Mann mit dem Kopf durch die Wand will, so benützt er dazu einen fremden.
Peter Weck

Alle Menschen sind **klug,** die einen vorher, die anderen nachher.
Deutsches Sprichwort

Narren sagen, was die **Klugen** denken.
Deutsches Sprichwort

Wenn man vom Rathaus kommt, ist man **klüger.**
Deutsches Sprichwort

Der **Klügere** gibt nach.
Deutsches Sprichwort

Wo es **Klugheit** gibt, da schaffet die Gewalt nichts.
Herodot

Unter Schwätzern ist der Schweiger der **Klügste.**
Deutsches Sprichwort

Die Zeit ist am **klügsten.**
Schweizerisches Sprichwort

Einem willigen **Knecht** soll man nicht zu viel aufbürden.
Deutsches Sprichwort

Verleumde den **Knecht** nicht bei seinem Herrn.
Sprüche Salomos 30,10

Zu viel Recht hat manchen Herrn gemacht zum **Knecht.**
Deutsches Sprichwort

Zwischen Siegern und Besiegten kann es keine erfolgreiche **Koalition** geben.
Tacitus

in einer funktionierenden **Koalition** spricht man dieselbe Sprache, aber verschiedene Dialekte.
Alois Mock

Ein guter **Koch** ist ein guter Arzt.
Deutsches Sprichwort

Hunger ist der beste **Koch.**
Deutsches Sprichwort

Viele **Köche** verderben den Brei.
Deutsches Sprichwort

Andere Leute **kochen** auch mit Wasser.
Deutsches Sprichwort

Kochen ist eine Kunst und keineswegs die unbedeutendste.
Luciano Pavarotti

Kochen erfordert eine gewisse Konzentration, eine gewisse Liebe, eine zärtliche Aufmerksamkeit.
Norman Mailer

Ohne **Köder** ist schlimm Fische fangen.
Deutsches Sprichwort

Kommst du heut nicht, kommst du morgen!
Deutsches Sprichwort

Kommt Zeit, kommt Rat!
Deutsches Sprichwort

Was von Herzen **kommt**, das geht zu Herzen.
Deutsches Sprichwort

Komplimente sind Investitionen zwecks raschen Gewinns.
Heinrich Wiesner

Nacheifern ist die aufrichtigste Form des **Kompliments.**
Lothar Schmidt

Komplimente: Ein geglückter Seiltanz zwischen Wahrheit und Übertreibung.
Hermann Bahr

Der **Kompromiss** ist ein guter Schirm, aber ein schlechtes Dach.
James Russell Lowell

Ein **Kompromiß** ist dann vollkommen, wenn alle unzufrieden sind.
Aristide Briand

Daheim bin ich **König.**
Deutsches Sprichwort

Der Einäugige ist unter den Blinden **König.**
Deutsches Sprichwort

Der Hinkende ist unter den Einbeinigen **König.**
Deutsches Sprichwort

Der **König** rief, und alle, alle kamen.
Carl Heun

Pünktlichkeit ist die Höflichkeit der **Könige.**
Ludwig XVIII. von Frankreich

Tadeln ist leicht, **können** ist schwer.
Deutsches Sprichwort

Konferenzen sind die Bremsspuren der Geschichte.
Henry Troyat

Konflikt ist die Mutter des Erfolges. Wenn wir uns nicht streiten.
Helmut Werner

Konformismus: die kollektive Weisheit individuellen Unwissens.
Thomas Carlyle

Für das **Können** gibt es nur einen Beweis: das Tun.
Marie von Ebner-Eschenbach

Das Geheimnis des **Könnens** liegt im Wollen.
Giuseppe Mazzini

Konsequent zu sein ist die größte Obliegenheit des Philosophen.
Immanuel Kant

Konsequent ist, wer sich selber mit den Umständen wandelt.
Winston Churchill

Nicht der Mütze wegen ist dir ein **Kopf** gegeben.
Russisches Sprichwort

Was man nicht im **Kopf** hat, muss man in den Beinen haben.
Deutsches Sprichwort

Viele **Köpfe** gehen schwer unter einen Hut.
Deutsches Sprichwort

Ein **Kopf** ohne Gedächtnis ist eine Festung ohne Besatzung.
Napoleon I.

Ehe man den **Kopf** schüttelt, sollte man sich vergewissern, daß man einen hat.
Hans Kasper

Volle Töpfe, leere **Köpfe.**
Deutsches Sprichwort

Auf Nachbars Feld steht das **Korn** besser.
Deutsches Sprichwort

Es ist der Geist, der sich den **Körper** baut.
Schiller, Wallensteins Tod

Armen, unterdrückten Menschen braucht man nicht dauernd zu erklären, was **Korruption** ist.
Jerry Rawlings

Wenn Sie die **Korruption** abschaffen wollen, müssen Sie die Leute abschaffen.
Taufa'ahau Tupou IV., König von Tonga

Ansehen **kostet** nichts.
Deutsches Sprichwort

Danken **kostet** nichts und gefällt Gott und Menschen wohl.
Deutsches Sprichwort

Kraft, die nicht wirkt, erschlafft.
Deutsches Sprichwort

Genieße deine **Kraft**, man lebt nur, wenn man schafft.
Deutsches Sprichwort

Die Jahre wachsen, aber die **Kräfte** schwinden.
Lateinisches Sprichwort

Wenn auch die **Kräfte** fehlen, ist der Wille doch zu loben.
Ovid

Samt am **Kragen**, Hunger im Magen.
Deutsches Sprichwort

Eine **Krähe** hackt der anderen kein Auge aus.
Deutsches Sprichwort

Wenn man den Narren zum Markte schickt, freut sich der **Krämer**.
Deutsches Sprichwort

Unmäßigkeit macht arm, träg und **krank**.
Deutsches Sprichwort

Der **Kranke** spart nichts als seine Schuhe.
Deutsches Sprichwort

Nach Faulheit folgt **Krankheit.**
Deutsches Sprichwort

Gegen den Tod ist kein **Kraut** gewachsen.
Deutsches Sprichwort

Wie fruchtbar ist der kleinste **Kreis**, wenn man ihn wohl zu pflegen weiß.
Goethe

Störe meine **Kreise** nicht.
Archimedes

Man kann kein besseres Markenzeichen finden als das **Kreuz.**
Billy Wilder

Verflucht sei der **Krieg**, verflucht das Werk der Waffen.
Li T'ai-po

Jeder **Krieg** ist eine Niederlage des menschlichen Geistes.
Henry Miller

Ältere Herren erklären den **Krieg.** Aber es ist die Jugend, die kämpfen und sterben muß.
Herbert Hoover

Der **Krieg** ist ein Winterschlaf der Kultur.
Friedrich Nietzsche

Sich selbst bekriegen ist der schwerste **Krieg**, sich selbst besiegen ist der schönste Sieg.
Friedrich von Logau

Unbilliger Frieden ist besser als gerechter **Krieg.**
Deutsches Sprichwort

Sei nicht faul, die **Krippe** kommt nicht zum Gaul.
Deutsches Sprichwort

Die beste Möglichkeit, eine **Krise** zu bestehen, ist anzugreifen.
Nino Cerruti

Krise ist ein produktiver Zustand – man muß ihm nur den Beigeschmack der Katastrophe nehmen.
Max Frisch

Bloßes **Kritisieren** bescheinigt Inkompetenz.
Hans Apel

In dem Maße, wie der Wille und die Fähigkeit zur Selbstkritik steigen, hebt sich auch das Niveau der **Kritik** am anderen.
Christian Morgenstern

Die **Kritik** ist eine Steuer, die der Neid dem Talent auferlegt.
Gaston de Lévis

Der **Krug** geht so lange zum Brunnen, bis er bricht.
Deutsches Sprichwort

Im **Kruge** kommen mehr um als im Kriege.
Deutsches Sprichwort

Was ein Häkchen werden will, **krümmt** sich beizeiten.
Deutsches Sprichwort

Nicht jede **Kugel** trifft.
Deutsches Sprichwort

Alte **Kuh** gar leicht vergisst, dass sie ein Kalb gewesen ist.
Deutsches Sprichwort

Man wird alt wie eine **Kuh** und lernt immer noch was dazu.
Deutsches Sprichwort

Die **Kühe**, die am meisten brüllen, geben die wenigste Milch.
Deutsches Sprichwort

Wenn die Sonne der **Kultur** niedrig steht, werfen selbst Zwerge lange Schatten.
Karl Kraus

Das Schild ist's, das die **Kunden** lockt.
La Fontaine

In das **Künftige** dringt kein sterblicher Blick.
Sophokles

Kunst hält fest, wenn alles verläßt.
Deutsches Sprichwort

Für einen revolutionären Durchbruch in der **Kunst** braucht man Aggression, eine gewisse Feindseligkeit.
Camille Paglia

Kunst ist Kunst. Alles andere ist alles andere.
Ad Reinhardt

Die **Kunst** hat eine wunderbare Art, uns mit Dingen auszusöhnen, die uns vorher in den Augen wehgetan haben.
Jeff Koons

Kunst heißt, nicht wissen, daß die Welt schon ist, und eine zu machen.
Rainer Maria Rilke

Wer sich mit der **Kunst** verheiratet, bekommt die Kritik zur Schwiegermutter.
Hildegard Knef

Die **Kunst** ist zwar nicht das Brot, aber der Wein des Lebens.
Jean Paul

Alle Macht in der **Kunst** geht vom Fleische aus.
Alfred Hrdlicka

Kunst ist, was die Natur nicht zu Stande bringt.
Oliviero Toscani

Große **Kunst** ist dann erreicht, wenn man nichts mehr weglassen kann.
Chinesisches Sprichwort

Der Zauber der **Kunst** ist der einzige, der nicht auf Aberglauben beruht.
Oskar Kokoschka

Allen Menschen recht getan, ist eine **Kunst**, die niemand kann.
Deutsches Sprichwort

Die **Kunst** geht nach Brot.
Lessing, Emilia Galotti

Die **Kunst** ist keine Dienerin der Menge.
August von Platen

Ernst ist das Leben, heiter ist die **Kunst**.
Schiller, Wallenstein

Politik ist die **Kunst** des Möglichen.
Otto von Bismarck

Regieren ist eine **Kunst**, keine Wissenschaft.
Ludwig Börner

Reich werden ist keine **Kunst**, aber fromm bleiben.
Deutsches Sprichwort

Spielen ist keine **Kunst**, aber aufhören mit spielen.
Deutsches Sprichwort

Wer die **Kunst** nicht übt, verliert sie bald.
Deutsches Sprichwort

Wissenschaft und **Kunst** gehören der Welt an, und vor ihnen verschwinden die Schranken der Nationalität.
Goethe

Wohl schweigen ist eine größere **Kunst** als wohl reden.
Deutsches Sprichwort

Zuweilen ein Narr sein, ist auch eine **Kunst**.
Deutsches Sprichwort

Armut ist aller **Künste** Stiefmutter.
Deutsches Sprichwort

Der Dilettant will mehr als zehn **Künstler** können.
Deutsches Sprichwort

Vielleicht dient man als **Künstler** den Menschen wirklich am besten, wenn man ihnen nur kleine Erfrischungen reicht.
Woody Allen

Der **Künstler**, der sich allem, was die Welt angeht, so hoch überlegen dünkt, ist ein Philister.
Erich Mühsam

Künstler sind Leute, die etwas tun, für das sich andere Leute schämen würden.
Georg Baselitz

Bitten ist lang, befehlen **kurz**.
Deutsches Sprichwort

Kurze Besuche verlängern die Freundschaft.
Deutsches Sprichwort

In der **Kürze** liegt die Würze.
Shakespeare, Hamlet

Lügen haben **kurze** Beine.
Deutsches Sprichwort

Der **Kuss**, der mich befreit, den habe ich bis heute noch nicht bekommen.
Peter Gabriel

Küsse sind das Aufregendste, was es gibt; spannender als alles was folgt.
Kim Basinger

L

O Trank voll süßer **Labe**!
Goethe, Der Sänger

Du mußt **lächeln**, immer lächeln.
Otto Reutter

Der Erben Tränen sind ein verdecktes **Lachen.**
Deutsches Sprichwort

Sünden kehren **lachend** ein und weinend aus.
Deutsches Sprichwort

Man kann ein lächelndes Antlitz nicht schlagen.
Koreanisches Sprichwort

Ein **Lächeln** ist oft das Wesentliche. Man wird mit einem Lächeln belohnt oder belebt.
Antoine de Saint-Exupéry

Das **Lächeln**, das du aussendest, kehrt zu dir zurück.
Indische Weisheit

Vom Erhabenen zum **Lächerlichen** ist nur ein Schritt.
Napoleon I.

Die **Lächerlichkeit** tötet sicherer als jede Waffe.
Französisches Sprichwort

Wer zuletzt **lacht**, lacht am besten.
Deutsches Sprichwort

Lachen, das ist der Geist, der niest.
Jerry Lewis

Ein Tag, an dem man nicht **lacht**, ist ein verlorener Tag.
Charlie Chaplin

Lache, und die Welt wird mit dir lachen. Schnarche, und du wirst alleine schlafen.
Anthony Burgess

Wenn der Blinde den **Lahmen** trägt, so kommen sie beide fort.
Deutsches Sprichwort

Wer sich zum **Lamm** macht, den fressen die Wölfe.
Deutsches Sprichwort

Das ist des **Landes** nicht der Brauch.
Goethe

Die **Langeweile** ist die Not derer, die keine Not kennen.
Deutsches Sprichwort

Solange es noch unzählige Gräser ohne Namen gibt, kann das Leben nicht **langweilig** sein.
José Carreras

Das Hauptprodukt einer hochmechanisierten Zivilisation ist die **Langeweile.**
Cyril Northcote Parkinson

Langweiler: ein Mensch, der redet, wenn du wünschst, daß er dir zuhört.
Ambrose Bierce

Gottes Mühlen mahlen **langsam**, mahlen aber trefflich klein.
Friedrich von Logau

Reue kommt **langsam**, aber gewiss.
Deutsches Sprichwort

Wer **langsam** geht, kommt auch zum Ziel.
Deutsches Sprichwort

Ehrlich währt am **längsten.**
Deutsches Sprichwort

Vor Tische **las** man's anders.
Schiller, Die Piccolomini

Laß das Vergangene vergangen sein!
Goethe

Lass die Zunge nicht schneller als die Gedanken sein!
Deutsches Sprichwort

Laß vom Bösen und tue Gutes.
Psalm 34,15

Leben und leben **lassen.**
Schiller

Man soll das eine tun und das andere nicht **lassen.**
Deutsches Sprichwort

Tu, was du nicht **lassen** kannst!
Lessing

Erst die **Last**, dann die Rast.
Deutsches Sprichwort

Was man nicht nützt, ist eine schwere **Last.**
Goethe

Aus Neigungen werden Tugenden und **Laster.**
Deutsches Sprichwort

Ich habe die Erfahrung gemacht, daß Leute ohne **Laster** auch sehr wenige Tugenden haben.
Abraham Lincoln

Müßiggang ist aller **Laster** Anfang.
Deutsches Sprichwort

Was einst **Laster** war, ist heute Sitte.
Seneca

Wenn man kleine **Laster** nicht straft, so wachsen die großen.
Deutsches Sprichwort

Manchen Menschen fehlen nur einige **Laster**, um vollkommen zu sein.
Marquise de Sevigné

Die meisten **Laster** sind Tugenden, die sich nicht voll entfalten können.
Marguerite Duras

Man verachtet nicht jeden, der **Laster** an sich hat, wohl aber jeden, der keine Tugend hat.
La Rochefoucauld

Alle Flüsse **laufen** ins Meer.
Deutsches Sprichwort

Verliebte **laufen** stets der Uhr voraus.
Shakespeare

Wie man den Karren schmiert, so **läuft** er.
Deutsches Sprichwort

Gute **Laune** ist die Würze aller Wahrheit.
Johann Heinrich Pestalozzi

Lebe, wie du, wenn du stirbst, wünschen wirst, gelebt zu haben.
Christian Fürchtegott Gellert

Drum **lebe** mäßig, denke klug! Wer nichts gebraucht, der hat genug.
Wilhelm Busch

Leben heißt kämpfen.
Seneca

Alles **Leben** ist Leiden.
Arthur Schopenhauer

Alles **Leben** ist Lüge.
Detlef von Liliencron

Alles wiederholt sich nur im **Leben,** ewig jung ist nur die Phantasie.
Schiller

Hat man dir gesagt, das **Leben** sei kurz? Vergiss es. Es ist so lang, dass du noch tausend Apfelbäume pflanzen kannst.
Christiane Hörbiger

Das **Leben** ist kurz, weniger wegen der kurzen Zeit, die es dauert, sondern weil uns von dieser kurzen Zeit fast keine bleibt, es zu genießen.
Jean Jaques Rousseau

Laßt uns das **Leben** genießen, solange wir es nicht begreifen.
Kurt Tucholsky

Leben ist, was wir daraus machen.
Henry Miller

Das **Leben** ist ein Kampf. Und solange du kämpfst, bist du nicht tot.
Arthur Miller

Wenn man im **Leben** scheitert, kann das gefährlich sein. Wenn man in der Kunst scheitert, ist das peinlich.
Woody Allen

Wir **leben** nicht, um zu glauben, sondern um zu lernen.
Dalai-Lama

Es gibt nur drei Methoden, um **leben** zu können: betteln, stehlen oder etwas leisten.
Mirabeau

Leben ist die Suche des Nichts nach dem Etwas.
Christian Morgenstern

Ich **lebe** so unvernünftig wie nur möglich.
Victor von Bülow

Das **Leben** ist der Güter höchstes nicht, der Übel größtes aber ist die Schuld.
Schiller

Das **Leben** wirkt mehr als die Lehre.
Deutsches Sprichwort

Ordnung ist das halbe **Leben.**
Deutsches Sprichwort

Von Luft kann man nicht **leben.**
Deutsches Sprichwort

Warm ist das **Leben**, kalt ist der Tod.
Deutsches Sprichwort

Was wäre das **Leben** ohne Hoffnung.
Friedrich Hölderlin

Arbeit ist des **Lebens** Würze.
Deutsches Sprichwort

Die Schule des **Lebens** kann man nicht schwänzen.
Deutsches Sprichwort

Tätigkeit ist das Salz des **Lebens.**
Deutsches Sprichwort

Jedes **Lebensalter** findet uns als Schüler, und oft fehlt es uns trotz aller Jahre an Erfahrung.
La Rochefoucauld

Der **Lebenskünstler** beginnt den Tag damit, daß er etwas Schönes küßt.
Marcello Mastroianni

Man **lebt** nur einmal in der Welt.
Goethe

Nur wer im Wohlstand lebt, **lebt** angenehm.
Bertolt Brecht, Die Dreigroschenoper

Aus fremdem **Leder** ist leicht Riemen schneiden.
Deutsches Sprichwort

Nicht immer sind die Stillen auch die Weisen. Es gibt auch verschlossene Truhen, die **leer** sind.
Jean Giono

Weise Sprüche, gute **Lehr'** soll man tun und nicht bloß hören.
Deutsches Sprichwort

Eine große **Lehre**, die man oft geben kann, ist das Geständnis der eigenen Unzulänglichkeit.
Denis Diderot

Was einer selber nicht verstehen kann, das kann er andere nicht **lehren.**
Deutsches Sprichwort

Zu wissen, wie man anregt, ist die Kunst des **Lehrens.**
Henri-Frédéric Amiel

Lehre uns bedenken, daß wir sterben müssen, auf daß wir klug werden.
Psalm 90,12

Beim **Lehren** lernt man.
Seneca

Anderer Fehler sind gute **Lehrer.**
Deutsches Sprichwort

Auch eine Fülle von Büchern ersetzt den guten **Lehrer** nicht.
Chinesisches Sprichwort

Fleißige Schüler machen fleißige **Lehrer.**
Deutsches Sprichwort

Verehre deine **Lehrer** wie deine Eltern.
Russisches Sprichwort

Lehrjahre sind keine Herrenjahre.
Deutsches Sprichwort

Ein gutes Beispiel ist der beste **Lehrmeister.**
Deutsches Sprichwort

Wer sein eigener **Lehrmeister** sein will, hat einen Narren zum Schüler.
Deutsches Sprichwort

Not **lehrt** beten.
Deutsches Sprichwort

Wir pflegen die großen **Leichen,** statt sie zu Grabe zu tragen.
Lothar Späth

Anfangen ist **leicht,** beharren ist Kunst.
Deutsches Sprichwort

Tadeln ist **leicht**, können ist schwer.
Deutsches Sprichwort

Leichtsinn und Torheit sind Nachbarn.
Deutsches Sprichwort

Der **Leichtsinn** ist ein Schwimmgürtel für den Strom des Lebens.
Ludwig Börne

Klag niemand dein **Leid**, so wird es nicht breit.
Deutsches Sprichwort

Zwischen Freud und **Leid** ist die Brücke nicht breit.
Deutsches Sprichwort

Das **Leiden** ist, von der einen Seite betrachtet, ein Unglück und, von der anderen betrachtet, eine Schule.
Samuel Smiles

Nur, wer die Sehnsucht kennt, weiß, was ich **leide**.
Goethe

Alles Leben ist **Leiden**.
Arthur Schopenhauer

Besser Unrecht **leiden** als Unrecht tun.
Deutsches Sprichwort

Die **Leidenschaft** flieht, die Liebe muß bleiben. Die Blume verblüht, die Frucht muß treiben.
Schiller

Eifersucht ist eine **Leidenschaft**, die mit Eifer sucht, was Leiden schafft.
Friedrich Schleiermacher

Man heilt **Leidenschaften** nicht durch den Verstand, sondern nur durch andere Leidenschaften.
Ludwig Börne

Die **Leidenschaften** machen die besten Beobachtungen und die elendsten Schlüsse.
Georg Christoph Lichtenberg

Wer mit **Leidenschaft** an etwas herangeht, ist unbesiegbar.
Rainhard Fendrich

Leih' jedermann dein Ohr, aber wenigen deine Stimme.
Shakespeare

Wer sich **leiten** läßt, geht nicht irre.
Deutsches Sprichwort

Wer die **Leiter** hält, ist so schuldig wie der Dieb.
Deutsches Sprichwort

Lerne schweigen, so kannst du am besten reden.
Deutsches Sprichwort

Lerne was, so kannst du was.
Deutsches Sprichwort

Nichts können ist keine Schande, aber nichts **lernen.**
Deutsches Sprichwort

Wer zu viel **lernen** will, der lernt nichts.
Deutsches Sprichwort

Zum **Lernen** ist niemand zu alt.
Deutsches Sprichwort

Beim Lehren **lernt** man.
Seneca

Der Mensch **lernt** solange er lebt und stirbt doch unwissend.
Serbisches Sprichwort

Man muß viel **gelernt** haben, um über das, was man nicht weiß, fragen zu können.
Jean Jaques Rousseau

Von einem Menschen, der so ist wie ich, kann ich nichts **lernen.**
Elie Wiesel

Lernen ist wie das Rudern gegen den Strom; sobald man aufhört, treibt man zurück.
Chinesische Wahrheit

Was man jung **lernt**, das bleibt.
Deutsches Sprichwort

Lesen heißt, mit einem fremden Kopf statt dem eigenen zu denken.
Arthur Schopenhauer

Man **lese** nicht viel und nur das Beste langsam und befrage sich alle Schritte, warum glaube ich dieses?
Georg Christoph Lichtenberg

Wer **lesen** kann, der ist niemals einsam.
Walter Jens

Die **Leser** von heute sind sehr bequem. Man muss den Tiefsinn an der Oberfläche ausbreiten, damit sie ihn finden.
Halldór Laxness

Ich war mir seit dem Kriegsende darüber klar, dass der deutsche **Leser** eines auf keinen Fall wollte – nachdenken. Und darauf habe ich meine Zeitung eingestellt.
Axel Caesar Springer

Vor bösem **Leumund** ist niemand sicher.
Deutsches Sprichwort

Am Markt lernt man die **Leute** kennen.
Deutsches Sprichwort

Andere **Leute** kochen auch mit Wasser.
Deutsches Sprichwort

Armer **Leute** Gäste gehen früh nach Hause.
Deutsches Sprichwort

Aus Kindern werden **Leute.**
Deutsches Sprichwort

Der Tod macht stille **Leute.**
Deutsches Sprichwort

Der Wein macht lose **Leute.**
Deutsches Sprichwort

Fische fängt man mit Angeln, **Leute** mit Worten.
Deutsches Sprichwort

Hinter den Bergen wohnen auch **Leute.**
Deutsches Sprichwort

Kleider machen **Leute.**
Deutsches Sprichwort

Man muss immer wieder mit **Leuten** rechnen, auf die man nicht zählen kann.
Hanns-Hermann Kersten

Man soll die Ämter mit **Leuten**, nicht die Leute mit Ämtern versehen.
Deutsches Sprichwort

Stillen Wassern und schweigenden **Leuten** ist nicht zu trauen.
Deutsches Sprichwort

Umgang mit **Leuten** macht klug.
Deutsches Sprichwort

Ein **Liberaler** ist jeder, dessen Ansichten mit deinen eigenen übereinstimmen.
Russel Baker

Der **Liberale** ist ein Anbeter der Macht ohne Macht.
George Orwell

Es ist nichts so fein gesponnen, es kommt doch an das **Licht** der Sonnen.
Deutsches Sprichwort

Unbedacht hat manches schon ans **Licht** gebracht.
Deutsches Sprichwort

Wo viel **Licht** ist, ist starker Schatten.
Goethe, Götz von Berlichingen

Es ist besser, ein kleines **Licht** anzuzünden, als über die Dunkelheit zu fluchen.
Konfuzius

Lieb Kind hat viele Namen.
Deutsches Sprichwort

Liebe deinen Nachbarn, aber reiß den Zaun nicht ein!
Deutsches Sprichwort

Liebe geht durch den Magen.
Deutsches Sprichwort

Liebe hat viele Gesichter.
Napoleon I.

Liebe macht blind.
Plato

Alte **Liebe** rostet nicht.
Deutsches Sprichwort

Alter schützt vor **Liebe** nicht, aber Liebe schützt bis zu einem gewissen Grad vor Alter.
Jeanne Moreau

Die **Liebe** beginnt mit den Augen.
Russisches Sprichwort

Liebe ist kein Solo. Liebe ist ein Duett. Schwindet sie beim einen, verstummt das Lied.
Adalbert von Chamisso

Das Ende einer **Liebe** erhöht die Sehschärfe.
Arthur Schnitzler

Liebe besteht nicht darin, in den anderen hineinzustarren, sondern darin, gemeinsam nach vorn zu blicken.
Antoine de Saint-Exupéry

In der **Liebe** sprechen Hände und Augen meist lauter als der Mund.
Ricarda Huch

Der **Liebe** und dem Feuer muss man beizeiten wehren.
Deutsches Sprichwort

Der **Liebe** Wunden kann nur heilen, wer sie schlug.
Deutsches Sprichwort

Die Leidenschaft flieht, die **Liebe** muß bleiben. Die Blume verblüht, die Frucht muß treiben.
Schiller, Das Lied von der Glocke

Die **Liebe** ist der Liebe Preis.
Schiller

Die **Liebe** ist der Punkt, wo sich auch die Egoisten dann und wann vergessen.
Johann Nestroy

Die **Liebe** ist nicht blind, aber sie sieht nichts.
Deutsches Sprichwort

Lust und **Liebe** sind die Fittiche zu großen Taten.
Goethe

Lust und **Liebe** zu einem Ding, macht die schwerste Arbeit gering.
Deutsches Sprichwort

Ohne Wein und Brot ist die **Liebe** tot.
Deutsches Sprichwort

Trennung ist der **Liebe** Tod.
Deutsches Sprichwort

Verletzte Eitelkeit tötet die **Liebe.**
André Maurois

Wer Tränen ernten will, muß **Liebe** säen.
Schiller, Wilhelm Tell

Ein Kind ist eine sichtbar gewordene **Liebe.**
Novalis

Liebe und Klugheit sind nicht füreinander gemacht: Wächst die Liebe, so schwindet die Klugheit.
La Rochefoucauld

In der **Liebe** ist es wie in der Musik: Am schönsten ist ein „Allegro ma non troppo".
Margot Hielscher

Es ist mit der **Liebe** wie mit Pflanzen: Wer Liebe ernten will, muß Liebe säen.
Jeremias Gotthelf

Im Traum und in der **Liebe** erscheint alles möglich.
Aus Ungarn

Liebe ist das einzige, was wächst, wenn wir es verschwenden.
Ricarda Huch

Die **Liebe** und das Mitgefühl sind die Grundlage für den Weltfrieden – auf allen Ebenen.
Dalai-Lama

Liebe ist wie ein Glas, das zerbricht, wenn man es zu unsicher oder zu fest anfaßt.
Russisches Sprichwort

Lieben und singen läßt sich nicht zwingen.
Deutsches Sprichwort

Man sei erst **liebenswert**, wenn man geliebt sein will.
Goethe

Lieber ein Ende mit Schrecken als ein Schrecken ohne Ende!
Ferdinand von Schill

Lieber spät als niemals.
Livius

Zwist unter **Liebesleuten** hat nicht viel zu bedeuten.
Deutsches Sprichwort

Was sich **liebt**, das neckt sich.
Deutsches Sprichwort

Wer seinen Hund **liebt**, muss nicht auch seine Flöhe lieben.
Heiner Geißler

Wer **liebt**, zweifelt an nichts oder an allem.
Honoré de Balzac

Ein garstig **Lied**! Pfui! Ein politisch Lied!
Goethe, Faust I

Fallen ist keine Schande, aber **liegen** bleiben.
Deutsches Sprichwort

Wie man sich bettet, so **liegt** man.
Deutsches Sprichwort

In der **Literatur** von heute sind nur die Männer die Bösewichte.
Margaret Atwood

Ein Roman ist **Literatur,** Literatur ist Kunst, und Kunst ist Freiheit.
Harry Mulisch

Wer keine Neigung zur Traurigkeit hat, der ist für die **Literatur** verloren.
Peter Bichsel

Die **Literaturkritik** ist eine Hilfsdisziplin.
Marcel Reich-Ranicki

Das **Lob** von tausend Narren wiegt nicht den Tadel eines einzigen klugen Mannes auf.
Deutsches Sprichwort

Die einen werden durch großes **Lob** schamhaft, die andern frech.
Friedrich Nietzsche

Sage mir, wer dich **lobt,** und ich sage dir, worin deine Fehler bestehen.
Wladimir Iljitsch Lenin

Gegen Angriffe kann man sich wehren. Gegen **Lob** ist man allerdings machtlos.
Sigmund Freud

Man soll den Tag nicht vor dem Abend **loben.**
Schiller

Böses Gewerbe bringt bösen **Lohn.**
Deutsches Sprichwort

Undank ist der Welt **Lohn.**
Deutsches Sprichwort

Wie die Arbeit, so der **Lohn.**
Deutsches Sprichwort

Jede fragmentarische **Lösung** ist keine.
Lech Walesa

Manchmal führt ein Rechenfehler zur richtigen **Lösung.**
Stanislaw Lec

Auch der **Löwe** muss sich vor der Mücke wehren.
Deutsches Sprichwort

Gut gebrüllt, **Löwe!**
Shakespeare, Ein Sommernachtstraum

Den toten **Löwen** kann jeder Hase an der Mähne zupfen.
Deutsches Sprichwort

Von **Luft** kann man nicht leben.
Deutsches Sprichwort

Luftschlösser lassen sich leicht aufbauen, aber schwer niederreißen.
Deutsches Sprichwort

Besser ein bisschen **Luftzug** als geschlossene Türen.
Warren Christopher

Lüge nie, denn du kannst ja doch nie behalten, was du alles gesagt hast.
Konrad Adenauer

Die **Lüge** ist immer interessanter als die Wahrheit.
Federico Fellini

Die **Lüge** ist der Schild des Feigen.
Deutsches Sprichwort

Eine **Lüge** schleppt zehn andere nach sich.
Deutsches Sprichwort

Sag eine **Lüge,** so hörst du die Wahrheit!
Deutsches Sprichwort

Lügen haben kurze Beine.
Deutsches Sprichwort

Die Sterne **lügen** nicht.
Schiller

Ein **Lügner** muss ein gutes Gedächtnis haben.
Deutsches Sprichwort

Das Herz **lügt** nicht.
Deutsches Sprichwort

Im Deutschen **lügt** man, wenn man höflich ist.
Goethe

Je erfolgreicher einer **lügt** und je mehr Menschen er überzeugt, desto mehr Aussicht besteht, daß er am Ende an seinen eigenen Lügen glaubt.
Hannah Arendt

Wer einmal **lügt**, dem glaubt man nicht, und wenn er auch die Wahrheit spricht.
Deutsches Sprichwort

Wozu der Mensch **Lust** hat, dazu hat er auch Andacht.
Deutsches Sprichwort

Lustig gelebt und selig gestorben, heißt dem Teufel die Rechnung verdorben.
Deutsches Sprichwort

Die Freiheit ist ein **Luxus**, den sich nicht jedermann gestatten kann.
Otto von Bismarck

Das ist eine Philosophie des **Luxus:** Kostet etwas genug, läßt es sich gut verkaufen.
Zino Davidoff

M

Mach es wie die Sonnenuhr:
Zähl die heitren Stunden nur.
Deutsches Sprichwort

Machst du dich zu Honig, so fressen dich die Fliegen.
Spanisches Sprichwort

Kommt die **Macht**, so fällt das Recht in Acht.
Deutsches Sprichwort

Not **macht** erfinderisch.
Deutsches Sprichwort

Kein Abschied auf der Welt fällt schwerer als der Abschied von der **Macht.**
Charles Maurice de Talleyrand

Mit der **Macht** kann man nicht flirten. Man muß sie heiraten.
André Malraux

Macht korrumpiert nicht. Furcht korrumpiert, vielleicht korrumpiert die Furcht vor dem Machtverlust.
John Steinbeck

Das ist das Wichtigste, das ist aber auch das Schwierigste auf der Welt: **Macht** zu haben ohne Gewaltanwednung.
Astrid Lindgren

Macht, die sich nur auf Gewehrläufe stützt, ist nicht von Dauer.
Dalai-Lama

Ich habe noch nie von einem Menschen gehört, der die **Macht** attackiert hat, ohne sie für sich zu wollen.
Elias Canetti

Wissen ist **Macht.**
Francis Bacon

Gesetz ist **mächtig**, mächtiger ist die Not.
Goethe

Verbunden werden auch die Schwachen **mächtig.**
Schiller

Wenn sich die **Mägde** zanken, so kommt die Wahrheit heraus.
Deutsches Sprichwort

Alle Revolutionen kommen aus dem **Magen.**
Napoleon I.

Einem hungrigen **Magen** ist schwer zu predigen.
Deutsches Sprichwort

Liebe geht durch den **Magen.**
Deutsches Sprichwort

Mein **Magen** hat wenig Sinn für Unsterblichkeit.
Heinrich Heine

Magengeschwüre bekommt man nicht von dem, was man isst; man bekommt sie von dem, wovon man aufgefressen wird.
Mary Mortley Montagu

Und sie erhoben die Hände zum lecker bereiteten **Mahle.**
Homer

Wer zuerst kommt, **mahlt** zuerst.
Sachsenspiegel

Den toten Löwen kann jeder Hase an der **Mähne** zupfen.
Deutsches Sprichwort

Scharfe **Mahner** machen gute Zahler.
Deutsches Sprichwort

Des Lebens **Mai** blüht einmal und nicht wieder.
Schiller

Die Dichtkunst ist eine redende Malerei, die **Malerei** aber eine stumme Dichtkunst.
Plutarch

Der ist nicht universal, welcher nicht alle Dinge, die zur **Malerei** gehören, auf gleiche Weise liebt.
Leonardo da Vinci

Man braucht viele Worte, um ein Wort zurückzunehmen.
Deutsches Sprichwort

Man darf nicht alles wissen.
Horaz

Man darf nur anderen die Wahrheit sagen, wenn man sie selber ertragen kann.
Deutsches Sprichwort

Man entgeht wohl der Strafe, aber nicht dem Gewissen.
Deutsches Sprichwort

Man glaubt gern, was man wünscht!
Cäsar

Man kann die Wahrheit drücken, aber nicht erdrücken.
Deutsches Sprichwort

Man kann es nicht allen Leuten recht machen.
La Fontaine

Man lebt nur einmal in der Welt.
Goethe

Man lernt nie aus.
Deutsche Redensart

Man muss bisweilen fünf gerade sein lassen.
Deutsches Sprichwort

Man muss das Eisen schmieden, solange es heiß ist.
Deutsche Redensart

Man muß denken wie die wenigsten und reden wie die meisten.
Arthur Schopenhauer

Man muss die Feste feiern wie sie fallen.
Deutsches Sprichwort

Man muss die Menschen nehmen wie sie sind.
Deutsche Redensart

Man muss sich strecken nach den Decken.
Deutsches Sprichwort

Man soll das eine tun und das andere nicht lassen.
Deutsches Sprichwort

Man soll den Tag nicht vor dem Abend loben.
Schiller

Man soll die Ämter mit Leuten, nicht die Leute mit Ämtern versehen.
Deutsches Sprichwort

Man soll junge Menschen biegen, aber nicht brechen.
Deutsches Sprichwort

Man verliert die meiste Zeit damit, dass man Zeit gewinnen will.
John Steinbeck

Man wird alt wie eine Kuh und lernt immer noch was dazu.
Deutsches Sprichwort

Die Bilanz ist das Jahreszeugnis des **Managers.**
Helmut Nahr

Die **Managerkrankheit** ist eine Epidemie, die durch den Uhrzeiger hervorgerufen und durch den Terminkalender übertragen wird.
John Steinbeck

Management ist kein geordnetes Spiel, in dem die Spieler, wenn sie nur rational genug vorgehen, bestimmte Ziele erreichen.
Ervin Laszlo

Mancher will fliegen, ehe er Federn hat.
Deutsches Sprichwort

Unbedacht hat **manches** schon ans Licht gebracht.
Deutsches Sprichwort

Auf Erden lebt kein Menschenkind, an dem man keinen **Mangel** find't.
Deutsches Sprichwort

Ach, sie haben einen guten **Mann** begraben, und mir war er mehr!
Claudius, Bei dem Grabe meines Vaters

An Rat gebrach es nie dem **Mann**, der vor- und rückwärts schauen kann.
Deutsches Sprichwort

Den schlechten **Mann** muß man verachten, der nie bedacht, was er vollbringt.
Schiller

Der **Mann**, der das Wenn und das Aber erdacht, hat sicher aus Häckerling Gold schon gemacht.
Gottfried August Bürger, Der Kaiser und der Abt

Ein Don Juan ist ein **Mann**, der Frauen beim Fallen behilflich ist.
Jeanne Moreau

Männer helfen einer Frau lieber in den Mantel als in eine interessante Stellung.
Carmen Thomas

Der ideale **Mann** ist der Mann, von dem alle Frauen träumen und den keine kennt.
Anna Magnani

Ob jemand biologisch **Mann** oder Frau ist, darf nicht den Rest seines Lebens definieren.
Alice Schwarzer

Wenn ein **Mann** eine Frau nicht mehr riechen kann, hilft auch das beste Parfüm nichts mehr.
Helen Vita

Man kann einem **Mann** nichts abgewöhnen; aber man kann ihm angewöhnen, dass er sich etwas abgewöhnt.
Cathérine Deneuve

Männer haben mehr Phantasie! Eine Frau wäre niemals zum Mond geflogen. Das ist reine Männersache.
Victor von Bülow

Natürlich muss man die **Männer** nehmen, wie sie sind. Aber man darf sie nicht so sein lassen.
Zsa-Zsa Gabór

Wenn der **Mann** seine Weiblichkeit nicht entwickeln darf, dann wird er zum Vierkantschlüssel.
Marianne Sägebrecht

Der stärkste **Mann** der Welt ist's, der ganz allein steht.
Henrik Ibsen

Der Tod ist ein stiller **Mann**, aber er bezwingt jeden.
Deutsches Sprichwort

Doch der den Augenblick ergreift, das ist der rechte **Mann.**
Goethe

Ein **Mann** soll immer mehr wollen als er leisten kann.
Deutsches Sprichwort

Er war ein **Mann**, nehmt alles nur in allem, ich werde nimmer seinesgleichen sehen.
Shakespeare

Hüte dich vor einem **Mann**, der im Zorn lächeln kann!
Deutsches Sprichwort

Nichts ist so elend als der **Mann**, der alles will und der nichts kann.
Matthias Claudius

Wer sich selbst beherrscht, der ist ein weiser **Mann.**
Euripides

Willst du wissen, wer der **Mann,** so sieh nur seine Gesellschaft an!
Deutsches Sprichwort

Im echten **Manne** ist ein Kind versteckt.
Friedrich Nietzsche

Am **Markt** lernt man die Leute kennen.
Deutsches Sprichwort

Maß ist zu allen Dingen gut.
Deutsches Sprichwort

Maß und Ziel im Ernst, im Spiel.
Deutsches Sprichwort

Das **Maß** aller Dinge ist der Mensch.
Protagoras

Halte **Maß** und bedenke das Ende!
Wahlspruch Kaiser Maximilians I.

Man hat kein **Maß** mehr, für nichts, weil das Menschenleben nicht mehr das Maß ist.
Elias Canetti

Mäßigkeit führt das Leben weit.
Deutsches Sprichwort

Fröhlichkeit und **Mäßigkeit** sind die zwei besten Ärzte.
Deutsches Sprichwort

Maske: Der einzige Teil des Gesichts, den sich der Mensch selber aussucht.
Gabriel Laub

Was einmal die dumpfe **Masse** war, ist heute die dumpfe aufgeklärte Masse.
Botho Strauß

Ein **Materialist** ist ein Calvinist ohne Gott.
Eduard Bernstein

Der Geist bewegt die **Materie.**
Vergil

Man möge nachweisen, daß das gewisse Etwas namens **Materie** genauso gut denken kann wie das gewisse Etwas namens Esprit.
Voltaire

Zu satt macht **matt.**
Deutsches Sprichwort

Einem geschenkten Gaul sieht man nicht ins **Maul.**
Deutsches Sprichwort

Wer ein großes **Maul** hat, muss einen breiten Rücken haben.
Deutsches Sprichwort

Den Schuldigen schreckt eine **Maus.**
Deutsches Sprichwort

In eine leere Scheune kommt keine **Maus.**
Deutsches Sprichwort

Wenn die **Maus** satt ist, ist das Mehl bitter.
Deutsches Sprichwort

Kleine **Mäuse** haben auch Schwänze.
Deutsches Sprichwort

Mit Speck fängt man **Mäuse.**
Deutsches Sprichwort

Wenn die Katze fort ist, tanzen die **Mäuse.**
Deutsches Sprichwort

Die Wahrheit kriecht in keine **Mauselöcher.**
Deutsches Sprichwort

Die Katze läßt das **Mausen** nicht.
Deutsches Sprichwort

Maximen beim Handeln sind notwendig, um der Schwäche des Augenblicks Widerstand leisten zu können.
Arthur Schopenhauer

Wenige **Maximen** sind wahr in jeder Hinsicht.
Luc de Vauvenargues

Medien dürfen alles und müssen nichts.
Martin Walser

Die **Medien** sind wie moderne Pranger.
Oskar Lafontaine

Der Mensch ist die **Medizin** des Menschen.
Afrikanisches Sprichwort

Alle Flüsse laufen ins **Meer.**
Deutsches Sprichwort

Im Becher ersaufen mehr als im **Meer.**
Deutsches Sprichwort

Weniger wäre **mehr.**
Lessing

Das **Mehrheitsprinzip** ersetzt den Bürgerkrieg durch friedliche Mittel.
Walter Lippmann

Man muß scharf unterscheiden zwischen der arithmetischen und der politischen **Mehrheit** im Staat.
Antoine de Rivarol

Meiden bringt leiden.
Deutsches Sprichwort

Mein und Dein bringt alles Unglück herein.
Deutsches Sprichwort

Gut **Meinen** bringt oft Weinen.
Deutsches Sprichwort

Die **Meinung** von heute ist nicht immer die Meinung von gestern.
Deutsches Sprichwort

Es **meint** mancher, er sei ein Adler, und ist doch nur ein Pfau.
Deutsches Sprichwort

Es gibt Menschen, die sich immer angegriffen fühlen, wenn jemand eine **Meinung** ausspricht.
Christian Morgenstern

Manche können nur fremde **Meinungen**, nicht ihr eigenen berichtigen.
Jean Paul

Die öffentliche **Meinung** entsteht nicht von selbst, sie wird gemacht.
Henry Kissinger

Wenn zwei Menschen immer die gleiche **Meinung** haben, taugen beide nichts.
Konrad Adenauer

Wenn die Leute keinen anderen Tyrannen haben, so wird es die öffentliche **Meinung.**
Edward Bulwer-Lytton

Unsere **Meinungen**: die Haut, in der wir gesehen werden wollen.
Friedrich Nietzsche

Man muß nicht jede sachliche **Meinungsverschiedenheit** für alle hörbar austragen.
Matthias Wissmann

Wer das wenigste weiß, hat oft das **meiste** zu sagen.
Deutsches Sprichwort

Jeder liebt sich selber nur am **meisten.**
Lessing

Das Werk lobt den **Meister.**
Deutsches Sprichwort

Wer nicht **Meister** sein will, muß eben Gesell bleiben und Vorgesetzte haben sein Leben lang.
Gottfried Keller

Ein Anfänger ist kein **Meister.**
Deutsches Sprichwort

Es ist noch kein **Meister** vom Himmel gefallen.
Deutsches Sprichwort

Ein schlechtes Handwerk, das seinen **Meister** nicht ernährt.
Deutsches Sprichwort

Früh übt sich, was ein **Meister** werden will.
Schiller

In der Beschränkung zeigt sich erst der **Meister.**
Goethe

Jeder Geselle will lieber **Meister** sein.
Deutsches Sprichwort

Übung macht den **Meister.**
Deutsches Sprichwort

Mancher zum **Meister** sich erklärt, dem nie das Handwerk ward gelehrt.
Sebastian Brant

Melancholie ist das Vergnügen, traurig zu sein.
Victor Hugo

Unnütze Hände **melken** den Ochsen.
Deutsches Sprichwort

Das Maß aller Dinge ist der **Mensch.**
Protagoras

Der **Mensch** denkt, aber Gott lenkt.
Deutsches Sprichwort

Der **Mensch** ist ein Abgrund: Es schwindelt einen, wenn man hinabsieht.
Georg Büchner

Ein Gott ist der **Mensch** –
wenn er träumt, ein Bettler –
wenn er nachdenkt!
Friedrich Hölderlin

Was nicht im **Menschen** ist,
kommt auch nicht von außen
in ihn hinein.
Alexander von Humboldt

Wer die **Menschen**
kennenlernen will, der studiere
ihre Entschuldigungsgründe.
Friedrich Hebbel

Als denkender **Mensch**
beantwortet man nicht
dieselbe Frage ein ganzes
Leben lang gleich.
Richard von Weizsäcker

Jeder **Mensch** hat etwas Gutes
an sich. Deshalb bin ich von
keinem enttäuscht. Ich nehme
ihn so, wie er ist.
Gustav Knuth

Der **Mensch** ist das Produkt
seiner Interessen.
Günther Weisenborn

Der **Mensch** ist das Modell der
Welt.
Leonardo da Vinci

Jeder **Mensch** ist ein Mond
und hat eine dunkle Seite, die
er niemandem zeigt.
Mark Twain

Der **Mensch** ist der Spiegel des
Menschen.
Türkisches Sprichwort

Der **Mensch** ist nur dort
Mensch, wo er spielt.
Schiller

Der **Mensch** ist anderen und
sich selbst gegenüber das wert,
was er für seine Mitmenschen
ist.
Werner von Siemens

Der **Mensch** ist frei geboren
und liegt doch überall in
Ketten.
Jean Jacques Rousseau

Der **Mensch** ist frei geschaffen, ist frei, und würd' er in Ketten geboren!
Schiller

Der **Mensch** ist, was er ißt.
Ludwig Feuerbach

Der **Mensch** ist, was er denkt.
Friedrich Hebbel

Der **Mensch** ist wie sein Umgang.
Euripides

Der **Mensch** versuche die Götter nicht.
Schiller

Edel sei der **Mensch**, hilfreich und gut!
Goethe

Ein edler **Mensch** zieht edle Menschen an.
Goethe

Ein guter **Mensch** in seinem dunklen Drange ist sich des rechten Weges wohl bewußt.
Goethe

Es ist nicht gut, daß der **Mensch** allein sei.
1. Mose 2,18

Es wächst der **Mensch** mit seinen größern Zwecken.
Schiller

Ich bin ein **Mensch.** Nichts Menschliches ist mir fremd.
Terenz

Kein **Mensch** ist unersetzbar.
Wilhelm von Humboldt

Sterben und Steuer zahlen muss der **Mensch** überall.
Deutsches Sprichwort

Vieles wünscht sich der **Mensch**, und doch bedarf er nur wenig.
Goethe, Hermann und Dorothea

Allen **Menschen** recht getan, ist eine Kunst, die niemand kann.
Deutsches Sprichwort

Aller **Menschen** Freund ist nicht mein Freund.
Molière

Auf die bösen **Menschen** ist Verlaß, sie ändern sich wenigstens nicht.
William Faulkner

Das ist die beste Wissenschaft, die gute **Menschen** schafft.
Deutsches Sprichwort

Das menschlichste Geschäft ist, **Menschen** zu erziehen.
Friedrich Rückert

Die **Menschen** glauben im allgemeinen gern, was sie wünschen.
Julius Cäsar

Die Sprache ist dem **Menschen** gegeben, um seine Gedanken zu verbergen.
Talleyrand

Die Wiege ist dem **Menschen** das ruhigste Bett.
Deutsches Sprichwort

Mancher braucht einen neuen **Menschen** und kauft einen neuen Rock.
Deutsches Sprichwort

Tüchtigkeit, nicht Geburt, unterscheid't die **Menschen.**
Voltaire

Es fürchten die Götter das **Menschengeschlecht.**
Goethe, Iphigenie

Auf Erden lebt kein **Menschenkind**, an dem man keinen Mangel find't.
Deutsches Sprichwort

Der Tod frisst alle **Menschenkind'**, fragt nicht, wes Stands sie sind.
Deutsches Sprichwort

Das **Menschenleben** hängt an einem Zwirnsfaden.
Deutsches Sprichwort

Irren ist **menschlich.**
Hieronymus

Ich bin ein Mensch. Nichts **Menschliches** ist mir fremd.
Terenz

Das **Menschlichste**, was wir haben, ist doch die Sprache.
Theodor Fontane

Allzu **Menschliches** ist in der Politik nicht immer klug.
Björn Engholm

Was ist das **Menschlichste?** – Jemandem Scham ersparen.
Friedrich Nietzsche

Zur **Menschlichkeit** gehört Selbstachtung.
Christoph Stier

Nur wenn wir an den Sorgen anderer Anteil nehmen, bleiben wir **menschlich.**
Nadja Tiller

Wer den Lüsten nicht das **Messer** an die Kehle setzt, den bringen sie um.
Deutsches Sprichwort

Weil, so schließt er **messerscharf**, nicht sein kann, was nicht sein darf.
Christian Morgenstern

Die Kühe, die am meisten brüllen, geben die wenigste **Milch.**
Deutsches Sprichwort

Was man von der **Minute** ausgeschlagen, gibt keine Ewigkeit zurück.
Schiller

Wie du **mir**, so ich dir.
Deutsches Sprichwort

Missbrauch ist keine Gewohnheit.
Deutsches Sprichwort

Mißerfolg ist die Chance, es beim nächsten Mal besser zu machen.
Henry Ford

Nicht immer sind am **Misserfolg** die Künstler schuld. Manchmal ist es auch das Publikum, das durchfällt.
Leonie Rysanek

Kleinvieh macht auch **Mist.**
Deutsches Sprichwort

Die Welt ist voll von **Misstrauen,** das auf gegenseitiger Kenntnis beruht.
Normann Mailer

Mißtrauen ist eine schlechte Rüstung, die mehr hindern als schirmen kann.
Lord Byron

Mit der Dummheit kämpfen Götter selbst vergebens.
Schiller

Mit feiner Seide näht man keinen groben Sack.
Deutsches Sprichwort

Mit Frauen soll man sich nie unterstehn zu scherzen.
Goethe

Mit Gold ist jede Festung zu erobern.
Deutsches Sprichwort

Mit großen Herren ist schlecht Kirschen essen.
Deutsches Sprichwort

Mit Speck fängt man Mäuse.
Deutsches Sprichwort

Mit Zank und Streit kommt man nicht weit.
Deutsches Sprichwort

Um ein tadelloses **Mitglied** einer Schafherde sein zu können, muß man vor allem ein Schaf sein.
Albert Einstein

Mitleid kriegt man umsonst, Neid muß man sich hart erarbeiten.
Robert Lembke

Besser Neider als **Mitleider.**
Deutsches Sprichwort

Zwischen zwölf und **Mittag** kann viel geschehen.
Deutsches Sprichwort

In der **Mitte** geht man am sichersten.
Ovid

Mitte ist nur Mitte, wenn sie Ränder hat.
Jürgen Flimm

Der Zweck heiligt die **Mittel.**
Hermann Jasembaum

Ein sichere **Mittel**, die Leute aufzubringen und ihnen böse Gedanken in den Kopf zu setzen, ist, sie lange warten zu lassen.
Friedrich Nietzsche

Wer stets mit Lob geizt, zeigt damit seine eigene **Mittelmäßigkeit.**
Luc de Vauvenargues

Mittelmäßigkeit ist die glücklichste Maske, die der überlegene Geist tragen kann.
Friedrich Nietzsche

Nicht **mitzuhassen,** mitzulieben bin ich da.
Sophokles

Mode ist, was man selber trägt. Was unmodern ist, tragen die andern.
Oscar Wilde

Mode ist die Nachahmung derer, die sich unterscheiden wollen von denen, die sich nicht unterscheiden.
Karl Lagerfeld

Endlich kommt das in **Mode**, was mir das liebste wäre: Dass man sich ins Gesicht guckt anstatt aufs Revers.
Wolfgang Joop

Sobald eine **Mode** allgemein geworden ist, hat sie sich überlebt.
Marie von Ebner-Eschenbach

Politik ist die Kunst des **Möglichen.**
Otto von Bismarck

Hast du nach innen das **Mögliche** getan, gestaltet sich das Äußere von selbst.
Goethe

Die Kutte macht nicht den **Mönch.**
Deutsches Sprichwort

Ein **Mönch** ist nirgends besser aufgehoben als im Kloster.
Deutsches Sprichwort

Moral ohne Macht ist hilflos.
Norbert Blüm

Die **Moral** verlangt, daß man seine Pflicht tue aus Pflichtgefühl, das Recht läßt auch andere Triebfedern zu.
Gustav Radbruch

Unmoral ist die **Moral** derer, die sich amüsieren.
Henry Louis Mencken

Natürlich hat es schon perfekte **Morde** gegeben – sonst wüßte man ja etwas von ihnen.
Alfred Hitchcock

Morgen können wir's nicht mehr, darum laßt uns heute leben!
Schiller

Auf jeden Abend folgt ein **Morgen.**
Türkisches Sprichwort

Der Pflug am **Morgen** macht die besten Furchen.
Deutsches Sprichwort

Frage nicht, was **morgen** ist!
Horaz

Kommst du heut nicht,
kommst du **morgen**!
Deutsches Sprichwort

Was du heute kannst besorgen, das verschiebe nicht auf **morgen**!
Deutsches Sprichwort

Morgenstund hat Gold im Mund.
Deutsches Sprichwort

Nichts macht so **müde,** wie nichts tun.
Deutsches Sprichwort

Der eine hat die **Mühe,** der andere die Brühe.
Deutsches Sprichwort

Des Lebens **Mühe** lehrt uns allein des Lebens Güter schätzen.
Goethe, Torquato Tasso

Ohne **Mühe** keine Brühe.
Englisches Sprichwort

Gottes **Mühlen** mahlen langsam, mahlen aber trefflich klein.
Friedrich von Logau

Durch zweier Zeugen **Mund,** wird allerwegs die Wahrheit kund.
Goethe

Ein verschlossener **Mund** und offene Augen haben noch niemandem geschadet.
Deutsches Sprichwort

Gesegnet seien jene, die nichts zu sagen haben und den **Mund** halten.
Oscar Wilde

Morgenstund hat Gold im **Mund.**
Deutsches Sprichwort

Wes das Herz voll ist, des gehet der **Mund** über.
Matthäus 12,34

Oft kommt ein nützlich Wort aus schlechtem **Munde.**
Schiller

Musik wird oft nicht schön gefunden, weil sie stets mit Geräusch verbunden.
Wilhelm Busch

Ich verstehe nichts von **Musik.** In meinem Fach ist das nicht nötig.
Elvis Presley

Die **Musik** drückt das aus, was nicht gesagt werden kann und worüber es unmöglich ist, zu schweigen.
Victor Hugo

Die **Musik** spricht für sich allein. Vorausgesetzt, wir geben ihr eine Chance.
Yehudi Menuhin

Die **Musik** ist die Sprache der Engel.
Thomas Carlyle

Über **Musik** kann man am besten mit Bankdirektoren reden. Künstler reden ja nur über Geld.
Jean Sibelius

Musik kann man nicht mißbrauchen, höchstens das Publikum.
Franz Hummel

Musik ist eine Reflexion der Zeit, in der sie entsteht.
Diana Ross

Der Ton macht die **Musik.**
Französisches Sprichwort

Müßiggang ist aller Laster Anfang.
Deutsches Sprichwort

Müßiggang ist der Tugend Untergang.
Deutsches Sprichwort

Arbeit, **Müßigkeit** und Ruh schließt dem Arzt die Türe zu.
Deutsches Sprichwort

Der **Mut** wächst mit jedem Blick auf die Größe des Unternehmens.
Seneca

Mut ist nichts anderes als die Angst, die man nicht zeigt.
Sergio Leone

Wer **Mut** hat, macht auch Mut.
Peter Gauweiler

Wo zwei Leute **Mut** zeigen, da sind auch vier bereit, etwas zu tun.
Cornelia Schmalz-Jacobsen

Dem **Mutigen** hilft Gott.
Schiller, Wilhelm Tell

Die beste Amme ersetzt keine **Mutter.**
Deutsches Sprichwort

Not ist die **Mutter** der Erfindungen.
Deutsches Sprichwort

Vom Vater hab' ich die Statur, des Lebens ernstes Führen, vom **Mütterchen** die Frohnatur und Lust zu fabulieren.
Goethe

Vorsicht ist die **Mutter** der Weisheit.
Deutsche Redensart

Nicht der **Mütze** wegen ist dir ein Kopf gegeben.
Russisches Sprichwort

My home is my castle (englisch = Mein Haus ist meine Burg).
Sir Edward Coke

Mythos bleibt nur erhalten, wenn ich ihn permanent erneuere.
Niki Lauda

Nichts ist überlebensfähig, das aus **Mythologie** lebt und Realität ablehnt.
Andrew Morton

N

Nach dem Essen sollst du ruhn oder tausend Schritte tun.
Deutsches Sprichwort

Nach Faulheit folgt Krankheit.
Deutsches Sprichwort

Nach getaner Arbeit ist gut ruhn.
Deutsches Sprichwort

Nach uns die Sintflut!
Marquise von Pompadour

Der Klügere gibt **nach.**
Deutsches Sprichwort

Ein guter **Nachbar** ist besser als der Bruder in der Ferne.
Deutsches Sprichwort

Es kann der Frömmste nicht in Frieden bleiben, wenn es dem bösen **Nachbar** nicht gefällt.
Schiller

Leichtsinn und Torheit sind **Nachbarn.**
Deutsches Sprichwort

Liebe deinen **Nachbarn**, aber reiß den Zaun nicht ein!
Deutsches Sprichwort

Immer zwingt der Stärkere den Schwachen, über ihn **nachzudenken.**
Hans Kasper

Besser **nachgeben** als zu Schaden kommen.
Deutsches Sprichwort

Vorrede spart **Nachrede.**
Deutsches Sprichwort

Die schlechten **Nachrichten** haben Flügel.
Deutsches Sprichwort

Die schlechten **Nachrichten** werden überbewertet und die guten unterbewertet.
Helmut Schlesinger

Wo **Nachrichten** fehlen, wachsen die Gerüchte.
Alberto Moravia

Die meiste **Nachsicht** übt der, der die wenigste braucht.
Marie von Ebner-Eschenbach

Vorsicht ist besser als **Nachsicht.**
Deutsches Sprichwort

Wer dem Verbrechen **Nachsicht** übt, wird sein Komplize.
Voltaire

Es gibt keine Grenze der **Nachsicht** mit sich selbst.
Martin Walser

Die größte **Nachsicht** mit einem Menschen entspringt aus der Verzweiflung an ihm.
Marie von Ebner-Eschenbach

Nachsicht ist das Wissen, wann auf einen Vorteil zu verzichten ist.
Benjamin Disraeli

Jeder ist sich selbst der **Nächste.**
Deutsches Sprichwort

Was ich an meinem **Nächsten** tadele, das soll ich auch selber nicht tun.
Herodot

Bei **Nacht** sind alle Katzen grau.
Deutsches Sprichwort

Denk' ich an Deutschland in der **Nacht**, so bin ich um den Schlaf gebracht.
Heinrich Heine

Die **Nacht** ist niemands Freund.
Deutsches Sprichwort

Guter Rat kommt über **Nacht.**
Lessing

Was dem einen seine Eule, ist dem anderen seine **Nachtigall.**
Deutsches Sprichwort

Den **Nackten** kann man nicht ausziehen.
Deutsches Sprichwort

Ungeratene Kinder sind **Nägel** zu der Eltern Sarg.
Deutsches Sprichwort

Das Hemd ist mir **näher** als der Rock.
Deutsches Sprichwort

Ja, was man so erkennen heißt! Wer darf das Kind beim rechten **Namen** nennen?
Goethe

Gib einer Sache einen **Namen,** und sie wird geschehen.
Amos Oz

Der **Name** ist ein Stück des Seins und der Seele.
Thomas Mann

Einen **Namen** hat der Mensch seit der Geburt und Taufe, doch geschätzt wird er nach dem Namen, den er sich gemacht hat.
Lothar Schmidt

Lieb Kind hat viele **Namen.**
Deutsches Sprichwort

Die **Narbe** bleibt, auch wenn die Wunde heilt.
Deutsches Sprichwort

Der **Narben** lacht, wer Wunden nie gefühlt.
Shakespeare

Der ist nicht ganz weise, der nicht einmal ein **Narr** sein kann.
Deutsches Sprichwort

Der Weise tut das am Anfang, was der **Narr** am Ende tut.
Deutsches Sprichwort

Ein **Narr** kann mehr fragen als sieben Weise beantworten können.
Deutsches Sprichwort

Zuweilen ein **Narr** sein, ist auch eine Kunst.
Deutsches Sprichwort

Narren sagen, was die Klugen denken.
Deutsches Sprichwort

Aus klugen Kindern werden oft alte **Narren.**
Schwedisches Sprichwort

Das Lob von tausend **Narren** wiegt nicht den Tadel eines einzigen klugen Mannes auf.
Deutsches Sprichwort

In Schurken und **Narren** teilt sich die Welt.
Deutsches Sprichwort

Kinder und **Narren** reden die Wahrheit.
Deutsches Sprichwort

Wenn man den **Narren** zum Markte schickt, freut sich der Krämer.
Deutsches Sprichwort

Zuviel reden und zuviel schweigen, das ist allen **Narren** eigen.
Deutsches Sprichwort

Das Recht hat eine wächserne **Nase.**
Deutsches Sprichwort

Wer Fische fangen will, muss sich **nass** machen.
Spanisches Sprichwort

Sprichwörter sind die Spiegel der Denkart einer **Nation.**
Gottfried Herder

Nation? Ein Schlager, heute hübsch zu tanzen, morgen ein Marsch, weit zu marschieren.
Hans Kasper

Nation, das ist die Sehnsucht zusammenzusein.
Ernest Renan

Ein Mensch kann eine Weile auf dem Kopf stehen, ein **Nation** länger – aber dann muß sie umfallen.
Heinrich Mann

Jede **Nation** ist im Ausland hauptsächlich durch ihre Untugenden bekannt.
Joseph Conrad

Es soll niemand glauben, das Gespenst des **Nationalismus** in Europa sei endgültig tot oder nur noch auf dem Balkan zu Hause.
Helmut Kohl

Nationalismus ist kein kultureller Wert, sondern ein Vorurteil.
Mario Vargas Llosa

Wissenschaft und Kunst gehören der Welt an, und vor ihnen verschwinden die Schranken der **Nationalität.**
Goethe

Die **Natur** läßt sich nicht zwingen.
Christian Fürchtegott Gellert

Wo die **Natur** aufhört, fängt der Unsinn an.
Deutsches Sprichwort

Unsere gemeinsame Mutter **Natur** zeigt ihren Kindern immer deutlicher, dass ihr der Geduldsfaden gerissen ist.
Dalai-Lama

Wer die Zukunft der **Natur** liebt, muss mehr investieren können als Schuldgefühle und ängstliche Ethik.
Gerd Gerken

Was sich liebt, das **neckt** sich.
Deutsches Sprichwort

Man soll die anderen so **nehmen** wie sie sind, und sich selbst so, wie man sein könnte.
Cathérine Deneuve

Der **Neid** gönnt dem Teufel nicht die Hitze in der Hölle.
Deutsches Sprichwort

Neid ist nichts anderes als Hass gegenüber Vorzügen der anderen.
Paolo Mantegazza

Neid ist das einzige Laster, das zu jeder Zeit und an jedem Ort auftauchen kann.
Samuel Johnson

Besser **Neider** als Mitleider.
Deutsches Sprichwort

Die Neider sterben wohl, doch niemals stirbt der **Neid.**
Molière

Des Ruhmes Begleiter ist der **Neid.**
Nepos

Aus **Neigungen** werden Tugenden und Laster.
Deutsches Sprichwort

Die **Neigung** der Menschen, kleine Dinge für wichtig zu halten, hat sehr viel Gutes hervorgebracht.
Georg Christoph Lichtenberg

Ein **Nein** zur rechten Zeit erspart viel Widerwärtigkeit.
Deutsches Sprichwort

Man spricht vergebens viel, um zu versagen. Der andre hört von allem nur das **Nein.**
Goethe

So mancher meint, ein gutes Herz zu haben, und hat nur schwache **Nerven.**
Marie von Ebner-Eschenbach

Das **Neue** muss nicht immer auch das Beste sein.
Pontus Hulten

Man muß etwas **Neues** machen, um etwas Neues zu sehen.
Georg Christoph Lichtenberg

Wer wirklich **Neues** erdenken will, kann nicht verrückt genug sein.
Niels Bohr

Neue Besen kehren gut.
Deutsches Sprichwort

Neuen Freunden und altem Fass ist nicht wohl zu trauen.
Deutsches Sprichwort

Neuerung macht Teuerung.
Deutsches Sprichwort

Das Alte stürzt; es ändert sich die Zeit, und **neues** Leben blüht aus den Ruinen.
Schiller

Neugierde heißt Ohren spitzen, Augen aufmachen, Fragen stellen.
Inge Meisel

Einmal selbst sehen ist mehr wert als hundert **Neuigkeiten** hören.
Japanische Weisheit

Nicht der Mütze wegen ist dir ein Kopf gegeben.
Russisches Sprichwort

Nicht jede Kugel trifft.
Deutsches Sprichwort

Nicht mitzuhassen, mitzulieben bin ich da.
Sophokles, Antigone

Nicht für die Schule, für das Leben lernen wir.
Seneca

Groß ist die Gewalt der **Nichtigkeit**, nichts kann ihr etwas anhaben.
Stanislaw Lec

Nichts halb zu tun, ist edler Geister Arbeit.
Christoph Martin Wieland, Oberon

Nichts ist so elend als der Mann, der alles will und der nichts kann.
Matthias Claudius

Nichts ist überzeugender als der Erfolg.
Leopold von Ranke

Nichts können ist keine Schande, aber nichts lernen.
Deutsches Sprichwort

Nichts macht so müde, wie nichts tun.
Deutsches Sprichwort

Nichts Menschliches ist mir fremd.
Terenz

Ansehen kostet **nichts.**
Deutsches Sprichwort

Aus **nichts** wird nichts.
Epikur

Es gibt **nichts,** was nicht schon früher gesagt wurde.
Terenz

Etwas ist besser als **nichts.**
Deutsches Sprichwort

Wer zuviel lernen will, der lernt **nichts.**
Deutsches Sprichwort

Niederlagen sind das Stärkendste, was einem widerfahren kann.
Toni Benn

Luftschlösser lassen sich leicht aufbauen aber schwer **niederreißen.**
Deutsches Sprichwort

Lieber spät als **niemals.**
Livius

Niemand kann zwei Herren dienen.
Matthäus 6,24

Niemand soll man vor seinem Tode glücklich nennen.
Ovid

Allen Menschen recht getan, ist eine Kunst, die **niemand** kann.
Deutsches Sprichwort

Dem Tod kann **niemand** entgehen.
Cicero

Not ist die Mutter der Erfindungen.
Deutsches Sprichwort

Not kennt kein Gebot.
Deutsches Sprichwort

Not lehrt planen, und der Rest ist Hoffnung.
Hans Freyer

Not lehrt beten.
Deutsches Sprichwort

Not macht erfinderisch.
Deutsches Sprichwort

Den wahren Freund erkennt man in der **Not.**
Ennius

Der Tod ist das Ende aller **Not.**
Deutsches Sprichwort

Fleiß bringt Brot, Faulheit **Not.**
Deutsches Sprichwort

Gesetz ist mächtig, mächtiger ist die **Not.**
Goethe, Faust II, Plutus

Spare in der Zeit, so hast du in der **Not.**
Deutsches Sprichwort

Treue hat Brot und Treue leidet **Not.**
Deutsches Sprichwort

Wenn die **Not** am größten, dann ist Gottes Hilfe am nächsten.
Deutsches Sprichwort

Der Selbsthelfer ist der beste **Nothelfer.**
Deutsches Sprichwort

Die **Notwendigkeit** ist der beste Ratgeber.
Goethe

Was der **Nüchterne** denkt,
redet der Volle.
Deutsches Sprichwort

Nur der Irrtum ist das Leben,
und das Wissen ist der Tod.
Schiller

Nur, was der Augenblick
erschafft, das kann er nützen.
Goethe

Nur wer im Wohlstand lebt,
lebt angenehm.
Bertolt Brecht

Denn nur vom **Nutzen** wird
die Welt regiert.
Schiller

Nur, was der Augenblick
erschafft, das kann er **nützen.**
Goethe

Was dem einen schadet, **nützt**
dem anderen.
Deutsches Sprichwort

O

Wer zu hoch hinaus will, stößt gewöhnlich **oben** an.
Deutsches Sprichwort

Ein **Ochs,** der viel brüllt, zieht wenig.
Deutsches Sprichwort

Ein rechtschaffender **Ochse** geht mitten durch den Dreck!
Deutsches Sprichwort

Einem **Ochsen** kann man nur einmal das Fell über die Ohren ziehen.
Deutsches Sprichwort

Unnütze Hände melken den **Ochsen.**
Deutsches Sprichwort

Wer alles **offenbart** macht seinem Feind die Waffen scharf.
Mittelhochdeutsche Volksweisheit

Oft kommt ein nützlich Wort aus schlechtem Munde.
Schiller, Wallensteins Tod

Was einer **öffentlich** nicht tun mag, das soll er auch heimlich lassen.
Molière

Ohne Fleiß kein Preis.
Deutsches Sprichwort

Ohne Köder ist schlimm Fische fangen.
Deutsches Sprichwort

Ohne Mühe keine Brühe.
Englisches Sprichwort

Ohne Wein und Brot ist die Liebe tot.
Deutsches Sprichwort

Böse Zunge und böses **Ohr,** sind beide des Teufels.
Deutsches Sprichwort

Was du ins **Ohr** flüsterst, wird tausend Meilen weit gehört.
Chinesisches Sprichwort

Bei tauben **Ohren** ist jede Predigt verloren.
Deutsches Sprichwort

Die Augen glauben sich selbst, die **Ohren** anderen Leuten.
Deutsches Sprichwort

Die Wände haben **Ohren.**
Deutsches Sprichwort

Ein hungriger Bauch hat keine **Ohren.**
Deutsches Sprichwort

Ein Richter soll zwei gleiche **Ohren** haben.
Deutsches Sprichwort

Ökonomie ist die Kunst, aus seinem Leben das Beste zu machen.
Gary Becker

Die **Oper** ist ein Zirkus, und wir Tenöre sind für den Drahtseilakt zuständig.
René Kollo

Man rettet zukünftige **Opfer** auch dadurch, dass man Leute davon abbringt, zukünftige Täter zu sein.
Martin Walser

Man sollte der **Opposition** stets einen Knochen zum Nagen lassen.
Joseph Joubert

Opposition ist die Kunst, etwas zu versprechen, was die Regierung nicht halten kann.
Harold Nicolson

Optimist: ein Anhänger der Lehre, daß Schwarz gleich Weiß ist.
Ambrose Bierce

Wer scharf denkt, wird Pessimist. Wer tief denkt, wird **Optimist.**
Henri Bergson

Der **Optimist** erklärt, dass wir in der besten aller möglichen Welten leben, und der Pessimist fürchtet, dass dies wahr ist.
James Branch Cabell

Mit **Orden** werden ... Räuber geehrt, nicht die Ausgeraubten.
Franz Steinkühler

Wenn es **Orden** regnet, sieht man keine aufgespannten Regenschirme.
Jerry Lewis

Ordnung hilft Haus halten.
Deutsches Sprichwort

Ordnung ist das halbe Leben.
Deutsches Sprichwort

Jeder will **Ordnung** und Glück, trotzdem liegen sich alle in den Haaren.
Thornton Wilder

Nur wer innere **Ordnung** hat, hat innere Kraft.
Konrad Adenauer

Unordnung heißt, wo nichts am rechten Platz ist; **Ordnung** heißt, wo am rechten Platz nichts ist.
Alfred Grosser

Ordnung ist die Tochter der Überlegung.
Georg Christoph Lichtenberg

Originalität ist etwas, was man nie mit Absicht erreicht.
William Somerset Maugham

Vollkommene Aufrichtigkeit ist der Weg zur **Originalität.**
Baudelaire

Originalität ist meistens nichts anderes als ein noch nicht entdecktes Plagiat.
Voltaire

Wohltat am falschen **Ort** ist gleich einer Übeltat.
Cicero

P

Gleiche **Paare** tanzen am besten.
Deutsches Sprichwort

Pack schlägt sich, Pack verträgt sich.
Deutsches Sprichwort

Zufriedenheit wohnt mehr in Hütten als in **Palästen.**
Deutsches Sprichwort

Die Erinnerung ist das einzige **Paradies,** woraus wir nicht vertrieben werden können.
Jean Paul

Das **Paradies** habe ich mir immer als eine Art Bibliothek vorgestellt.
Jorge Luis Borges

Immer noch haben die die Welt zur Hölle gemacht, die vorgeben, sie zum **Paradies** zu machen.
Hölderlin

Das **Paradies** pflegt sich erst dann als Paradies zu erkennen zu geben, wenn wir aus ihm vertrieben sind.
Hermann Hesse

Unschuld ist die stärkste **Partei.**
Deutsches Sprichwort

Partei ergreifen ist: ein besonderes Interesse haben, eine einseitige Sache vertreten.
Georg Wilhelm Friedrich Hegel

Der Mensch ist immer **parteiisch** und tut sehr recht daran. Selbst Unparteilichkeit ist parteiisch.
Georg Christoph Lichtenberg

Jede **Partei** ist für das Volk da und nicht für sich selbst.
Konrad Adenauer

Es gibt **Parteifreunde**, die das Haus anzünden und dann meinen, der Brandschutz sei nicht genügend vorbereitet gewesen.
Otto Graf Lambsdorff

Parteinahme: Das Wirkliche nicht als der Weisheit letzten Schluss gelten lassen.
Walter Jens

Eine **Partnerschaft** braucht Auseinandersetzung und Pflege. Man kann nicht alles über Bord werfen, wenn die Dinge anders aussehen, als man erwartet hat.
Iris Berben

Eine **Partnerschaft** zwischen Mann und Frau läßt keinen Raum für Rollenklischees, die einer dem anderen aufzwängen will.
Rita Süssmuth

Der beste Arzt ist oft der schlechteste **Patient.**
Deutsches Sprichwort

Patriotismus ist nichts als ein Gefühl der Wohlfahrt; und der Furcht, daß sie gestört werden könnte.
Stanislaus I.

Gegen **Patriotismus** habe ich nichts, solange der Kopf nüchtern bleibt.
Jens Reich

Wasch mir den **Pelz**, aber mach mich nicht nass.
Deutsches Sprichwort

Nichts ist **perfekt** auf dieser Welt. Darum gibt es immer eine Steigerung.
Heino

Pessimismus ist Zeitverschwendung.
Simon Peres

Jeder große **Pessimismus** ist Ablehnung einer Zuversicht.
Ludwig Marcuse

Nur **Pessimisten** schmieden wirklich das Eisen solange es heiß ist. Optimisten vertrauen leichtsinnigerweise darauf, dass es nicht erkaltet.
Peter Bamm

Wahre **Pessimisten** sind nicht einmal dann glücklich, wenn sie unglücklich sind.
Johnnie Ray

Perlen bedeuten Tränen.
Lessing, Emilia Galotti

Der **Pfaff'** liebt seine Herde, doch die Schafe mehr als die Widder.
Deutsches Sprichwort

Pfaffen haben zwei Hände: eine zum Nehmen und eine zum Festhalten.
Deutsches Sprichwort

Wer im Rohr sitzt, hat gut **Pfeifen** schneiden.
Deutsches Sprichwort

Ein Wort ist wie ein **Pfeil**, der, einmal von der Sehne geschnellt, nicht zurückgehalten werden kann.
Arabisches Sprichwort

Ein ersparter **Pfennig** ist zweimal verdient.
Deutsches Sprichwort

Wer den **Pfennig** nicht ehrt, ist des Talers nicht wert.
Deutsches Sprichwort

Wer bauen will, muss zwei **Pfennige** für einen rechnen.
Deutsches Sprichwort

Das **Pferd**, das den Hafer verdient, kriegt ihn nicht.
Deutsches Sprichwort

Goldner Zaum macht's **Pferd** nicht besser.
Deutsches Sprichwort

Wenn das **Pferd** tot ist, kommt der Hafer zu spät.
Deutsches Sprichwort

Die teuersten **Pferde** sind in der Regel die Steckenpferde.
Deutsches Sprichwort

Die wildesten Fohlen werden die besten **Pferde.**
Deutsches Sprichwort

Die vielen **Pflichten** sind häufig nur eine willkommene Ausrede, damit man seine eigene Pflicht nicht zu tun braucht.
Charles Tschopp

Pflicht: Wo man liebt, was man sich selbst befiehlt.
Goethe

Die **Pflicht** ist eine Notwendigkeit einer Handlung aus Achtung fürs Gesetz.
Immanuel Kant

Wir sind nicht auf der Welt, um glücklich zu werden, sondern um unsere **Pflichten** zu erfüllen.
Immanuel Kant

Gebrauchter **Pflug** blinkt, stehendes Wasser stinkt.
Deutsches Sprichwort

Der **Pflug** am Morgen macht die besten Furchen.
Deutsches Sprichwort

Außen hui, innen **pfui.**
Deutsches Sprichwort

Phantasie ist etwas, was sich die meisten Leute gar nicht vorstellen können.
Gabriel Laub

Phantasie ist wichtiger als Wissen.
Albert Einstein

Die **Philosophen** sind eher Anatomen als Ärzte; sie zerlegen und heilen nicht.
Antoine de Rivarol

Die **Phrase** ist das gestärkte Vorhemd vor einer Normalgesinnung, die nie gewechselt wird.
Karl Kraus

Armut ist die größte **Plage,** Reichtum ist das höchste Gut!
Goethe

Gegen das Fehlschlagen eines **Planes** gibt es keinen besseren Trost, als sofort einen neuen zu machen.
Jean Paul

Je üppiger die **Pläne** blühen, desto verzwickter ist die Tat.
Erich Kästner

Was du hast in deinem Haus, das **plaudere** nicht vor anderen aus.
Deutsches Sprichwort

Politik ist die Kunst des Möglichen.
Otto von Bismarck

Politik verdirbt den Charakter.
Bernhard Brigl

Der Krieg ist nichts anderes als die Fortsetzung der **Politik** mit anderen Mitteln.
Karl von Clausewitz

Politik ist kein Amüsement, sondern eine Leidenschaft.
Raymond Barre

Eine **Politik,** die auf dem Prinzip Auge um Auge, Zahn um Zahn basiert, führt letztlich nur zu einer Gesellschaft ohne Augen und Zähne.
New York Times

Die **Politik** ist eine Bühne, auf der die Souffleure manchmal lauter sprechen als die Darsteller.
Ignazio Silone

Der Eintritt in die **Politik** ist der Abschied vom Leben.
Hans Magnus Enzensberger

Das Prinzip der **Politik** ist denkbar einfach: So wenig Feinde wie möglich, so viele Freunde wie möglich.
Mohammed Hosni Mubarak

Unter **politischen** Freunden sollte man einander nur dann die Zähne zeigen, wenn man lächelt.
Jean-Luc Dehaene

Leider ist die **Politik** ein Feld, auf dem der Idealzustand nie ganz zu erreichen ist.
Lennart Meri

Die **Politik** ist wie ein Schwimmwettkampf: Es kommt nicht zuletzt auf die Kunst des richtigen Wendens an
Peter Ustinov

Die **Politik** gleicht der Sphinx der Fabel: Sie verschlingt alle, die ihre Rätsel nicht lösen.
Antoine de Rivarol

Politik ist nicht das Erreichen von Zielen, sondern das Verfolgen von Zielen.
Adolf Muschg

Gute **Politiker** haben immer mehr Fragen als Antworten.
Armin Mueller-Stahl

Der erfolgreichste **Politiker** ist der, der das sagt, was alle denken, und der es am lautesten sagt.
Theodor Roosevelt

Wir müssen die ehrlichen **Politiker** unterstützen. Unser Pech: Die ergreifen meist nur unpopuläre Maßnahmen.
Christoph Daum

Die **Politik** ist keine exakte Wissenschaft.
Otto von Bismarck

Ein garstig Lied! Pfui! Ein **politisch** Lied!
Goethe

Es gibt zwei Arten von **Präsidenten:** Der eine steht über allem, der andere übersteht alles.
Werner Schneyder

Wenn alle über einen **Präsidenten** klagen, so heißt das wenigstens, dass er niemanden bevorzugt.
Ted Turner

Die Sterne, die begehrt man nicht, man freut sich ihrer **Pracht.**
Goethe

Reichtum und **Pracht** währet oft nicht länger als eine Nacht.
Deutsches Sprichwort

Großer **Prahler,** schlechter Zahler.
Deutsches Sprichwort

Die Liebe ist der Liebe **Preis.**
Schiller

Ein jeder Mensch hat seinen **Preis.**
Robert Walpole

Ohne Fleiß kein **Preis.**
Deutsches Sprichwort

Den Hungrigen ist nicht gut **predigen.**
Deutsches Sprichwort

Den Tauben ist gut **predigen.**
Deutsches Sprichwort

Der ist ein guter **Prediger,** der seine eigenen Lehren befolgt.
Deutsches Sprichwort

Das **Prestige** ist eine Geißel der Weltpolitik. Dieser Popanz verhindert viele vernünftige Lösungen.
Cyrus Vance

Prestige ist eine Seifenblase, die sofort platzt, wenn man sie aufbläst.
Heinz Hilpert

Probieren geht über studieren.
Deutsches Sprichwort

Jede Lösung eines **Problems** ist ein neues Problem.
Goethe

Wir haben nie **Probleme** gelöst, ohne neue zu schaffen.
Bazon Brock

Ein **Prognostiker** ist ein Mann, der in lichten Momenten düstere Ahnungen hat.
Tennessee Williams

Prominent sein heißt, von vielen Leuten gekannt zu werden, die man glücklicherweise nicht kennt.
Robert Redford

Prominent ist man dann, wenn einen die Fans besser kennen als man sich selbst.
Erik Ode

Der **Prophet** gilt nichts in seinem Vaterlande.
Deutsches Sprichwort

Wenn der Berg nicht zum Propheten kommt, muß der **Prophet** zum Berg gehen.
Mohammed

Nicht jeder, der einen Bart trägt, ist schon **Prophet.**
Arabisches Sprichwort

Falsche **Propheten** erfüllen ihre Prophezeihungen selbst.
Stanislaw Lec

Provokation ist ein Prinzip der Lebendigkeit.
Michel Piccoli

Drum **prüfe**, wer sich ewig bindet, ob sich das Herz zum Herzen findet.
Schiller, Das Lied von der Glocke

Wer dem **Publikum** nachläuft, sieht nur dessen Hinterteil.
Birgit Breuel

Jedes **Publikum** hat das Theater, das es verdient.
Heiner Müller

Pünktlichkeit ist die Höflichkeit der Könige.
König Ludwig XVIII. von Frankreich

Puritanismus ist die quälende Furcht, dass irgendwer irgendwo glücklich sein könnte.
Henry Louis Mencken

Q

Lange **Qual** ist bittrer Tod.
Deutsches Sprichwort

Wer die Wahl hat, hat die **Qual**.
Deutsches Sprichwort

Das Zeitalter der **Qualität** ist vorbei. Jetzt haben wir das Zeitalter der Quantität.
Heinz Reincke

R

Schnelle **Rach'** und jäher Zorn haben manch gut' Spiel verlorn.
Deutsches Sprichwort

Rache macht ein kleines Recht zu großem Unrecht.
Deutsches Sprichwort

Blinde **Rache,** schlimme Sache!
Deutsches Sprichwort

Der **Rache** sind die Hände ans Herz gebunden.
Deutsches Sprichwort

Die **Rache** ist ein Gericht, das man kalt verspeisen muss.
Deutsches Sprichwort

Die **Rache** ist süß, aber man verdirbt sich leicht den Magen daran.
Deutsches Sprichwort

Schmach sucht **Rache.**
Deutsches Sprichwort

Verzeihen ist die beste **Rache.**
Deutsches Sprichwort

Die beste Art, sich zu **rächen,** ist: nicht Gleiches mit Gleichem zu vergelten.
Marc Aurel

Alle **Räder** stehen still, wenn dein starker Arm es will.
Georg Herwegh

Rast' ich, so rost' ich.
Deutsches Sprichwort

Erst die Last, dann die **Rast.**
Deutsches Sprichwort

Selbst die heftigste Leidenschaft gönnt uns zeitweise **Rast,** die Eitelkeit nie.
La Rochefoucauld

An **Rat** gebrach es nie dem Mann, der vor- und rückwärts schauen kann.
Deutsches Sprichwort

Guter **Rat** kommt über Nacht.
Lessing

Guter **Rat** ist teuer.
Deutsches Sprichwort

Kommt Zeit, kommt **Rat**!
Deutsches Sprichwort

Zeit bringt **Rat**.
Deutsches Sprichwort

Ein guter **Rat** in spaßiger Form ist besser als ernste Belehrung.
Baltasar Gracián y Morales

Guter **Rat** ist teuer; er kann Überwindung kosten oder eine Freundschaft.
Walter Lippmann.

Suche **Rat** bei Gleichen, Hilfe bei Überlegenen.
Dänisches Sprichwort

Rat sucht man deshalb, weil man die einzige Lösung zwar kennt, aber nichts davon wissen will.
Erica Jong

Man gibt **Ratschläge**, aber die Ausführung bringt man keinem bei.
La Rochefoucauld

Ratschläge sind wie abgetragene Kleider: Man benützt sie ungern, auch wenn sie passen.
Martin Kessel

Wenn man vom **Rathaus** kommt, ist man klüger.
Deutsches Sprichwort

Wer das Feuer haben will, muss den **Rauch** leiden.
Deutsches Sprichwort

Wo **Rauch** ist, muss auch Feuer sein.
Deutsches Sprichwort

Raum für alle hat die Erde.
Schiller

Der **Raupe** wegen muss man den Baum nicht umlegen.
Deutsches Sprichwort

Die **Realität** ist immer noch schräger als alle Fiktion.
Doris Dörrie

Ein stumpfer **Rechen** läßt das Unkraut liegen.
Deutsches Sprichwort

Rechnen hilft Haus halten.
Deutsches Sprichwort

Recht und Unrecht beißen einander in den Schwanz.
Deutsches Sprichwort

Allen Menschen **recht** getan, ist eine Kunst, die niemand kann.
Deutsches Sprichwort

Das **Recht** des Stärkern ist das stärkste Unrecht.
Marie von Ebner-Eschenbach

Das **Recht** hat eine wächserne Nase.
Deutsches Sprichwort

Das **Recht** hat die merkwürdige Eigenschaft, dass man es behalten kann, ohne es zu haben.
Joseph Unger

Recht hat wenig Sinn, wenn es die Freiheit nicht schützt.
Thomas Dehler

Das **Recht** ist eine Gewalt, die der Gewalt das Recht streitig macht.
Hans Kudszus

Rechte sind Güter, die sich auf Macht gründen.
Antoine de Rivarol

Man hat nicht deshalb mehr **Recht**, weil der Gegner Unrecht gehabt hat.
Martin Walser

Der Stärkere hat immer **Recht.**
Deutsches Sprichwort

Gewalt geht vor **Recht.**
Deutsches Sprichwort

Rache macht ein kleines **Recht** zu großem Unrecht.
Deutsches Sprichwort

Sitte ist stärker als **Recht.**
Deutsches Sprichwort

Was dem einen **recht** ist, ist dem anderen billig.
Deutsches Sprichwort

Wer fertig ist, dem ist nichts **recht** zu machen; ein Werdender wird immer dankbar sein.
Goethe

Wo nichts ist, hat der Kaiser sein **Recht** verloren.
Deutsches Sprichwort

Das Gleiche sucht sich, das **Rechte** findet sich.
Deutsches Sprichwort

Das **Rechte** erkennen und nicht tun ist Mangel an Mut.
Konfuzius

Gleiche **Rechte**, gleiche Pflichten.
Deutsches Sprichwort

Eine **Rede** wird durch Gleichnisse schön.
Russisches Sprichwort

Eure **Rede** aber sei ja, ja; nein, nein, was darüber ist, das ist vom Übel.
Matthäus 5,37

Eine gute **Rede** soll das Thema erschöpfen nicht die Zuhörer.
Winston Churchill

Beim **Reden** kommen die Gedanken, aber sie gehen auch.
Edward Heath

Kürze ist der **Rede** Würze.
Shakespeare, Hamlet

Gilt es zu hören, sei der Erste. Sei der Letzte, wenn es zu **reden** gilt.
Türkisches Sprichwort

Reden ist Silber, Schweigen ist Gold.
Arabisches Sprichwort

Lerne schweigen, so kannst du am besten **reden.**
Deutsches Sprichwort

Man muß denken wie die wenigsten und **reden** wie die meisten.
Arthur Schopenhauer

Von schönen **Reden** werde ich nicht satt.
Molière

Wenn gute **Reden** sie begleiten, dann fließt die Arbeit munter fort.
Schiller

Wohl schweigen ist eine größere Kunst als wohl **reden.**
Deutsches Sprichwort

Redet Geld, so schweigt die Welt.
Deutsches Sprichwort

Redlichkeit gedeiht in jedem Stande.
Schiller

Allein der Vortrag macht des **Redners** Glück.
Goethe

Auf **Regen** folgt Sonnenschein.
Deutsches Sprichwort

Ausnahmen bestätigen die **Regel.**
Französisches Sprichwort

Sich **regen** bringt Segen.
Deutsches Sprichwort

Wer im Trockenen sitzt, lacht über den **Regen.**
Deutsches Sprichwort

Regieren ist eine Kunst, keine Wissenschaft.
Ludwig Börner

Gestrenge Herren **regieren** nicht lange.
Deutsches Sprichwort

Regieren ist keine Sache für Leute von Charakter und Erziehung.
Aristophanes

Erobern ist leichter als **regieren.**
Jean Jaques Rousseau

Niemand ist gut genug, einen anderen ohne dessen Zustimmung zu **regieren.**
Abraham Lincoln

Moderne **Regierungen** brauchen keine Hofnarren mehr.
Karlheinz Deschner

Eine kluge **Regierung** spielt gelegentlich mit den Karten der Opposition.
Felipe Gonzales

Diejenige **Regierung** ist die beste, die sich überflüssig macht.
Wilhelm von Humboldt

Der König herrscht, aber er **regiert** nicht.
Adolphe Thiers

Geld **regiert** die Welt.
Deutsches Sprichwort

Wer den Stock fürchtet, kann nur mit dem Stock **regiert** werden.
Deutsches Sprichwort

Jedes Volk hat die **Regierung,** die es verdient.
Graf Joseph de Maistre

Reich werden ist keine Kunst, aber fromm bleiben.
Deutsches Sprichwort

Arm oder **reich**, vor Gott sind alle gleich.
Deutsches Sprichwort

Besser arm in Ehren als **reich** in Schanden.
Deutsches Sprichwort

Der ist **reich**, des Reichtum niemand weiß.
Deutsches Sprichwort

Reiche Spieler und alte Trompeter sind rar.
Deutsches Sprichwort

Der Arme kennt seine Verwandten besser als der **Reiche**
Deutsches Sprichwort

Die **Reichen** haben Medizin, die Armen Gesundheit.
Deutsches Sprichwort

Reichtum und Pracht währet oft nicht länger als eine Nacht.
Deutsches Sprichwort

Reichtum macht ein Herz schneller hart, als kochendes Wasser ein Ei.
Volksmund

Wenn man **reich** ist, kann man sich den Luxus leisten, anderen zu mißfallen.
Aldous Huxley

Zum **Reichtum** führen viele Wege. Die meisten davon sind schmutzig.
Cicero

Der eigentliche Sinn des **Reichtums** ist, freigiebig davon zu spenden.
Blaise Pascal

Armut ist verhasst, **Reichtum** oft eine Last.
Deutsches Sprichwort

Dem wachsenden **Reichtum** folgt die Sorge.
Horaz

Der ist reich, des **Reichtum** niemand weiß.
Deutsches Sprichwort

Der Weg zum **Reichtum** liegt hauptsächlich in zwei Wörtern: Arbeit und Sparsamkeit.
Benjamin Franklin

Zufriedenheit geht über **Reichtum.**
Deutsches Sprichwort

Zufriedenheit ist wertvoller als **Reichtum.**
Französisches Sprichwort

Reif ist, wer auf sich selbst nicht mehr hereinfällt.
Heimito von Doderer

Reines Herz und reiner Mut sind in jedem Kleide gut.
Freidank

Aus kleinem **Reis** wird ein großer Baum.
Deutsches Sprichwort

Reisen ist in der Jugend ein Teil der Erziehung, im Alter ein Teil der Erfahrung.
Francis Bacon

Das Beste, was man von einer **Reise** zurückbringen kann, ist eine heile Haut.
Persisches Sprichwort

Für mich ist **Religion** Geben, etwas Gutes tun. Man soll so leben, als wenn es wirklich einen Gott gäbe.
Max Schmeling

Die **Religion** ist eine Krücke für schlechte Staatsverfassungen.
Arthur Schopenhauer

Religionen haben oft die Macht politisiert – doch Jesus hat die Ohnmacht politisiert.
Petra Kelly

Nur **Reisen** ist Leben, wie umgekehrt das Leben Reisen ist.
Jean Paul

Nichts ist erbärmlicher als die **Resignation**, die zu früh kommt.
Marie von Ebner-Eschenbach

Alles zu **retten**, muß alles gewagt werden.
Schiller, Fiesco

Reue kommt langsam, aber gewiss.
Deutsches Sprichwort

Es gibt Dinge, die man **bereut**, ehe man sie tut. Und man tut sie doch.
Friedrich Hebbel

Der Wahn ist kurz, die **Reu'** ist lang.
Schiller

Die **Revolution** frißt ihre eigenen Kinder.
Georg Büchner

Die **Revolution** hat bisher noch immer ihre Führer zuerst verschlungen.
Helmuth von Moltke

Alle **Revolutionen** kommen aus dem Magen.
Napoleon I.

Jede **Revolution** ist viel weniger Bauplatz der Zukunft als Auktion der Vergangenheit.
Heimito von Doderer

Vor der **Revolution** war alles Bestreben; nachher verwandelte sich alles in Forderung.
Goethe

Es reicht nicht, ein paar mehr Rosinen in den Kuchen zu tun. Wir brauchen ein neues **Rezept.**
Katrin Göring-Eckardt

Die **Rhetorik** sagte: Höre, aber denke nicht, sondern empfinde.
Helmar Nahr

Blick erst auf dich, dann **richte** mich!
Deutsches Sprichwort

Besser schlichten als **richten.**
Deutsches Sprichwort

Man kann alles **richtig** machen und das Wichtigste versäumen.
Alfred Andersch

Ein **Richter** soll zwei gleiche Ohren haben.
Deutsches Sprichwort

Wo kein Kläger, da ist auch kein **Richter.**
Deutsches Sprichwort

Richtet nicht, auf daß ihr nicht gerichtet werdet!
Matthäus 7,1

Wenn man in die falsche **Richtung** läuft, hat es keinen Zweck, das Tempo zu erhöhen.
Birgit Breuel

Aus fremdem Leder ist leicht **Riemen** schneiden.
Deutsches Sprichwort

Right or wrong – my country.
Englisches Sprichwort

Wonach einer **ringt,** das ihm gelingt.
Deutsches Sprichwort

Leute, die jedes **Risiko** scheuen, gehen das größte Risiko ein.
Georg F. Kennan

Ich umarme meinen **Rivalen,** um ihn zu ersticken.
Jean Racine

Rock 'n' Roll ist das Wiegenlied für Erwachsene.
Gianna Nannini

Rock 'n' Roll braucht ein Höchstmaß an permanenter Hochspannung, eine gewisse Wut. Rock ist nur dann Rock, wenn er nicht safe ist.
Mick Jagger

Wo **rohe** Kräfte sinnlos walten, da kann sich kein Gebild gestalten.
Schiller

Wer im **Rohr** sitzt, hat gut Pfeifen schneiden.
Deutsches Sprichwort

Rom ist nicht an einem Tag gebaut worden.
Deutsches Sprichwort

Alle Wegen führen nach **Rom.**
Deutsches Sprichwort

Lieber der erste hier als der zweite in **Rom.**
Julius Cäsar

Die **Romanze** ist ein genauso gutes Mittel wie Gewalt – und nicht ganz so gefährlich.
Günther Struve

Keine **Rose** ohne Dornen.
Deutsches Sprichwort

Das ist im Leben häßlich eingerichtet, daß bei den **Rosen** gleich die Dornen stehen.
Viktor von Scheffel

Disteln sind dem Esel lieber als **Rosen.**
Deutsches Sprichwort

Ehret die Frauen! Sie flechten und weben himmlische **Rosen** ins irdische Leben.
Schiller, Würde der Frauen

Alte Liebe **rostet** nicht.
Deutsches Sprichwort

Alte Schuld **rostet** nicht.
Deutsches Sprichwort

Rast' ich, so **rost'** ich.
Deutsches Sprichwort

Wer ein großes Maul hat, muss einen breiten **Rücken** haben.
Deutsches Sprichwort

Wer sich gern bückt, dem tut der **Rücken** nicht weh.
Deutsches Sprichwort

Rücktritt ist eine Frage des Charakters und des Anstandes.
Peter Müller

Diejenigen, die davon reden, dass wir alle in einem Boot sitzen, sind meistens diejenigen, die sich **rudern** lassen.
Helmut Ruge

Arbeit, Müßigkeit und **Ruh** schließt dem Arzt die Türe zu.
Deutsches Sprichwort

Bös' Gerücht nimmt immer zu, gut Gerücht kommt bald zur **Ruh'**.
Deutsches Sprichwort

Wer will haben gute **Ruh**, der höre, seh, und schweig dazu.
Deutsches Sprichwort

Wo Verdacht einkehrt, nimmt die **Ruhe** Abschied.
Deutsches Sprichwort

Ein gutes Gewissen ist ein sanftes **Ruhekissen.**
Deutsches Sprichwort

Des Faulen Werktag ist immer morgen, sein **Ruhetag** heute.
Deutsches Sprichwort

Ruhm: der Vorzug, denen bekannt zu sein, die uns nicht kennen.
Nicolas de Chamfort

Ruhm ist eine Krankheit: Sie verändert die Menschen, manchmal gnadenlos.
Tommy Lee Jones

Ruhm ist nichts anderes als die Summe der Missverständnisse, die sich um eine Person ranken.
André Heller

Der **Ruhm** muß dem Verdienst entsprechen.
Jean-Baptiste Molière

Von **Ruhm** und Ehre wird das Herz durchaus nicht satt.
Friedrich Rückert

Rühmt man dich, so halte dich darnach.
Deutsches Sprichwort

Nach getaner Arbeit ist gut **ruhn.**
Deutsches Sprichwort

Alte Vögel sind schwer zu **rupfen.**
Deutsches Sprichwort

S

Frühe **Saat** trägt oft, späte nimmer.
Deutsches Sprichwort

Blinde Rache, schlimme **Sache!**
Deutsches Sprichwort

In eigner **Sache** kann niemand Richter sein.
Alter Rechtsspruch

Nur die **Sache** ist verloren, die man aufgibt.
Ernst von Feuchtersleben

Umstände verändern die **Sache.**
Deutsches Sprichwort

Enthaltsamkeit ist das Vergnügen an **Sachen**, welche wir nicht kriegen.
Wilhelm Busch

Sachzwang frisst Menschenfleisch.
Kurt Marti

Den Esel meint man, den **Sack** schlägt man.
Deutsches Sprichwort

Ein leerer **Sack** steht nicht aufrecht.
Benjamin Franklin

Mit feiner **Seide** näht man keinen groben Sack.
Deutsches Sprichwort

Wer sich zum Esel macht, dem will jeder seine **Säcke** auflegen.
Deutsches Sprichwort

Sag eine Lüge, so hörst du die Wahrheit!
Deutsches Sprichwort

Sage nicht alles, was du weißt, aber wisse immer, was du sagest.
Matthias Claudius

Sage mir, mit wem du umgehst, so sage ich dir, wer du bist.
Goethe

Sage mir, was du ißt, und ich sage dir, was du bist.
Brillat-Savarin

Salz und Brot machen Wangen rot.
Deutsches Sprichwort

Tätigkeit ist das **Salz** des Lebens.
Deutsches Sprichwort

Ein **Satiriker** ist jemand, der den Elefanten Mausefallen stellt.
Ephraim Kishon

Von schönen Reden werde ich nicht **satt.**
Molière

Vom Zusehen wird niemand **satt.**
Deutsches Sprichwort

Zu **satt** macht matt.
Deutsches Sprichwort

Dem **Satten** schmeckt das Beste nicht.
Deutsches Sprichwort

Was kümmert es die Eiche, wenn sich eine **Sau** an ihr scheuert.
Deutsches Sprichwort

Was **sauert**, das süßt auch nicht.
Deutsches Sprichwort

Wer allzeit **säuft** und allzeit schlemmt, behält zuletzt kein ganzes Hemd.
Deutsches Sprichwort

Schaden, Sorge, Klage wachsen alle Tage.
Deutsches Sprichwort

Alter **Schaden** blutet leicht.
Deutsches Sprichwort

Besser mit **Schaden** als mit Schanden klug werden.
Deutsches Sprichwort

Besser nachgeben als zu **Schaden** kommen.
Deutsches Sprichwort

Des einen **Schaden** ist des anderen Gewinn.
Deutsches Sprichwort

Wer den **Schaden** hat, braucht für den Spott nicht zu sorgen.
Deutsches Sprichwort

Das einzelne **Schaf** ist in Gefahr vor dem Wolf.
Deutsches Sprichwort

Ein räudiges **Schaf** steckt die ganze Herde an.
Deutsches Sprichwort

Ein schlechtes **Schaf**, das mit dem Wolf spazieren geht.
Deutsches Sprichwort

Wer sich zum **Schaf** macht, den fressen die Wölfe.
Deutsches Sprichwort

Geduldige **Schafe** gehen viel in einen Stall.
Deutsches Sprichwort

Der Wolf ist immer bereit, sich ohne Lohn als **Schäfer** zu verdingen.
Deutsches Sprichwort

Faule **Schäfer** haben gute Hunde.
Deutsches Sprichwort

Wer **schaffen** will, muß fröhlich sein.
Theodor Fontane

Genieße deine **Kraft**, man lebt nur, wenn man schafft.
Deutsches Sprichwort

Wie man in den Wald hineinruft, so **schallt** es wieder heraus.
Deutsches Sprichwort

Der Horcher an der Wand hört seine eigene **Schand.**
Deutsches Sprichwort

Besser der Tod als ein Leben in **Schande.**
Menander

Fallen ist keine **Schande**, aber liegen bleiben.
Deutsches Sprichwort

Die **Schande** besteht nicht in der Strafe, sondern in dem Verbrechen.
Herder

Besser mit Schaden als mit **Schanden** klug werden.
Deutsches Sprichwort

Arbeit **schändet** nicht.
Hesiod

Armut **schändet** nicht.
Deutsches Sprichwort

Scharfe Schwerter schneiden sehr, scharfe Zungen noch viel mehr.
Deutsches Sprichwort

Der **Scharfsinn** verläßt geistreiche Männer am wenigsten, wenn sie unrecht haben.
Goethe

Große Ereignisse werfen ihre **Schatten** voraus.
Lord Byron

Wo viel Licht ist, ist starker **Schatten.**
Goethe

Wo euer **Schatz** ist, da ist auch euer Herz.
Matthäus 6,21

Am Abend **schätzt** man erst das Haus.
Goethe

Zum Begräbnis der Wahrheit gehören viele **Schaufeln.**
Deutsches Sprichwort

Träume sind **Schäume.**
Deutsches Sprichwort

Schauspieler sind Menschen, die nur dann richtig zuhören, wenn man über sie spricht.
Norman Mailer

Schauspielern ist viel einfacher, als einen Haushalt perfekt zu schmeißen.
Uschi Glas

Schauspielerei auf der Bühne reduziert sich auf die Kunst, die Zuschauer vom Husten abzuhalten.
Ralph Richardson

Ade, ade, ade! Ja, **scheiden** und lassen tut weh!
Des Knaben Wunderhorn

Zu meiner Zeit haben die Mädchen einen Mann geheiratet, weil er Geld hat. Heute lassen sie sich lieber reich **scheiden.**
Jane Russell

Meistens hat, wenn zwei sich **scheiden,** einer etwas mehr zu leiden.
Wilhelm Busch

Was Gott zusammengefügt hat, das soll der Mensch nicht **scheiden.**
Matthäus 19,5

Allzu fein ist eitel **Schein.**
Deutsches Sprichwort

Der **Schein** trügt.
Plinius

Die Menschen sind nicht immer, was sie **scheinen.**
Lessing

Es gibt kein Gelingen, es gibt nur unterschiedliche Formen des **Scheiterns.**
André Heller

Scheitern ist nicht so schlimm – schlimm ist, nichts versucht zu haben.
Heinz Eggert

Ein **Schelm** gibt mehr als er hat.
Deutsches Sprichwort

Das Schönste am **Schenken** ist das Leuchten in den Augen der Beschenkten.
Russisches Sprichwort

An den **Scherben** erkennt man den Topf.
Deutsches Sprichwort

Bekümmert Herz treibt selten **Scherz.**
Deutsches Sprichwort

Der Katzen **Scherz** ist der Mäuse Tod.
Deutsches Sprichwort

Quäle nie ein Tier zum **Scherz,** denn es fühlt wie du den Schmerz.
Deutsches Sprichwort

Mit Frauen soll man sich nie unterstehen zu **scherzen.**
Goethe, Faust I

Besser **Scheu** als Reu'.
Deutsches Sprichwort

In eine leere **Scheune** kommt keine Maus.
Deutsches Sprichwort

Das **Schicksal** setzt den Hobel an und hobelt alle gleich.
Ferdinand Raimund, Der Verschwender

Das **Schicksal** geht manchmal seltsame Wege zu einem notwendigen Ziel.
Richard von Weizsäcker

Sein **Schicksal** schafft sich selbst der Mann.
Gottfried Kinkel

Der Zug des Herzens ist des **Schicksals** Stimme.
Schiller

Besser **schielen** als blind sein.
Deutsches Sprichwort

Du glaubst zu **schieben**, und du wirst geschoben.
Goethe

Das **Schiff** hängt mehr am Ruder denn das Ruder am Schiff.
Deutsches Sprichwort

Wer den Teufel ins **Schiff** nimmt, muss ihn auch hinüberfahren.
Deutsches Sprichwort

Schiffbrüchige im Weltmeer, die in der Ferne eine Insel entdecken, schwimmen leichter.
Peter Sodann

Das **Schild** ist's, das die Kunden lockt.
La Fontaine

Die Lüge ist der **Schild** des Feigen.
Deutsches Sprichwort

Schimmer und Flimmer dauern nicht immer.
Deutsches Sprichwort

Wer andere **schimpft**, den schimpfen auch andere.
Arabisches Sprichwort

Auch wenn man Leute mit gutem Grund **beschimpft,** muß man maßhalten.
Maxim Gorki

Besser weichen als die **Schlacht** verlieren.
Deutsches Sprichwort

Denk ich an Deutschland in der Nacht, so bin ich um den **Schlaf** gebracht.
Heinrich Heine

Gott gibt's den Seinen im **Schlafe.**
Deutsches Sprichwort

Es **schlafen** nicht alle, die die Augen geschlossen halten.
Deutsches Sprichwort

Der Verräter **schläft** nicht.
Deutsches Sprichwort

Wer länger **schläft** als sieben Stund', verschläft sein Leben wie ein Hund.
Deutsches Sprichwort

Es **schlägt** nicht immer ein, wenn es donnert.
Deutsches Sprichwort

Pack **schlägt** sich, Pack verträgt sich.
Deutsches Sprichwort

Der erste **Schlag** muss kräftig sein, dann ersparst du dir viele weitere.
Persisches Sprichwort

Je hohler das **Schlagwort** ist, desto mehr Lärm kann man damit machen.
John B. Priestley

Die ganz **Schlauen** sehen um fünf Ecken und sind geradeaus blind.
Benjamin Franklin

Schlauheit ist die Kunst, eigene Fehler zu verbergen und die Schwächen anderer bloßzulegen.
William Hazlitt

Wer dir von andern **schlecht** spricht, spricht auch andern schlecht von dir.
Deutsches Sprichwort

Allein ist besser als mit **Schlechten** im Verein, mit Guten im Verein ist besser als allein.
Friedrich Rückert

Die Menschen neigen dazu, das **Schlechte** eher zu glauben als das Gute.
Boccaccio

Besser **schlichten** als richten.
Deutsches Sprichwort

Böses läßt sich leicht verrichten, aber nicht leicht wieder **schlichten.**
Deutsches Sprichwort

Du musst das Beste hoffen, das **Schlimmste** kommt von selbst.
Deutsches Sprichwort

Wer allen dienen will, kommt immer am **schlimmsten** weg.
Deutsches Sprichwort

Das ist der Weisheit letzter **Schluß:** Nur der verdient sich Freiheit wie das Leben, der täglich sie erobern muß.
Goethe

Faulheit ist der **Schlüssel** zur Armut.
Deutsches Sprichwort

Schmach sucht Rache.
Deutsches Sprichwort

Schmal ist der Weg zur Tugend, breit der zur Sünde.
Deutsches Sprichwort

Wenn es am besten **schmeckt,** soll man aufhören.
Deutsches Sprichwort

Schmeicheln heißt: mit Lob beleidigen.
Charles Tschopp

Schmeichelei ist eine falsche Münze, die ihren Kurswert nur durch unsere Eitelkeit erhält.
La Rochefoucauld

Schmeicheleien sind wie Falschgeld: sie machen denjenigen ärmer, der sie empfängt.
H.G. Wells

Geteilte Freud ist doppelt Freude, geteilter **Schmerz** ist halber Schmerz.
Christoph August Tiedge, Urania

Wer im Glück ist, der lerne den **Schmerz!**
Schiller, Die Braut von Messina

Man klagt so sehr bei jedem **Schmerz** und freut sich so selten, wenn man keinen fühlt.
Georg Christoph Lichtenberg

Der **Schmerz,** so hat es eines der Opfer ausgedrückt, hat ein langes Gedächtnis.
Friedrich Schorlemmer

Jeder ist seines Glückes **Schmied.**
Appius Claudius

Wie man den Karren **schmiert,** so läuft er.
Deutsches Sprichwort

Schmuck soll schmücken. Das ist für mich der einzige Zweck.
Marika Kilius

Auch **Schmutz** und Schmuddel können absolut glamourös sein.
Horst Königstein

Böse Zungen **schneiden** schärfer als Schwerter.
Deutsches Sprichwort

Schnelle Rach' und jäher Zorn haben manch gut' Spiel verlorn.
Deutsches Sprichwort

Schneller Entschluss bringt oft Verdruss.
Deutsches Sprichwort

Musik wird oft nicht **schön** gefunden, weil sie stets mit Geräusch verbunden.
Wilhelm Busch

Auch das **Schöne** muß sterben.
Schiller

Schönheit ist überall ein gar willkommner Gast.
Goethe, Wahlverwandtschaften

Schönheit lockt Diebe schneller noch als Geld.
Shakespeare

In jedem Ding ist **Schönheit** verborgen – aber nicht jeder vermag sie zu sehen.
Alte jüdische Weisheit

Schönheit kommt aus dem Herzen. Erst Persönlichkeit und Charme machen eine Frau anziehend.
Sophia Loren

Schönheit ist ein Geschenk für einige Jahre aber kein Lebensinhalt.
Lil Dagover

Schön ist eigentlich alles, was man mit Liebe betrachtet.
Christian Morgenstern

Wenn etwas nützlich ist, hört es auf, **schön** zu sein.
Théophile Gautier

Was kann der **Schöpfer** lieber sehen, als ein fröhliches Geschöpf.
Lessing

Schöpfung schöpft aus dem vollen, ist nicht Sparzwängen unterworfen.
August Everding

Der schrecklichste der **Schrecken**, das ist der Mensch in seinem Wahn.
Schiller

Lieber ein Ende mit **Schrecken** als ein Schrecken ohne Ende.
Ferdinand von Schill

Schreiben ist geschäftiger Müßiggang.
Goethe, Götz von Berlichingen

Es kommt wenig darauf an, wie wir **schreiben**, aber viel, wie wir denken.
Lessing

Wer unbedingt **schreiben** will, sollte wenigstens schreiben können.
Tom Wolfe

Das Problem ist nicht, **schreiben** zu können, sondern mit dem Schreiben aufhören zu können.
Günter Grass

Schreiben ist kein Beruf, sondern Lebensart.
Martin Walser

Schreiben ist, wie den oben schwimmenden Rahm abschöpfen.
Herbert Achternbusch

Wer **schreit**, hat Unrecht.
Deutsches Sprichwort

Schriftsteller sind in aller Regel genauso mutig und genauso feige wie alle anderen Leute.
Jurek Becker

Die echten **Schriftsteller** sind die Gewissensbisse der Menschheit.
Ludwig Feuerbach

Ein **Schriftsteller** hält es in der Regel nicht länger als fünf Minuten auf seinem Standpunkt aus.
Martin Walser

Nach dem Essen sollst du ruhn oder tausend **Schritte** tun.
Deutsches Sprichwort

Wer sichere **Schritte** tun will, muß sie langsam tun.
Goethe

Es weiß niemand besser, wo der **Schuh** drückt, als der ihn trägt.
Deutsches Sprichwort

Der Kranke spart nichts als seine **Schuhe**.
Deutsches Sprichwort

Zertritt den Dorn nur, wenn du **Schuhe** trägst!
Deutsches Sprichwort

Barfuß zu gehen schickt sich nur für die, die **Schuhe** besitzen.
Stanislaw Lec

Alle **Schuld** rächt sich auf Erden.
Goethe, Wilhelm Meisters Lehrjahre

Alte **Schuld** rostet nicht.
Deutsches Sprichwort

Schuldgefühle sind oft etwas, das man vor die tieferen Einsichten schiebt.
Christa Wolf

Das Gefühl von **Schuld** gibt einen großen moralischen Vorsprung.
Heiner Müller

Schuld ist niemals national, sondern persönlich.
Pinchas Lapide

Das Leben ist der Güter höchstes nicht, der Übel größtes aber ist die **Schuld.**
Schiller

Denn alle **Schuld** rächt sich auf Erden.
Goethe

Der Tod zahlt alle **Schulden.**
Deutsches Sprichwort

Den **Schuldigen** schreckt eine Maus.
Deutsches Sprichwort

Vornehme **Schuldner** – schlechte Zahler.
Deutsches Sprichwort

Die **Schule** des Lebens kann man nicht schwänzen.
Deutsches Sprichwort

Erfahrung ist eine teure **Schule.**
Deutsches Sprichwort

Armselig der **Schüler**, der seinen Meister nicht übertrifft.
Leonardo da Vinci

Fleißige **Schüler** machen fleißige Lehrer.
Deutsches Sprichwort

Wer sich auf dem **Schulweg** verliert, findet sich das ganze Leben nicht zurecht.
Deutsches Sprichwort

Es gibt mehr Ding' im Himmel und auf Erden, als eure **Schulweisheit** sich träumt, Horatio!
Shakespeare

In **Schurken** und Narren teilt sich die Welt.
Deutsches Sprichwort

Es ist nicht zu ändern: **Schurken** sind einfach aufregender.
Wolf Wondratschek

Schuster bleib bei deinem Leisten.
Deutsches Sprichwort

Wer einmal trifft, ist noch kein **Schütze.**
Deutsches Sprichwort

Alter **schützt** vor Torheit nicht.
Deutsches Sprichwort

Das Gesetz ist der Freund des **Schwachen.**
Schiller, Die Braut von Messina

Es sollt ein Freund des Freundes **Schwächen** tragen.
Shakespeare

Schwächen zugeben ist keine Schande!
Milva

Verbunden werden auch die **Schwachen** mächtig.
Schiller

Recht und Unrecht beißen einander in den **Schwanz.**
Deutsches Sprichwort

Kleine Mäuse haben auch **Schwänze.**
Deutsches Sprichwort

Der Teufel ist nie so **schwarz,** wie man ihn malt.
Deutsches Sprichwort

Schwarzmalerei ist sinnvoll, weil Hoffnungsschimmer nur vor dunklem Hintergrund wirken.
Robert Jungk

Dass man sich von **Schwarzsehern** nicht warnen läßt, ist eine gesunde Einstellung.
Gregor von Rezzori

Ein Denker ist kein **Schwätzer.**
Deutsches Sprichwort

Dulden, **schweigen,** lachen hilft vielen bösen Sachen.
Deutsches Sprichwort

Lerne **schweigen,** so kannst du am besten reden.
Deutsches Sprichwort

Zuviel reden und zuviel **schweigen,** das ist allen Narren eigen.
Deutsches Sprichwort

Man muss über ein Thema auch **schweigen** können.
Edward Heath

Worüber man nicht sprechen kann, darüber muß man **schweigen.**
Ludwig Wittgenstein

Unter Schwätzern ist der **Schweiger** der Klügste.
Deutsches Sprichwort

Wer sich unter die Kleie mengt, den fressen die **Schweine.**
Deutsches Sprichwort

Wird ein Fohlen im **Schweinestall** geboren, ist es deswegen noch lange kein Schwein.
Deutsches Sprichwort

Vor die Tugend haben die Götter den **Schweiß** gesetzt.
Hesiod

Aller Anfang ist **schwer.**
Deutsches Sprichwort

Vater werden ist nicht **schwer,** Vater sein dagegen sehr.
Wilhelm Busch, Julchen

Wer das **Schwert** nimmt, der soll durchs Schwert umkommen.
Matthäus 26,52

Scharfe **Schwerter** schneiden sehr, scharfe Zungen noch viel mehr.
Deutsches Sprichwort

Je größer die **Schwierigkeit,** die man überwand, desto größer der Sieg.
Marcus Tullius Cicero

Worte sind der **Seele** Bild.
Deutsches Sprichwort

Absicht ist die **Seele** der Tat.
Deutsches Sprichwort

Den Leib können sie töten, die **Seele** nicht.
Ulrich Zwingli

Die Wissenschaft verjüngt die **Seele** und vermindert die Bitterkeit des Alters.
Leonardo da Vinci

Glücklich allein ist die **Seele,** die liebt.
Goethe

Verwandte **Seelen** finden sich.
Deutsches Sprichwort

Seelenruhe bekommt man, wenn man aufhört zu hoffen.
Arabisches Sprichwort

Sich regen bringt **Segen.**
Deutsches Sprichwort

Einmal **sehen** ist besser als zehnmal hören.
Deutsches Sprichwort

Wer nicht **sehen** will, dem hilft keine Brille.
Deutsches Sprichwort

Wer sich zu sehr **sehnt**, und nie das bekommt, was er sich erträumt, wird bitter.
Doris Dörrie

Mit feiner **Seide** näht man keinen groben Sack.
Deutsches Sprichwort

Falsch ist es, vom **Seienden** zu sagen, es sei nicht, und vom Nichtseienden, es sei.
Aristoteles

Man muß was **sein**, wenn man was scheinen will.
Ludwig van Beethoven

Mehr **sein** als scheinen!
Helmuth von Moltke

Was sein muss, muss **sein.**
Deutsches Sprichwort

Gott gibt's den **Seinen** im Schlafe.
Deutsches Sprichwort

Jedes Ding hat zwei **Seiten.**
Deutsches Sprichwort

An das Göttliche glauben die allein, die es **selber** sind.
Friedrich Hölderlin

Jeder liebt sich **selber** nur am meisten.
Lessing

Selbst geschaffenes Unglück lastet schwer.
Deutsches Sprichwort

Selbst getan ist bald getan.
Deutsches Sprichwort

Die einzige Gesellschaft, in der man es aushalten kann, ist man **selbst.**
Oscar Wilde

Ein rechter Schütze hilft sich **selbst.**
Schiller

Hilf dir **selbst**, so hilft dir Gott.
Deutsches Sprichwort

Jeder ist sich **selbst** der Nächste.
Terenz

Der **Selbsthelfer** ist der beste Nothelfer.
Deutsches Sprichwort

Selbstlosigkeit ist Eigenliebe, die sich schämt.
Hans Lohberger

Vaters **Selbstbeherrschung** ist für die Kinder die wirksamste Ermahnung.
Demokrit

Selbstgerechtigkeit ist nicht eine Spielart der Gerechtigkeit, sondern oft der Anfang von neuem Unrecht.
Hans-Dietrich Genscher

Zur **Selbstgerechtigkeit** gehört das Wegschauen von den wahren Problemen.
Carl Friedrich von Weizsäcker

Selbstverständlich ist, was man selbst versteht und niemand sonst.
Ambrose Bierce

Selbstvertrauen ist die Quelle des Vertrauens zu anderen.
La Rochefoucauld

Selbstverwirklichung muss ihre Grenzen an den Geboten der Solidarität finden.
Hans-Jochen Vogel

Zufriedenheit ist eine Tugend, **Selbstzufriedenheit** ein Fehler.
Deutsches Sprichwort

Lustig gelebt und **selig** gestorben, heißt dem Teufel die Rechnung verdorben.
Deutsches Sprichwort

Alles Vortreffliche ist **selten.**
Cicero

Serviert wird zwar vorne, gekocht aber hinten.
Hans Meiser

Sex hat für mich den gleichen Stellenwert wie Essen. Ich esse leidenschaftlich gern.
Ornella Muti

Sex ist nicht Liebe. Liebe ist nicht Sex. Aber es ist wie im siebenten Himmel, wenn eins zum anderen kommt.
Madonna

Sex ist unwichtig. „Guter Sex" ist wie guter Käse, guter Senf, guter Wein.
Christian Lacroix

Sich regen bringt Segen.
Deutsches Sprichwort

Sich selbst bekriegen ist der schwerste Krieg, sich selbst besiegen ist der schönste Sieg.
Friedrich von Logau

Vor bösem Leumund ist niemand **sicher.**
Deutsches Sprichwort

In der Mitte geht man am **sichersten.**
Ovid

Das **Sichere** ist niemals sicher. Und: Nichts ist unmöglich.
Claudine Wilde

Man braucht die **Sicherheit** nicht erst am Ziel, sondern auch auf dem Weg.
Janusz Reiter

Der **Siege** göttlichster ist das Vergeben.
Schiller, Die Braut von Messina

Es ist unklug, immer den **Sieg** davontragen zu wollen.
Niccolò Macchiavelli

Sieger glauben immer, die Kultur zu bringen. Aber sie täuschen sich meistens.
Normann Mailer

Nicht die Großen **besiegen** die Kleinen, sondern die Schnellen die Langsamen.
Eberhard von Kuenheim

Die Liebe ist nicht blind, aber sie **sieht** nichts.
Deutsches Sprichwort

Reden ist **Silber**, Schweigen ist Gold.
Deutsches Sprichwort

Zu **Silvester** ein gutes Gewissen besser als Punsch und gute Bissen.
Bauernweisheit

Sind Kinder still, so haben sie etwas angerichtet.
Englisches Sprichwort

Eine Katze, die einen Kanarienvogel gefressen hat, kann deshalb noch nicht **singen.**
Deutsches Sprichwort

Vögel, die früh **singen,** fängt am Abend die Katze.
Deutsches Sprichwort

Ein **Single** ist jemand, der gelernt hat, die Erfahrungen anderer zu berücksichtigen.
Udo Jürgens

Aus den Augen, aus dem **Sinn.**
Deutsches Sprichwort

Williger **Sinn** macht leichte Füße.
Deutsches Sprichwort

Wenn **Sinn** für Unsinn hat, wird nicht in Gefahr geraten, Unsinn für Sinn zu halten.
Ulrich Pleitgen

Wo rohe Kräfte **sinnlos** walten, da kann sich kein Gebild gestalten.
Schiller, Das Lied von der Glocke

Der **Skeptiker** wappnet sich gegen alles, auch gegen das Glück.
Georges Duhamel

Das Positive am **Skeptiker** ist, daß er alles für möglich hält.
Thomas Mann

Sitte ist stärker als Recht.
Deutsches Sprichwort

Was einst Laster war, ist heute **Sitte.**
Seneca

Andere Zeiten, andere **Sitten.**
Deutsches Sprichwort

Guter Umgang verbessert schlechte **Sitten.**
Deutsches Sprichwort

So fühlt man Absicht, und man ist verstimmt.
Goethe

So lange ich atme, hoffe ich auch.
Lateinisches Sprichwort

So mancher meint, ein gutes Herz zu haben, und hat nur schwache Nerven.
Marie von Ebner-Eschenbach

Sobald das Geld im Kasten klingt, die Seele aus dem Fegefeuer springt.
Johann Tetzel

Sobald man spricht, beginnt man schon, zu irren.
Goethe

Solidariät ist immer eine Forderung, die sich an den Stärkeren richtet.
Birgit Breuel

Starke Schultern können mehr tragen als schwache. Das ist die Basis jeder **Solidarität.**
Rudolf Dreßler

Solidarität erfordert die Bereitschaft zum Teilen und mithin zum Verzicht.
Werner Münch

Der **Sommer** gibt Korn, der Herbst gibt Wein; der Winter verzehrt, was beide beschert.
Deutsches Sprichwort

Den **Sommer** schändet kein Donnerwetter.
Sprichwort

Der **Sommer** dauert nicht das ganze Jahr.
Sprichwort

Die **Sonne** bringt es an den Tag.
Deutsches Sprichwort

Die **Sonne** scheint über Gerechte und Ungerechte.
Deutsches Sprichwort

Es geschieht nichts Neues unter der **Sonne.**
Prediger Salomo 1,9

Geh' mir ein wenig aus der **Sonne.**
Diogenes

Wär' nicht das Auge sonnenhaft, die **Sonne** könnt' es nie erblicken.
Goethe

Wem die **Sonne** scheint, der fragt nicht nach den Sternen.
Deutsches Sprichwort

Es ist nichts so fein gesponnen, es kommt doch an das Licht der **Sonnen.**
Deutsches Sprichwort

Auf Regen folgt **Sonnenschein.**
Deutsches Sprichwort

Mach es wie die **Sonnenuhr:** Zähl' die heitren Stunden nur.
Deutsches Sprichwort

Alle Tage ist kein **Sonntag.**
Carl Clowing

Arbeit, **Sorg** und Herzeleid ist der Erde Alltagskleid.
Deutsches Sprichwort

Dem wachsenden Reichtum folgt die **Sorge.**
Horaz

Schaden, **Sorge**, Klage wachsen alle Tage.
Deutsches Sprichwort

Die **Sorgen** sind wie Gespenster: Wer sich nicht vor ihnen fürchtet, dem können sie nichts anhaben.
Deutsches Sprichwort

Kleine **Sorgen** machen viele Worte, große sind stumm.
Deutsches Sprichwort

Sorgenlos sein ist ein Glück – sorglos sein viel Unglück.
Deutsches Sprichwort

Dem Storch gegenüber haben die Frösche eine begrenzte **Souveränität.**
David Frost

Soviel Leute, soviel Ansichten.
Terenz

Das Klettern auf der Leiter des **Sozialprestiges** endet oft mit einem schrecklichen Muskelkater.
Peter Ustinov

Der Stümper macht die meisten **Späne.**
Deutsches Sprichwort

Wo gehobelt wird, da fallen **Späne.**
Deutsches Sprichwort

Spare in der Zeit, so hast du in der Not.
Deutsches Sprichwort

Die **Sparsamkeit** ist die Tochter der Vorsicht, die Schwester der Mäßigkeit und die Mutter der Freiheit.
Samuel Smiles

Es gilt, bei den Häuptlingen und nicht bei den Indianern zu **sparen.**
Ulf Fink

Was man **sparen** nennt, heißt nur einen Handel für die Zukunft abzuschließen.
George Bernhard Shaw

Wer nicht zu **sparen** weiß, dem nützt das Gewinnen nichts.
Sprichwort

Besser **sparsam** leben als im Elend verderben.
Deutsches Sprichwort

Sparsamkeit ist eine gute Einnahme.
Cicero

Der Weg zum Reichtum liegt hauptsächlich in zwei Wörtern: Arbeit und **Sparsamkeit.**
Benjamin Franklin

Was man ernst meint, sagt man am besten im **Spaß.**
Wilhelm Busch

Jeder **Spaß** findet seine Lacher.
Deutsches Sprichwort

Besser zu früh als zu **spät.**
Deutsches Sprichwort

Ein bisschen zu **spät** ist viel zu spät.
Deutsches Sprichwort

Lieber **spät** als niemals.
Livius

Zu spät ist zu **spät.**
Deutsches Sprichwort

Mit **Speck** fängt man Mäuse.
Deutsches Sprichwort

Verbotene **Speise** schmeckt am besten.
Deutsches Sprichwort

Ein **Sperling** in der Hand ist besser als eine Taube auf dem Dach.
Deutsches Sprichwort

Sprichwörter sind die **Spiegel** der Denkart einer Nation.
Gottfried Herder

Wer an den **Spiegel** tritt um sich zu ändern, der hat sich schon geändert.
Seneca

Das **Spiel** zeigt den Charakter.
Deutsches Sprichwort

Erst die Arbeit, dann das **Spiel,** nach der Reise kommt das Ziel.
Deutsches Sprichwort

Glück im **Spiel** – Unglück in der Liebe.
Deutsches Sprichwort

Im **Spiel** gibt's keine Freundschaft.
Deutsches Sprichwort

Das **Spiel** ist das einzige, was Männer wirklich ernst nehmen. Deshalb sind Spielregeln älter als alle Gesetze der Welt.
Peter Bamm

Zu wenig und zu viel ist des Teufels **Spiel.**
Deutsches Sprichwort

Spielen ist Experimentieren mit dem Zufall.
Novalis

Spielen ist keine Kunst, aber aufhören mit spielen.
Deutsches Sprichwort

Es **spielen** sich eher zehn Leute arm als einer reich.
Deutsches Sprichwort

Ich bin zu alt, um nur zu **spielen**, zu jung, um ohne Wunsch zu sein.
Goethe

Reiche **Spieler** und alte Trompeter sind rar.
Deutsches Sprichwort

Wer mit dem Leben **spielt,** kommt nie zurecht.
Goethe

Sport ist, wenn man hinterher duscht.
Helmut Pfleger

Sport ist ideal um jegliche Gefühlsregung, sei es Wut oder Glück, loszuwerden.
Karlheinz Rummenigge

Der **Sport** ist dazu da, dass man gesünder stirbt und nicht dazu, dass man länger lebt.
Ludwig Prokop

Der **Sport** ist total überzüchtet.
Max Schmeling

Wer den Schaden hat, braucht für den **Spott** nicht zu sorgen.
Deutsches Sprichwort

Feiner **Spott** ist ein Dorn, der etwas von dem Duft der Blume konserviert hat.
Alfred d'Houdetot

Es sind nicht alle frei, die ihrer Ketten **spotten.**
Lessing, Nathan der Weise

Spott ist der Dunst kleiner Herzen.
Lord Tennyson

Der **Spott** ist die Mehrwertsteuer der Popularität.
Alfred Oder

Die wahre Heimat ist eigentlich die **Sprache.**
Wilhelm von Humboldt

Sprache ist für mich nicht nur ein Werkzeug. Sie beeinflußt vielmehr mein Denken.
Shalom Ben Chorin

Die **Sprache** ist die Kleidung der Gedanken.
Samuel Johnson

Wo immer **Sprache** vergewaltigt wird, verdreht oder verbogen, folgt Schreckliches stets nach.
Amos Oz

Sprich nicht weiter, wenn du überzeugt hast.
Deutsches Sprichwort

Sobald man **spricht**, beginnt man schon, zu irren.
Goethe

Wer immer das letzte Wort haben will, **spricht** bald mit sich allein.
Bretonisches Sprichwort

Es gibt kein **Sprichwort**, das nicht wahr ist.
Spanisches Sprichwort

Es ist etwas Weises in jedem **Sprichwort.**
Arabisches Sprichwort

Ein **Sprichwort** ist ein kurzer Satz, der sich auf lange Erfahrung gründet.
Miguel de Cervantes

Sprichwörter sind die Spiegel der Denkart einer Nation.
Gottfried Herder

Der **Staat** ist eine Notordnung gegen das Chaos.
Gustav Heinemann

Der **Staat** ist die große Fiktion, mit deren Hilfe sich alle bemühen, auf Kosten aller zu leben.
Frédéric Bastiat

Immerhin hat das den **Staat** zur Hölle gemacht, daß ihn der Mensch zu seinem Himmel machen wollte.
Hölderlin

Der **Staat** ist keine Kuh, die im Himmel gefüttert und auf Erden gemolken wird.
Theo Waigel

Der Fürst ist der erste Diener seines **Staates.**
Friedrich II.

Der **Staatshaushalt** ist kein Autoreifen, aus dem man nach Belieben Luft ablassen kann.
Giscard D'Estaing

Der größte **Staatsmann** ist derjenige, welcher der humanste ist.
Anselm Feuerbach

Der **Staatsmann** ist einer, der das Steuer führt, während der Politiker zufrieden ist, wenn er dahintreibt.
James Freeman Clarke

Alle schlechten Menschen helfen einander, darin liegt ihre größte **Stärke.**
Alexander Solschenizyn

Wer sich selbst überwindet, wird **stark.**
Lao-tse

Der Honig ist nicht weit vom **Stachel.**
Deutsches Sprichwort

Geduldige Schafe gehen viel in einen **Stall.**
Deutsches Sprichwort

Der Apfel fällt nicht weit vom **Stamm.**
Deutsches Sprichwort

Redlichkeit gedeiht in jedem **Stande.**
Schiller

Der Tod frißt alle Menschenkind', fragt nicht, wes **Stands** sie sind.
Deutsches Sprichwort

Außen blank, innen **Stank.**
Deutsches Sprichwort

Zank bringt **Stank.**
Deutsches Sprichwort

Einigkeit macht **stark.**
Deutsches Sprichwort

Wer grob ist, ist noch lange nicht **stark.**
Deutsches Sprichwort

Der **Starke** ist am mächtigsten allein.
Schiller

Vorteil geht vor **Stärke.**
Deutsches Sprichwort

Der **Stärkere** hat immer recht.
Deutsches Sprichwort

Abwechslung **stärkt** den Appetit.
Deutsches Sprichwort

Vom Vater hab ich die **Statur**,
des Lebens ernstes Führen,
vom Mütterchen die Frohnatur
und Lust zu fabulieren.
Goethe

Ein **Steckenpferd** zu unterhalten, kostet oft mehr als ein Reitpferd.
Deutsches Sprichwort

Am schnellsten kommt man auf dem **Steckenpferd** seines Vorgesetzten voran.
Rumänisches Sprichwort

Spring nicht über den Graben, wenn der **Steg** daneben ist.
Deutsches Sprichwort

Da **steh'** ich nun, ich armer Tor, und bin so klug als wie zuvor.
Goethe

Hier **stehe** ich. Ich kann nicht anders. Gott helfe mir! Amen.
Luther auf dem Reichstag von Worms

Der Hehler ist schlimmer als der **Stehler.**
Deutsches Sprichwort

Wer sich auf die Fußspitzen stellt, **steht** nicht fest.
Lao-tse

Also geht es in der Welt: Der eine **steigt**, der andere fällt.
Deutsches Sprichwort

Steter Tropfen höhlt den **Stein**.
Ovid

Auch aus **Steinen**, die in den Weg gelegt werden, kann man Schönes bauen.
Goethe

Wer im Glashaus sitzt, soll nicht mit **Steinen** werfen.
Deutsches Sprichwort

Es heißt nicht **sterben**, lebt man in den Herzen der Menschen fort, die man verlassen muß.
Samuel Smiles

Sterben ist o. k., wenn man nicht dabei ist.
Woody Allen

Die Stunde unseres **Sterbens** ist nur eine unserer Stunden und keine ausnahmsweise.
Rainer Maria Rilke

Wir sind **sterblich**, wo wir lieblos sind, unsterblich, wo wir lieben.
Karl Jaspers

Sterben und Steuer zahlen muss der Mensch überall.
Deutsches Sprichwort

Das Eintreiben von **Steuern** ist nichts anderes als Diebstahl.
Thomas von Aquin

Die **Sterne**, die begehrt man nicht, man freut sich ihrer Pracht.
Goethe

Die **Sterne** lügen nicht.
Schiller

Wem die Sonne scheint, der fragt nicht nach den **Sternen.**
Deutsches Sprichwort

Steter Tropfen höhlt den Stein.
Ovid

Sterben und **Steuer** zahlen muss der Mensch überall.
Deutsches Sprichwort

Bei gutem Wetter kann jeder **Steuermann** sein.
Deutsches Sprichwort

Stiche, die nicht bluten, tun weher als andere.
Deutsches Sprichwort

Armut ist aller Künste **Stiefmutter.**
Deutsches Sprichwort

Stil ist der äußere Ausdruck einer inneren Harmonie der Seele.
William Hazlitt

Der **Stil** ist der genaue Abdruck der Qualität des Denkens.
Arthur Schopenhauer

Stille Wasser sind tief.
Deutsches Sprichwort

Die größte Offenbarung ist die **Stille.**
Lao-tse

Die Leere der **Stille** zum Leben erwecken, heißt die Unendlichkeit der Klänge hervorzubringen.
Torn Takemitsu

Stille ist das nicht vorhandene Zwitschern der Vögel.
Erich Fried

Stillen Wassern und schweigenden Leuten ist nicht zu trauen.
Deutsches Sprichwort

Der Zug des Herzens ist des Schicksals **Stimme.**
Schiller

Eigenlob **stinkt.**
Deutsches Sprichwort

Einen alten Dreck soll man nicht aufrühren, sonst **stinkt** er.
Schweizerisches Sprichwort

Geld **stinkt** nicht.
Vespasian

Jung **stirbt,** wen die Götter lieben.
Menander

Man **stirbt** nur einmal – und für so lange!
Molière

Eines Menschen Tun und Wesen, an der **Stirne** ist's zu lesen.
Deutsches Sprichwort

Wer den **Stock** fürchtet, kann nur mit dem Stock regiert werden.
Deutsches Sprichwort

Wer erst ins **Stolpern** kommt, ist nah dem Fall.
Deutsches Sprichwort

Auch der beste Gaul **stolpert** einmal.
Deutsches Sprichwort

Der **Stolz** frühstückt mit dem Übermut, speist zu Mittag mit der Armut und ißt zu Abend mit der Schande.
Benjamin Franklin

Dummheit und **Stolz** wachsen auf einem Holz.
Deutsches Sprichwort

Je größer der Mann, um so geringer der **Stolz.**
Friedrich Hebbel

Wer **stolz** ist, ist auch grob.
Deutsches Sprichwort

Jede Flasche findet ihren **Stöpsel.**
Deutsches Sprichwort

Wo Frösche sind, da gibt es auch **Störche.**
Deutsches Sprichwort

Wo sich der Esel einmal **stößt,** da stößt er sich nicht wieder.
Deutsches Sprichwort

Strafe im Zorn kennt weder Maß noch Ziel.
Deutsches Sprichwort

Die beste Zucht sind gute Worte und harte **Strafe.**
Deutsches Sprichwort

Die **Strafe** soll nicht größer sein als die Schuld.
Cicero

Man entgeht wohl der **Strafe**, aber nicht dem Gewissen.
Deutsches Sprichwort

Strafe ist Gerechtigkeit für die Ungerechten.
Augustinus

Der Sinn der **Strafe** ist, jemanden in der gesellschaftlichen Ordnung niedriger zu setzen.
Friedrich Nietzsche

Allzu **straff** gespannt zerspringt der Bogen.
Schiller

Das Geld liegt auf der **Straße**.
Deutsches Sprichwort

Häuslicher Zwist gehört nicht auf die **Straße**.
Deutsches Sprichwort

Man muss sich **strecken** nach den Decken.
Deutsches Sprichwort

Kein Baum fällt auf den ersten **Streich**.
Deutsches Sprichwort

Abgeredet vor der Zeit, gibt nachher keinen **Streit**.
Deutsches Sprichwort

Mit Zank und **Streit** kommt man nicht weit.
Deutsches Sprichwort

Wer bei einem **Streit** zuerst still ist, stammt aus gutem Haus.
Tschechisches Sprichwort

Nicht jene, die **streiten**, sind zu fürchten, sondern jene, die ausweichen.
Marie von Ebner-Eschenbach

Über Geschmack läßt sich nicht **streiten**.
Deutsches Sprichwort

Der Ertrinkende klammert sich am **Strohhalm** fest.
Deutsches Sprichwort

Niemand erreicht die Quelle, der stets mit dem **Strom** schwimmt.
Erhard Eppler

Probieren geht über **studieren.**
Deutsches Sprichwort

Ein voller Bauch **studiert** nicht gern.
Deutsches Sprichwort

Das eigentliche **Studium** der Menschheit ist der Mensch.
Goethe

Besser **stumm** als dumm.
Deutsches Sprichwort

Dem Glücklichen schlägt keine **Stunde.**
Schiller, Die Piccolomini

Mach es wie die Sonnenuhr:
Zähl' die heitren **Stunden** nur.
Deutsches Sprichwort

Wer Wind säht, wird **Sturm** ernten.
Schiller

Was Hände bauen, können Hände **stürzen.**
Hosea 8,7

Wer in dem Augenblick **suchen** muß, wo er braucht, findet schwer.
Wilhelm von Humboldt

Eifersucht ist eine Leidenschaft, die mit Eifer **sucht,** was Leiden schafft.
Friedrich Schleiermacher

Es ist unglaublich, wie viele Sachen man findet, wenn man etwas Bestimmtes vergeblich **sucht.**
Georg Thomalla

Schmal ist der Weg zur Tugend, breit der zur **Sünde.**
Deutsches Sprichwort

Wenn man im Leben etwas genauer hinguckt, wird es sehr schwer, den Richter zu spielen. Kein Mensch ist frei von **Sünde.**
???

Die Jagd auf **Sündenböcke** kennt keine Schonzeit.
Lothar Schmidt

Sünden kehren lachend ein und weinend aus.
Deutsches Sprichwort

Der Kirchhof deckt die **Sünden** der Ärzte zu.
Deutsches Sprichwort

Die Rache ist **süß**, aber man verdirbt sich leicht den Magen daran.
Deutsches Sprichwort

Hunger macht saure Bohnen **süß.**
Deutsches Sprichwort

Was sauert, das **süßt** auch nicht.
Deutsches Sprichwort

T

Das Lob von tausend Narren wiegt nicht den **Tadel** eines einzigen klugen Mannes auf.
Deutsches Sprichwort

Tadeln ist leicht, loben können ist schwer.
Deutsches Sprichwort

Die jetzigen Menschen sind zum **Tadeln** geboren. Vom ganzen Achilles sehen sie nur die Ferse.
Marie von Ebner-Eschenbach

Bei andern **tadelt** man, was man bei sich erlaubt.
Französisches Sprichwort

Der Mensch erfährt, er sei auch wer er mag, ein letztes Glück und einen letzten **Tag.**
Goethe, Sprichwörtlich

Die Sonne bringt es an den **Tag.**
Deutsches Sprichwort

Man soll den **Tag** nicht vor dem Abend loben.
Schiller, Wallensteins Tod

Rom ist auch nicht an einem **Tag** gebaut worden.
Deutsches Sprichwort

Zu neuen Ufern lockt ein neuer **Tag.**
Goethe

Alle **Tage** ist kein Sonntag.
Deutsches Sprichwort

Die **Tage** folgen einander wohl, aber sie gleichen sich nicht.
Deutsches Sprichwort

Es ist noch nicht aller **Tage** Abend.
Deutsches Sprichwort

Wer aus Liebe heiratet, hat gute Nächte und üble **Tage**.
Deutsches Sprichwort

Alles in der Welt läßt sich ertragen, nur nicht eine Reihe von schönen **Tagen**.
Goethe, Sprichwörtlich

Tages Arbeit! Abends Gäste! Saure Wochen! Frohe Feste!
Goethe, Der Schatzgräber

Takt besteht darin, daß man weiß, wie weit man gehen darf.
Jean Cocteau

Takt ist die Fähigkeit, andere so darzustellen, wie sie sich selbst gern sehen.
Abraham Lincoln

Takt ist der auf das Benehmen angewandte gute Geschmack.
Nicolas de Chamfort

Takt besteht darin, zu wissen, wie weit man gehen darf.
Jean Cocteau

Takt ist die Fähigkeit, einem andren auf die Beine zu helfen, ohne ihm dabei auf die Zehen zu treten.
Curt Goetz

Takt ist die Fähigkeit, andere so darzustellen, wie sie sich selbst gerne sehen.
Abraham Lincoln

Das **Talent** arbeitet, das Genie schafft.
Robert Schumann

Es bildet ein **Talent** sich in der Stille, sich ein Charakter in dem Strom der Welt.
Goethe, Torquato Tasso

Wer den Pfennig nicht ehrt, ist des **Talers** nicht wert.
Deutsches Sprichwort

Beim **Tanz** geigt der Teufel gern.
Deutsches Sprichwort

Der hat gut **tanzen**, dem das Glück aufspielt.
Deutsches Sprichwort

Vorsicht ist der bessere Teil der **Tapferkeit.**
Shakespeare, König Heinrich IV.

Das Gedächtnis ist eine gute **Tasche**; aber sie reißt, wenn man zu viel hineinstopft.
Deutsches Sprichwort

Absicht ist die Seele der **Tat.**
Deutsches Sprichwort

Das eben ist der Fluch der bösen **Tat**, daß sie fortzeugend immer Böses muß gebären.
Schiller

Es ist des Menschen Zunge, nicht die **Tat**, die alles lenkt.
Sophokles

Der Worte sind genug gewechselt! Laßt mich auch endlich **Taten** sehen!
Goethe

Wir müßten uns oft unserer besten **Taten** schämen, wenn die Beweggründe dazu ans Licht kämen.
La Rochefoucauld

Taten sind Früchte, Worte nur Blätter.
Griechisches Sprichwort

Taten sind lauter als Worte.
Prinz Charles von Wales

Alle sind **Täter**, und niemand war es.
György Konrad

Tatsachen sind wichtiger als Meinungen.
Ernst Jünger

Die **Tatsachen** sind immer sichtbar – es kommt nur darauf an, ob man sie sehen will oder nicht.
Arnaldo Forlani

Man muß die **Tatsachen** kennen, bevor man sie verdrehen kann.
Mark Twain

Tätigkeit ist das Salz des Lebens.
Deutsches Sprichwort

Was der **Taube** auch hört, er reimt sich's zusammen.
Deutsches Sprichwort

Ein Sperling in der Hand ist besser als eine **Taube** auf dem Dach.
Deutsches Sprichwort

Den **Tauben** ist gut predigen.
Deutsches Sprichwort

Der bessere **Teil** der Tapferkeit ist die Vorsicht.
Shakespeare

Jedem ist sein **Teil** bestimmt!
Vergil

Teilnehmen ist wichtiger als Siegen.
Pierre de Coubertin

Temperament ist ein vorzüglicher Diener, doch ein gefährlicher Herrscher.
Deutsches Sprichwort

Guter Rat ist **teuer.**
Deutsches Sprichwort

Das **Teuerste** ist nicht immer das Beste.
Deutsches Sprichwort

Neuerung macht **Teuerung.**
Deutsches Sprichwort

Beim Tanz geigt der **Teufel** gern.
Deutsches Sprichwort

Der Neid gönnt dem **Teufel** nicht die Hitze in der Hölle.
Deutsches Sprichwort

Der **Teufel** ist ein Egoist.
Goethe

Der **Teufel** hat mehr Apostel als zwölf.
Deutsches Sprichwort

Der **Teufel** ist nie so schwarz, wie man ihn malt.
Deutsches Sprichwort

Jeder von uns hat den eigenen Engel und den eigenen **Teufel**. Nur sind die Engel faul und machen oft Urlaub, während die Teufel stets fleißig sind.
Andrzej Szczypiorski

Gibt man dem **Teufel** den kleinen Finger, so will er die ganze Hand.
Deutsches Sprichwort

Lustig gelebt und selig gestorben heißt dem **Teufel** die Rechnung verdorben.
Deutsches Sprichwort

Was man Gott nimmt, das holt der **Teufel** wieder.
Deutsches Sprichwort

Wer den **Teufel** ins Schiff nimmt, muss ihn auch hinüberfahren.
Deutsches Sprichwort

Wo der **Teufel** nicht selbst hinwill, schickt er einen Pfaffen oder ein altes Weib.
Deutsches Sprichwort

Zu Gott hinken die Leute, zum **Teufel** laufen sie.
Deutsches Sprichwort

Zu wenig und zu viel ist des **Teufels** Spiel.
Deutsches Sprichwort

Es ist nichts **teurer**, als was man mit Bitten erkaufen muß.
Deutsches Sprichwort

Das **Theater** bildet mehr als ein dickes Buch.
Voltaire

Die ganze Welt ist ein **Theater.**
Shakespeare, Wie es euch gefällt

Seltsames **Theater**, in dem die Akteure auf dem Podium sich selber Beifall klatschen.
Stanislaw Lec

Nur das Unerträgliche ist wirkliches **Theater** – Ekel schafft Klarheit.
Eugène Ionesco

Einer Fernsehsendung ist es egal, was die Zuschauer dabei tun. Der **Theateraufführung** nicht.
Jürgen Flimm

Theorie ist das, was man nicht versteht. Praxis ist das, was man nicht erklären kann.
Alfred Oder

Lasst **Theorien** sterben und nicht Menschen.
Karl Popper

Die **Theorie** ist eine Vermutung mit Hochschulbildung.
Jimmy Carter

Wer hoch steigt, fällt **tief.**
Deutsches Sprichwort

Stille Wasser sind **tief.**
Deutsches Sprichwort

In die **Tiefe** mußt du steigen, soll sich dir das Wesen zeigen.
Schiller, Worte des Konfuzius

Will man **Tiefes** sagen, so gewöhne man sich zunächst, nichts Falsches zu sagen.
Luc de Vauvenargues

Der ist der Herr der Erde, wer ihre **Tiefen** mißt.
Novalis

Quäle nie ein **Tier** zum Scherz, denn es fühlt wie du den Schmerz.
Deutsches Sprichwort

Tiere sind auch unseres Herrgotts Kostgänger.
Deutsches Sprichwort

Time is money (englisch = Zeit ist Geld).
Englisches Sprichwort

Große Männer lehnen **Titel** ab, weil sie auf Titel eifersüchtig sind.
George Bernhard Shaw

Der **Titel** soll den Träger immer an seine eigene Herrlichkeit gemahnen.
Kurt Tucholsky

Was ist der **Titel** ohne Mittel?
Sprichwort

Vor **Tische** las man's anders.
Schiller

Dem **Tod** kann niemand entgehen.
Cicero

Der **Tod** frisst alle Menschenkind', fragt nicht, wes Stands sie sind.
Deutsches Sprichwort

Der **Tod** hat keinen Kalender.
Deutsches Sprichwort

Der **Tod** ist das Ende aller Not.
Deutsches Sprichwort

Der **Tod** ist der Beginn der Unsterblichkeit.
Robespierre

Der **Tod** ist ein stiller Mann, aber er bezwingt jeden.
Deutsches Sprichwort

Der **Tod** macht stille Leute.
Deutsches Sprichwort

Der **Tod** zahlt alle Schulden.
Deutsches Sprichwort

Des einen **Tod**, des anderen Brot.
Deutsches Sprichwort

Gegen den **Tod** ist kein Kraut gewachsen.
Deutsches Sprichwort

Lange Qual ist bittrer **Tod.**
Deutsches Sprichwort

Rasch tritt der **Tod** den Menschen an.
Schiller

Trennung ist der Liebe **Tod.**
Deutsches Sprichwort

Umsonst ist nur der **Tod.**
Deutsches Sprichwort

Warm ist das Leben, kalt ist der **Tod.**
Deutsches Sprichwort

Der **Tod** ist groß. Wir sind die Seinen lachenden Mundes. Wenn wir uns mitten im Leben meinen, wagt er zu weinen mitten in uns.
Rainer Maria Rilke

Nicht nur einen **Tod** gibt es. Der uns dahinrafft, ist nur der letzte.
Seneca

Jeder Augenblick im Leben ist ein Schritt zum **Tode** hin.
Pierre Corneille, Titus und Berenice

Die Menschen sind so **tolerant**, als sie müssen; und so intolerant, als sie dürfen.
Charles Tschopp

Die **toleranten** Menschen haben nicht die meiste Liebe.
Jean Paul

Toleranz ist das unbehagliche Gefühl, der andere könne vielleicht doch recht haben.
Robert Lee Frost

Niemand soll man vor seinem **Tode** glücklich nennen.
Ovid

Der **Ton** macht die Musik.
Französisches Sprichwort

An den Scherben erkennt man den **Topf.**
Deutsches Sprichwort

Volle **Töpfe,** leere Köpfe.
Deutsches Sprichwort

Besser ein weiser **Tor** als ein törichter Weiser.
Shakespeare

Einen Fehler will meiden der **Tor** und rennt in den andern.
Horaz

Ein **Tor** erkennt, was er in Händen hielt, als trefflich erst, wenn es verloren ist.
Sophokles

Alter schützt vor **Torheit** nicht.
Deutsches Sprichwort

Leichtsinn und **Torheit** sind Nachbarn.
Deutsches Sprichwort

Manche **Torheiten** kommen über uns wie ansteckende Krankheiten.
La Rochefoucauld

Ein guter **Torwart** zeichnet sich in erster Linie durch die Überschreitung seiner Machtbefugnisse aus.
Jean-Paul Sartre

Wer lange droht, macht dich nicht **tot.**
Deutsches Sprichwort

Nur der ist wirklich **tot**, der keinen guten Namen hinterläßt.
Persisches Sprichwort

Nicht alles, was **totgeschwiegen** wird, lebt.
Karl Kraus

Tote Hunde beißen nicht.
Deutsches Sprichwort

Über die **Toten** soll man nur Gutes reden.
Solon

Es gibt keine kreative Arbeit ohne **Tradition.** Neuheit ist immer eine Variation des Vergangenen.
Carlos Fuentes

Tradition heißt nicht Asche verwahren, sondern eine Flamme am Brennen halten.
Jean Jaures

Beim ersten Mal spricht man von Zufall, beim zweiten Mal von Statistik, beim dritten Mal von **Tradition.**
Kurt Biedenkopf

Die **Tragödie** der Wissenschaft: Das Erschlagen einer schönen Hypothese durch eine häßliche Tatsache.
Thomas Henry Huxley

Die **Trägheit** schleicht so langsam, dass die Armut sie bald einholt.
Deutsches Sprichwort

Der Kuß ist billig, die **Träne** teuer.
Deutsches Sprichwort

Der Erben **Tränen** sind ein verdecktes Lachen.
Deutsches Sprichwort

Tränen sind wie Perlen. Man weiß nie, ob sie echt sind.
Indonesische Volksweisheit

Wer **Tränen** ernten will, muß Liebe säen.
Schiller

Stillen Wassern und schweigenden Leuten ist nicht zu **trauen.**
Deutsches Sprichwort

Wer ohne Grund **traurig** ist, hat Grund, traurig zu sein.
Françoise Sagan

Einen **traurigen** Mann erdulde ich, aber kein trauriges Kind.
Jean Paul

Der ewige Friede ist ein **Traum**, nicht einmal ein schöner.
Helmuth von Moltke

Denn ein **Traum** ist alles Leben und die Träume selbst ein Traum.
Pedro Calderón de la Barca

Träume sind Schäume.
Deutsches Sprichwort

Nenne dich nicht arm, wenn deine **Träume** nicht in Erfüllung gegangen sind. Wirklich arm ist nur, der nie geträumt hat.
Maria von Ebner-Eschenbach

Das **Träumen** ist der Sonntag des Denkens.
Henri-Frédéric Amiel

Die Menschen sind eher bereit für **Träume** zu sterben als für Realitäten.
Peter Scholl-Latour

Wir sind vom gleichen Stoff, aus dem die **Träume** sind.
Shakespeare

Wer damit anfängt, daß er allen **traut**, wird damit enden, daß er einen jeden für einen Schurken hält.
Friedrich Hebbel

Zielen ist nicht genug, man muss auch **treffen**.
Deutsches Sprichwort

Armut **treibt** zur Arbeit.
Deutsches Sprichwort

Ungleich **trennt** die Freundschaft.
Deutsches Sprichwort

Trennung frischt die Liebe auf.
Deutsches Sprichwort

Trennung ist der Liebe Tod.
Deutsches Sprichwort

Die **Trennung** beginnt oft schon mit dem Wiedersehen.
Deutsches Sprichwort

Dir selbst sei **treu** und treu den andern, dann ist die Enge weit genug.
Goethe

Treue hat Brot und Treue leidet Not.
Deutsches Sprichwort

Wer einmal **trifft**, ist noch kein Schütze.
Deutsches Sprichwort

Wer im **Trockenen** sitzt, lacht über den Regen.
Deutsches Sprichwort

Steter **Tropfen** höhlt den Stein.
Ovid

Trunken geschwatzt, nüchtern vergessen.
Deutsches Sprichwort

Was einer **trunken** sündigt, muss er nüchtern büßen.
Deutsches Sprichwort

Tu das Deine! Gott tut das Seine.
Deutsches Sprichwort

Tu, was du nicht lassen kannst!
Lessing, Emilia Galotti

Es werden mehr Menschen durch Übung **tüchtig**, als durch Naturanlage.
Demokrit

Glück hat auf die Dauer doch zumeist wohl nur der **Tüchtige.**
Helmuth von Moltke

Tüchtigkeit, nicht Geburt, unterscheidet die Menschen.
Voltaire

Tugend ist ein sicherer Wagenlenker.
Deutsches Sprichwort

Besonnenheit ist die seidene Schnur, die durch die Perlenkette aller **Tugenden** läuft.
Thomas Fuller

Die **Tugend** würde nicht so weit gehen, wenn die Eitelkeit ihr nicht Gesllschaft leistete.
La Rochefoucauld

Viele Menschen sehen die **Tugend** mehr im Bereuen der Fehler als im Vermeiden.
Georg Christoph Lichtenberg

Die **Tugend** ist eine Eigenschaft, die nie so angesehen war wie das Geld.
Mark Twain

Wer sich heiter zu erhalten sucht, der sorgt nicht bloß für sein Glück, sondern er übt wirklich eine **Tugend**.
Wilhelm von Humboldt

Das Laster hetzt zum Krieg, aber die **Tugend** kämpft.
Luc de Vauvenargues

Müßiggang ist der **Tugend** Untergang.
Deutsches Sprichwort

Schmal ist der Weg zur **Tugend**, breit der zur Sünde.
Deutsches Sprichwort

Vor die **Tugend** haben die Götter den Schweiß gesetzt.
Hesiod

Zufriedenheit ist eine **Tugend**, Selbstzufriedenheit ein Fehler.
Deutsches Sprichwort

Die **Tugend** des Teilens bleibt allein den Armen.
Ernst-Erich Huster

Tugenden muss man achten, Untugenden kann man lieben.
Deutsches Sprichwort

Aus Neigungen werden **Tugenden** und Laster.
Deutsches Sprichwort

Leistungsbereitschaft, Pflichterfüllung – das sind Sekundärtugenden, **Tugenden** des Mittels, die nichts über die Ziele sagen.
Christian Graf von Krockow

Durch das, was wir **tun,** erfahren wir bloß, was wir sind.
Arthur Schopenhauer

Man soll das eine **tun** und das andere nicht lassen.
Deutsches Sprichwort

Nichts macht so müde, wie nichts **tun.**
Deutsches Sprichwort

Verschweige, was du **tun** willst, so kommt dir niemand dazwischen.
Deutsches Sprichwort

Was man nicht **tun** kann, tut die Zeit.
Schweizerisches Sprichwort

Es ist wichtiger, etwas im kleinen zu **tun,** als im großen darüber zu reden.
Willy Brandt

Was du nicht selbst **tust,** das tut für dich kein anderer.
Lope de Vega

Ein jeder kehre vor seiner **Tür!**
Goethe, Bürgerpflicht

Unglück sitzt nicht immer vor armer Leute **Tür.**
Deutsches Sprichwort

Was nützt der Zaun, wenn die **Tür** offen ist.
Deutsches Sprichwort

Wenn ein Mann etwas ganz Blödsinniges **tut,** so tut er es immer aus den edelsten Motiven.
Oscar Wilde

Der Brauch ist ein **Tyrann.**
Horaz

Achillesfersen verstecken sich gerne in **Tyrannenstiefeln.**
Stanislaw Lec

Jeder **Tyrann** verliert seinen Kopf früher oder später, manchmal allerdings erst nach dem Tode.
Henry A. Kissinger

Am Ausgang der Anarchie wartet ungeduldig die **Tyrannei.**
Leszek Kolakowski

U

Übel kommt geritten und geht weg mit Schritten.
Alter Spruch

Das **Übel** erkennen heißt schon, ihm teilweise abhelfen.
Otto von Bismarck

Die eingebildeten **Übel** sind die unheilbarsten.
Marie von Ebner-Eschenbach

Ein **Übel** ist des andern Geschwisterkind.
Deutsches Sprichwort

All unser **Übel** kommt daher, daß wir nicht allein sein können.
Arthur Schopenhauer

Wohltat am falschen Ort ist gleich einer **Übeltat.**
Cicero

Überleben ist ein Beruf, der gelernt werden muss, wie jeder andere.
Hans Sahl

Plötzlich ist er da – dieser **Überlebenswille**, der jedem Käfer, jeder Katze diktiert: Hier musst du durch.
Christiane Hörbiger

Die Vertraulichkeit des **Überlegenen** verbittert, weil sie nicht zurückgegeben werden darf.
Friedrich Nietzsche

Übermut tut selten gut.
Deutsches Sprichwort

Der Stolz frühstückt mit dem **Übermut**, speist zu Mittag mit der Armut und ißt zu Abend mit der Schande.
Benjamin Franklin

Sich selbst zu **überraschen** ist, was das Leben lebenswert macht.
Oscar Wilde

Übertreibungen sind immer falsch.
Giorgio Armani

Beharrlichkeit **überwindet** alles.
Deutsches Sprichwort

Wer **überwindet**, der gewinnt.
Goethe

Führen heißt **überzeugen,** heißt vorbildlich handeln.
Richard Weber

Nichts ist **überzeugender** als der Erfolg.
Leopold von Ranke

Sprich nicht weiter, wenn du **überzeugt** hast.
Deutsches Sprichwort

Wer nicht kommt zur rechten Zeit, der muss nehmen, was **übrig** bleibt.
Deutsches Sprichwort

Früh **übt** sich, was ein Meister werden will.
Schiller

Übung macht den Meister.
Deutsches Sprichwort

Verliebte laufen stets der **Uhr** voraus.
Shakespeare

Auch mit einer **Umarmung** kann man einen Gegner bewegungsunfähig machen.
Amintore Fanfani

Umgang mit Leuten macht klug.
Deutsches Sprichwort

Der Mensch ist wie sein **Umgang.**
Euripides

Guter **Umgang** verbessert schlechte Sitten.
Deutsches Sprichwort

Jeder **Umgang** ist schlechter Umgang außer dem mit seinesgleichen.
Friedrich Nietzsche

Die Kunst des **Umgangs** mit Menschen besteht darin, sich geltend zu machen, ohne andere unerlaubt zurückzudrängen.
Freiherr von Knigge

Die **Umgebung**, in der der Mensch sich den größten Teil des Tages aufhält, bestimmt seinen Charakter.
Antiphon

Sage mir, mit wem du **umgehst**, so sage ich dir, wer du bist.
Goethe

Womit man **umgeht**, das hängt einem an.
Deutsches Sprichwort

Mit wem man **umgeht**, dessen Sitten nimmt man nach und nach an.
Lessing

Dreimal **umgezogen** ist so gut wie einmal abgebrannt.
Benjamin Franklin

Umstände sind es, die jeden politischen Plan wohltätig oder verderblich für die Menschheit machen.
Edmund Burke

Wenn man etwas **Unangenehmes** zu sagen hat, sollte man stets ganz aufrichtig sein.
Oscar Wilde

Unbedacht hat manches schon ans Licht gebracht.
Deutsches Sprichwort

Alles **Unbekannte** gilt für groß.
Tacitus

Siehe, kein Wesen ist so eitel und **unbeständig** wie der Mensch.
Homer

Unbilliger Frieden ist besser als gerechter Krieg.
Deutsches Sprichwort

Und neues Leben blüht aus den Ruinen.
Schiller, Wilhelm Tell

Und sie bewegt sich doch!
Galileo Galilei

Und sie erhoben die Hände zum lecker bereiteten Mahle.
Homer, Ilias

Undank ist der Welt Lohn.
Deutsches Sprichwort

Undank tut weh.
Deutsches Sprichwort

Mancher ist **undankbar** und hat doch weniger Schuld an seiner Undankbarkeit als sein Wohltäter.
La Rochefoucauld

Der **Undank** ist immer eine Art Schwäche. Ich habe nie gesehen, daß tüchtige Menschen undankbar gewesen wären.
Goethe

Zwei Dinge sind **unendlich:** das Universum und die menschliche Dummheit, aber bei dem Universum bin ich mir noch nicht ganz sicher.
Albert Einstein

Kein Mensch ist **unersetzbar.**
Wilhelm von Humboldt

Friede ernährt, **Unfriede** verzehrt.
Deutsches Sprichwort

Ungeduld und Zorn machen alle Ding' verworren.
Deutsches Sprichwort

Leid währt nicht immer:
Ungeduld macht's schlimmer.
Deutsches Sprichwort

Ungeratene Kinder sind Nägel zu der Eltern Sarg.
Deutsches Sprichwort

Eine über die Gleichheit der Chance hinausgehende Gleichmachung der Menschen ist die höchste **Ungerechtigkeit.**
Karl Jaspers

Allzuviel ist **ungesund.**
Deutsches Sprichwort

Ungleich trennt die Freundschaft.
Deutsches Sprichwort

Ungleich verteilt sind des Lebens Güter.
Schiller

Unglück feiert nicht.
Deutsches Sprichwort

Unglück sitzt nicht immer vor armer Leute Tür.
Deutsches Sprichwort

Ein **Unglück** kommt selten allein.
Deutsches Sprichwort

Erst im **Unglück** weiß man wahrhaft, wer man ist.
Stefan Zweig

Glück im Spiel – **Unglück** in der Liebe.
Deutsches Sprichwort

Im **Unglück** erkennt man die Freunde.
Johann Gottfried Herder

Selbst geschaffenes **Unglück** lastet schwer.
Deutsches Sprichwort

Sorgenlos sein ist ein Glück – sorglos sein viel **Unglück.**
Deutsches Sprichwort

Frei geht das **Unglück** durch die ganze Erde.
Schiller

Es ist ein großes **Unglück,** wenn man weder genug Geist hat, um zu reden, noch genug Urteilskraft, um zu schweigen.
Jean de La Bruyère

Das ganze **Unglück** der Menschen rührt allein daher, daß sie nicht ruhig in einem Zimmer zu bleiben vermögen.
Blaise Pascal

Unheil beklagen, das nicht mehr zu bessern, heißt um so mehr das Unheil nur vergrößern.
Shakespeare, Othello

Weiche dem **Unheil** nicht, noch mutiger geh' ihm entgegen.
Vergil

Wer **Unheil** ausbrütet, wird es auch fliegen lassen.
Wilhelm Raabe

Das **Universum** ist ein Gedanke Gottes.
Schiller

Unkraut braucht man nicht zu begießen; es wächst über Nacht.
Deutsches Sprichwort

Unkraut vergeht nicht.
Deutsches Sprichwort

Am meisten **Unkraut** trägt der fetteste Boden.
Shakespeare, König Heinrich IV.

Ein stumpfer Rechen läßt das **Unkraut** liegen.
Deutsches Sprichwort

Unmaß sprengt das Fass.
Deutsches Sprichwort

Der **Unmäßigen** Gott ist der Bauch.
Deutsches Sprichwort

Unmäßigkeit macht arm, träg und krank.
Deutsches Sprichwort

Die Arbeit ist etwas **Unnatürliches.** Die Faulheit allein ist göttlich.
Anatole France

Unnütze Hände melken den Ochsen.
Deutsches Sprichwort

Barmherzigkeit gegen die Wölfe ist **Unrecht** gegen die Schafe.
Niederländisches Sprichwort

Besser **Unrecht** leiden als Unrecht tun.
Deutsches Sprichwort

Die Abwesenden haben immer **unrecht.**
Giacomo Casanova

Rache macht ein kleines Recht zu großem **Unrecht.**
Deutsches Sprichwort

Recht und **Unrecht** beißen einander in den Schwanz.
Deutsches Sprichwort

Wer schreit, hat **Unrecht.**
Deutsches Sprichwort

Unruhe um der Unruhe willen ist nichts anderes als Nervosität.
Henri Nannen

Wo die Natur aufhört, fängt der **Unsinn** an.
Deutsches Sprichwort

Die **Unsterblichkeit** ist nicht jedermanns Sache.
Goethe

Niemand ist **unsterblich.** Niemand kann ewig leben. Ich hätte besser auf mich aufpassen sollen.
König Hussein von Jordanien

Unter den Blinden ist der Einäugige König.
Deutsches Sprichwort

Unter Schwätzern ist der Schweiger der Klügste.
Deutsches Sprichwort

Die Wahrheit kann gedrückt, aber nicht **unterdrückt** werden.
Deutsches Sprichwort

Müßiggang ist der Tugend **Untergang.**
Deutsches Sprichwort

Meine liebste **Unterhaltung** am Samstagabend ist es, im Sessel zu sitzen und darauf zu warten, welches Bein zuerst einschläft.
Bob Hope

Man darf **Unterhaltung** ruhig dazu missbrauchen, bestimmte Meinungen an das Publikum zu bringen.
Hans W. Geissendörfer

Achte nicht bloß auf das, was andere tun, sondern auch auf das, was sie **unterlassen!**
Deutsches Sprichwort

Ein böses **Unternehmen** führt zu bösem Ziel.
Sophokles

Die unwürdigen und unbrauchbaren **Unternehmen** bedürfen um so mehr einer großspurigen Ideologie, die in alle Köpfe gerammt wird.
Heinrich Mann

Im Beruf des **Unternehmers** ist die Kreativität entscheidend und die kann niemand nur im Beruf trainieren.
Hans Graf von der Goltz

Wir **unterschätzen** das, was wir haben, und überschätzen das, was wir sind.
Marie von Ebner-Eschenbach

Es ist dem **Untertanen** untersagt, den Maßstab seiner beschränkten Einsicht an die Handlungen der Obrigkeit anzulegen.
Friedrich Wilhelm von Brandenburg

Untreue schlägt den eigenen Herrn.
Deutsches Sprichwort

Tugenden muss man achten, **Untugenden** kann man lieben.
Deutsches Sprichwort

Unverständlichkeit ist noch lange kein Beweis für tiefe Gedanken.
Marcel Reich-Ranicki

Gezwungener Wille ist **Unwille.**
Deutsches Sprichwort

Besser freundlich versagen als **unwillig** gewähren.
Deutsches Sprichwort

Der Mensch lernt solange er lebt und stirbt **unwissend.**
Serbisches Sprichwort

Nur der **Unwissende** ist wirklich arm.
Talmud

Die **Unzufriedenheit** ist ein Teil unsere Mentalität. Wir sind überkritisch. Gerade das hat uns weit gebracht.
Peter Boenisch

Besser zur **Unzeit** als gar nicht.
Deutsches Sprichwort

Nur im **Urlaub** gibt es die ewige Liebe – für 14 Tage.
Uschi Glas

Kleine **Ursachen**, große Wirkungen.
Deutsches Sprichwort

Der **Ursprung** aller Dinge ist klein.
Cicero

Das **Urteil** der Menge macht dich immer nachdenklich, aber niemals verzagt.
Platen

Über die Vergangenheit kann doch nur die Geschichte **urteilen.**
Michail Gorbatschow

Wer Menschen **beurteilt**, hüte sich vor billigem Tadel und vor billigem Lob.
Konfuzius

In jedem **Urteil** drückt der naiv urteilende Mensch sich selbst aus.
Ricarda Huch

Vorsicht im **Urteilen** ist, was heutzutage allen und jedem zu empfehlen ist.
Georg Christoph Lichtenberg

Ein **Urteil** läßt sich widerlegen, aber niemals ein Vorurteil.
Marie von Ebner-Eschenbach

Wer **Urteilskraft** in Geschäften zeigt, ist gescheit. Hat er dabei zugleich Witz, so heißt er klug.
Immanuel Kant

Es gibt keine liberale **Utopie.**
Joachim C. Fest

Der Mensch wird dumm und häßlich, wenn er keine **Utopie** hat.
György Konrad

Keine **Utopie** ist so wild, so gefährlich, so unbegreiflich phantastisch wie die Welt von heute.
Christopher Fry

Utopien sind künftige Wirklichkeiten, deren Eintritt wir erhoffen oder befürchten.
Lothar Schmidt

V

Vater werden ist nicht schwer,
Vater sein dagegen sehr.
Wilhelm Busch, Julchen

Ein **Vater** ernährt eher zehn Kinder als zehn Kinder einen Vater.
Deutsches Sprichwort

Fleiß ist des Glückes **Vater.**
Deutsches Sprichwort

Der grundlegende Fehler von **Vätern** besteht darin, von ihren Kindern zu erwarten, daß sie ihnen Ehre machen.
Bertrand Russell

Der Prophet gilt nichts in seinem **Vaterlande.**
Deutsches Sprichwort

Den schlechten Mann muß man **verachten,** der nie bedacht, was er vollbringt.
Schiller

Wenn wir wollen, daß alles so bleibt, wie es ist, müssen wir zulassen, daß sich alles **verändert.**
Tomasi die Lampedusa

Es gilt das zu **verändern,** was wir verändern können. Aber wir müssen auch mit dem leben, was wir nicht verändern können.
Rita Süssmuth

Wir sind nicht nur **verantwortlich** für das, was wir tun, sondern auch für das was wir nicht tun.
Molière

Wenn alle für alles **verantwortlich** sind, ist in Wahrheit niemand verantwortlich.
Richard Schröder

Suche nichts zu **verbergen,** denn die Zeit, die alles hört und sieht, deckt es doch auf.
Sophokles

Wenn die **Verbesserungen** aufhören, ist dies der letzte Tag der Welt. Dann sind wir im Paradies.
Ignacio Lopez de Arriortua

Wer einen zur Ader lassen will, der muss ihn auch **verbinden** können.
Deutsches Sprichwort

Es gibt immer eine enge **Verbindung** zwischen dem Jäger und dem Gejagten, dem Opfer und dem Mörder.
Christian Boltanski

Was nicht **verboten** ist, ist erlaubt.
Schiller

Verbotene Speise schmeckt am besten.
Deutsches Sprichwort

Nach dem **Verbotenen** streben wir stets, das Versagte begehrend.
Ovid

Das absurde **Verbrechen** ist wie Religion. Unglaublich, aber faszinierend.
Alfred Hitchcock

Verbunden werden auch die Schwachen mächtig.
Schiller

Verdacht ist der Freundschaft Gift.
Deutsches Sprichwort

Ein falscher **Verdacht** hat Teufelsmacht.
Deutsches Sprichwort

Sparen ist **verdienen.**
Deutsches Sprichwort

Wer **Verdienst** hat, spricht nicht davon.
Deutsches Sprichwort

Fleißige Hand erwirbt, faule Hand **verdirbt.**
Deutsches Sprichwort

Schneller Entschluss bringt oft **Verdruss.**
Deutsches Sprichwort

Verehre deine Lehrer wie deine Eltern.
Russisches Sprichwort

Der graduelle **Verfall** des bewohnten Körpers strapaziert im normalen Verlauf der Dinge kaum den Geist.
Peter Ustinov

Man soll nicht bei jedem schärferen Wind die **Verfassung** ändern.
Ignaz Bubis

Wenn jemand paranoid ist, bedeutet das nicht, dass er keine **Verfolger** hat.
Amos Oz

Alle großen **Verführer** haben gewusst, dass Frauen erst dann den Mund halten, wenn sie geküßt werden.
Marcel Aymé

Wir können nicht beliebig lange ungestraft von den Erfolgen der **Vergangenheit** leben.
Tyll Necker

Seit die **Vergangenheit** aufgehört hat, ihr Licht auf die Zukunft zu werfen, irrt der menschliche Geist in der Finsternis.
Toqueville

Die **Vergangenheit** sollte ein Sprungbrett sein, nicht ein Sofa.
Harold MacMillan

Nichts ist geeigneter, uns den rechten Weg zu weisen, als die Kenntnis der **Vergangenheit.**
Polybios

Alles **Vergängliche** ist nur ein Gleichnis.
Goethe

Alles Irdische ist **vergänglich.**
Joseph Viktor von Scheffel

Der Siege göttlichster ist das **Vergeben.**
Schiller, Die Braut von Messina

Zu **vergeben** bedeutet nicht, sich von Wahrheit und Gerechtigkeit zu verabschieden.
Papst Johannes Paul II

Mit der Dummheit kämpfen Götter selbst **vergebens.**
Schiller, Die Jungfrau von Orléans

Versehen ist kein **Vergehen.**
Deutsches Sprichwort

Vergessen ist oft schwerer, als sich zu erinnern.
Deutsches Sprichwort

Im Glück wird man **vergeßlich.**
Menander

Glücklich ist, wer **vergißt,** was doch nicht zu ändern ist.
Johann Strauß

Erst die Arbeit, dann das **Vergnügen.**
Deutsches Sprichwort

Das **Vergnügen** ist so nötig als die Arbeit.
Lessing

Das **Vergnügen** ist die Verpackung des Glücks.
Tom Wolfe

Wir können nicht mit jenen **verhandeln,** die sagen: was mein ist, ist mein; und was dein ist, ist Verhandlungssache
John F. Kennedy

Wer **verhandelt,** muss nicht nur die andere Seite überzeugen, sondern auch das eigene Publikum.
Simon Peres

Armut ist **verhasst,** Reichtum oft eine Last.
Deutsches Sprichwort

Verlobt ist noch nicht **verheiratet.**
Deutsches Sprichwort

Wer kauft, was er nicht braucht, muss, was er braucht, **verkaufen.**
Deutsches Sprichwort

Verkaufen ist keine Kunst – aber dabei verdienen.
Deutsches Sprichwort

Wer wenig haben will, muss viel **verlangen.**
Deutsches Sprichwort

Wir würden kaum etwas glühend **verlangen,** wenn wir das Verlangte ganz kennten.
La Rochefoucauld

Wer nichts **verlangt,** bekommt nichts.
Deutsches Sprichwort

Wer sich auf andere **verläßt,** der ist verlassen.
Deutsches Sprichwort

Verletzt ist leicht, heilen schwer.
Deutsches Sprichwort

Irgendwo zwickt's immer, und wenn man sich da reinsteigert, ist man am Ende wirklich **verletzt.**
Boris Becker

Die **Verleumdung** ist schnell und die Wahrheit langsam.
Voltaire

Verliebte Köchin versalzt das Essen.
Deutsches Sprichwort

Verliebte laufen stets der Uhr voraus.
Shakespeare

Allzeit gewinnen macht verdächtig; allzeit **verlieren** macht verächtlich.
Deutsches Sprichwort

Was man nicht zu **verlieren** fürchtet, hat man zu besitzen nie geglaubt und nie gewünscht.
Lessing

Man läuft Gefahr zu **verlieren**, wenn man zu viel gewinnen möchte.
Jean de La Fontaine

Nicht der ist ein **Verlierer**, der hinfällt, sondern der, der liegenbleibt.
Thomas Anders

Wer nichts hat, **verliert** nichts.
Deutsches Sprichwort

Verlobt ist noch nicht verheiratet.
Deutsches Sprichwort

Viele wissen gar nicht, dass man sich heute noch **verlobt,** und was das bedeutet.
Boris Becker

Die Welt besteht darauf, ihre **Verlogenheit** zu konservieren.
Madonna

Gesundheit ist leichter **verloren** als wiedergewonnen.
Deutsches Sprichwort

Was man nicht aufgibt, hat man nie **verloren.**
Schiller

Meistens belehrt erst der **Verlust** uns über den Wert der Dinge.
Arthur Schopenhauer

Ziehe einen **Verlust** einem unehrlichen Gewinn vor, das eine bringt augenblicklich Schmerzen, das andere für alle Zeit.
Chilon

Die **Vermutung** einer Frau ist viel genauer als die Gewißheit eines Mannes.
Rudyard Kipling

Wen Gott **vernichten** will, den verblendet er vorher.
Sophokles

Die **Vernunft** ist des Herzens größte Feindin.
Giacomo Casanova

Durch **Vernunft**, nicht durch Gewalt soll man die Menschen zur Wahrheit führen.
Denis Diderot

Je höher die **Vernunft**, desto schwerer sind die Belastungen.
Tschingis Aitmatow

Aller Zustand ist gut, der natürlich ist und **vernünftig.**
Goethe

Es ist nie **vernünftig**, auf unvernünftige Dinge zu hoffen.
Edouard Balladur

In Wahrheit ist die dunkle Kammer, in der die reine **Vernunft** thronen soll, vollkommen leer.
Lessing

Der **Verräter** schläft nicht.
Deutsches Sprichwort

Böses läßt sich leicht **verrichten**, aber nicht leicht wieder schlichten.
Deutsches Sprichwort

Besser freundlich **versagen** als unwillig gewähren.
Deutsches Sprichwort

Man spricht vergebens viel, um zu **versagen.** Der andere hört von allem nur das Nein.
Goethe, Iphigenie auf Tauris

Heute herrscht die Angst vorm **Versagen:** Wer einen Eckball hinters Tor haut, ist die Oberpfeife, wer trifft, ist reif für die Nationalelf.
Pierre Littbarski

Verschoben ist nicht aufgehoben.
Deutsches Sprichwort

Verschweige, was du tun willst, so kommt dir niemand dazwischen.
Deutsches Sprichwort

Verschwiegenheit forden ist nicht das Mittel, sie zu erlangen.
Goethe

Versehen ist kein Vergehen.
Deutsches Sprichwort

Einen alten Baum **versetzt** man nicht.
Deutsches Sprichwort

Versöhnter Feindschaft und geflickter Freundschaft ist wenig zu trauen.
Deutsches Sprichwort

Versprechen und halten ist zweierlei.
Deutsches Sprichwort

An **Versprechungen** ist jeder so reich wie er will.
Ovid

Wenn ein Mensch sein **Versprechen** wiederholt, ist er entschlossen, es zu brechen.
Max Halbe

Wer viel **verspricht,** hält wenig.
Deutsches Sprichwort

Verstand ist das beste Kapital.
Deutsches Sprichwort

Der **Verstand** irrt. Das Gefühl nie.
Robert Schumann

Verstand läßt sich nicht einprügeln.
Deutsches Sprichwort

Nichts bringt die Menschen schneller um den **Verstand** als die Liebe und das Geld.
Wolfram Weiner

Wem Gott ein Amt gibt, dem gibt er auch **Verstand.**
Deutsches Sprichwort

Wo **Verstand** und Herz zugleich sich regen, bringt der Fleiß Erstaunliches zuwegen.
Deutsches Sprichwort

Das **Verständnis** reicht oft weiter als der Verstand.
Marie von Ebner-Eschenbach

Leute, die für alles **Verständnis** haben, bieten keinen Halt.
Wolfgang Joop

Alles **verstehen,** heißt alles verzeihen.
Madame de Staël

Was man zu **verstehen** gelernt hat, fürchtet man nicht mehr.
Marie Curie

So fühlt man Absicht, und man ist **verstimmt.**
Goethe

Versuch macht klug.
Deutsches Sprichwort

Der Mensch **versuche** die Götter nicht.
Schiller

Das sicherste Mittel gegen die **Versuchung** ist Feigheit.
Mark Twain

Ich kann allem widerstehen, außer der **Versuchung.**
Oscar Wilde

Der Angriff ist die beste **Verteidigung.**
Deutsches Sprichwort

Ungleich **verteilt** sind des Lebens Güter.
Schiller

Wenn man einem Mann trauen kann, erübrigt sich ein **Vertrag.** Wenn man ihm nicht trauen kann, ist ein Vertrag überflüssig.
Jean Paul Getty

Können sich zwei **vertragen,** hat der dritte nichts zu sagen.
Deutsches Sprichwort

Pack schlägt sich, Pack **verträgt** sich.
Deutsches Sprichwort

Vertrauen erweckt Vertrauen.
Deutsches Sprichwort

Vertrauen wird dadurch erschöpft, daß es in Anspruch genommen wird.
Bertolt Brecht

Nichts kann den Menschen mehr stärken als das **Vertrauen,** das man ihm entgegnbringt.
Adolf von Harnack

Viel ankündigen schwächt das **Vertrauen.**
Horaz

Aus **Vertraulichkeit** entsteht die zarteste Freundschaft und der stärkste Haß.
Antoine de Rivarol

Sobald du dir **vertraust,** sobald weißt du zu leben.
Goethe, Faust I

Verurteile niemand, bevor du in seiner Lage warst.
Talmud

Mittelmäßige Geister **verurteilen** gewöhnlich alles, was über ihren Horizont geht.
La Rochefoucauld

Verwandte Seelen finden sich.
Deutsches Sprichwort

Der Arme kennt seine **Verwandten** besser als der Reiche.
Deutsches Sprichwort

Werd' ich zum Augenblicke sagen: **Verweile** doch! Du bist so schön! Dann magst du mich in Fesseln schlagen, dann will ich gern zugrunde gehn!
Goethe

Ungeduld und Zorn machen alle Ding' **verworren.**
Deutsches Sprichwort

Verzeihen ist die beste Rache.
Deutsches Sprichwort

Alles verstehen, heißt alles **verzeihen.**
Madame de Staël

Auf alles Überflüssige zu **verzichten** ist ein erster Schritt zu Ausgeglichenheit.
Giorgio Armani

Ein bisschen zu spät ist **viel** zu spät.
Deutsches Sprichwort

Viele Wenig machen ein **Viel.**
Deutsches Sprichwort

Zwischen zwölf und Mittag kann **viel** geschehen.
Deutsches Sprichwort

Viele Bächlein ergeben einen Bach.
Deutsches Sprichwort

Viele Federn machen ein Bett.
Deutsches Sprichwort

Viele Hunde sind des Hasen Tod.
Deutsches Sprichwort

Viele Köche verderben den Brei.
Deutsches Sprichwort

Viele Köpfe gehen schwer unter einen Hut.
Deutsches Sprichwort

Viele Wenig machen ein Viel.
Deutsches Sprichwort

Vielfalt hat noch nie einen Konflikt ausgelöst. Erst wenn die Vielfalt nicht mehr anerkannt wird, droht ein Konflikt.
Dónall O'Riagàin

Vieles Gewaltige lebt, und nichts ist gewaltiger als der Mensch.
Sophokles

Vieles wünscht sich der Mensch, und doch bedarf er nur wenig.
Goethe

Wer **vieles** bringt, wird manchem etwas bringen.
Goethe

Vier Augen sehen mehr als zwei.
Deutsches Sprichwort

Der eine klopft auf den Busch, der andere fängt den **Vogel.**
Deutsches Sprichwort

Der **Vogel** ist ausgeflogen.
Deutsches Sprichwort

Vögel, die früh singen, fängt am Abend die Katze.
Deutsches Sprichwort

Alte **Vögel** sind schwer zu rupfen.
Deutsches Sprichwort

Jedes **Volk** hat die Regierung, die es verdient.
Graf Joseph de Maistre

Das **Volk** versteht das meiste falsch; aber es fühlt das meiste richtig.
Kurt Tucholsky

Das **Volk** spendet seine Gunst, aber niemals sein Vertrauen.
Antoine de Rivarol

Das **Volk** braucht mich noch. Wir müssen die Revolution zu Ende führen.
Fidel Castro

Stets sorge, daß das **Volk** ohne Wissen und Wunsch sei. Und sorge zugleich, daß die Wissenden nicht zu handeln wagen.
Lao-tse

Den Teufel spürt das **Völkchen** nie, und wenn er sie beim Kragen hätte.
Goethe

Wenn sich die **Völker** selbst befreien, da kann die Wohlfahrt nicht gedeihen.
Schiller

Volle Töpfe, leere Köpfe.
Deutsches Sprichwort

Wer nur begann, hat schon halb **vollendet.**
Horaz

Alles **Vollkommene** in seiner Art muß über seine Art hinausgehen.
Goethe

Am anderen liebt man **Vollkommenheiten**, an sich sich.
Jean Paul

Es gibt kein **vollkommenes** Glück.
Horaz

Vollkommenheit muß das Ziel eines jeden wahren Künstlers sein.
Ludwig van Beethoven

Vom Erhabenen zum Lächerlichen ist nur ein Schritt.
Napoleon I.

Vom ersten Streiche fällt keine Eiche.
Deutsches Sprichwort

Vom Vater hab' ich die Statur,
des Lebens ernstes Führen,
vom Mütterchen die Frohnatur
und Lust zu fabulieren.
Goethe

Vom Zusehen wird niemand satt.
Deutsches Sprichwort

Von der Zunge hängt des Menschen Würde und Glück ab.
Erasmus von Rotterdam

Von Luft kann man nicht leben.
Deutsches Sprichwort

Von schönen Reden werde ich nicht satt.
Molière

Von Worten zu Werken ist ein weiter Weg.
Deutsches Sprichwort

Vor bösem Leumund ist niemand sicher.
Deutsches Sprichwort

Vor dem Tode ist niemand glücklich.
Solon

Vor die Tugend haben die Götter den Schweiß gesetzt.
Hesiod

Vor Tische las man's anders.
Schiller, Die Piccolomini

Wer nicht **voran** geht, geht zurück.
Matthias Claudius, Ein gülden ABC

Vorbilder sind gefährlich. man kann immer nur mittelmäßiger Nachahmer sein.
Jan Fromm

Vornehme Schuldner – schlechte Zahler.
Deutsches Sprichwort

Der größte Feind des Rechts ist das **Vorrecht.**
Marie von Ebner-Eschenbach

Vorrede spart Nachrede.
Deutsches Sprichwort

Ein großer **Vorsatz** scheint im Anfang toll.
Goethe, Faust II

Ein **Vorsatz,** mitgeteilt, ist nicht mehr dein.
Goethe, Die natürliche Tochter

Der Weg zur Hölle ist mit guten **Vorsätzen** gepflastert.
Deutsches Sprichwort

Gute **Vorsätze** verdrängen schlechte Gewohnheiten.
Lothar Schmidt

Vorsicht ist besser als Nachsicht.
Deutsches Sprichwort

Vorsicht ist der bessere Teil der Tapferkeit.
Shakespeare, König Heinrich IV.

Vorsicht ist die Mutter der Weisheit.
Deutsches Sprichwort

Die **Vorsicht** ist die rechte Tapferkeit.
Euripides

Die **Vorsicht** hält den ehrlichen Mann immer schadlos.
Lessing, Minna von Barnhelm

Vorsorge verhütet Nachsorge.
Deutsches Sprichwort

Vorteil geht vor Stärke.
Deutsches Sprichwort

Vorteil ist nicht allezeit Gewinn.
Deutsches Sprichwort

Nur derjenige hat den rechten **Vorteil** im Auge, der auch den Vorteil des anderen mitbedenkt.
Chinesisches Sprichwort

Wer bei seinen Handlungen immer auf **Vorteil** bedacht ist, wird sich viele Feinde machen.
Konfuzius

Allein der **Vortrag** macht des Redners Glück.
Goethe

Alles **Vortreffliche** ist selten.
Cicero

Es ist leichter, einen Atomkern zu spalten als ein **Vorurteil.**
Albert Einstein

Man muß die **Vorurteile** seiner Zeit gut kennen, um sie weder zu sehr zu verletzen noch ihnen zu verfallen.
Montesquieu

W

Die Jahre **wachsen**, aber die Kräfte schwinden.
Lateinisches Sprichwort

Es **wächst** der Mensch mit seinen größern Zwecken.
Schiller, Wallenstein

Das Gras **wächst** nicht schneller, wenn man daran zieht.
Afrikanisches Sprichwort

Unkraut braucht man nicht zu begießen; es **wächst** über Nacht.
Deutsches Sprichwort

Wage es, weise zu sein.
Horaz

Wer nichts **waget**, der darf nichts hoffen.
Schiller, Wallensteins Lager

Wer **wagt**, gewinnt.
Deutsches Sprichwort

Wer nichts **wagt**, der darf nicht hoffen.
Schiller

Wer die **Wahl** hat, hat die Qual.
Deutsches Sprichwort

Wahltag ist Zahltag.
Deutsches Sprichwort

Der **Wahn** ist kurz, die Reu' ist lang.
Schiller

Einen **Wahn** verlieren macht weiser als eine Wahrheit finden.
Ludwig Börne

Es ist immer etwas **Wahnsinn** in der Liebe. Es ist aber auch immer etwas Vernunft im Wahnsinn.
Friedrich Nietzsche

Wer heute noch nicht **wahnsinnig** ist, der ist nicht informiert. Ich bin informiert.
Gabriel Barylli

Es gibt kein Sprichwort, das nicht **wahr** ist.
Spanisches Sprichwort

Wenn es nicht **wahr** ist, ist es sehr gut erfunden.
Giordano Bruno

Wahrheit gibt kurzen Bescheid, Lüge macht viel Redens.
Sprichwort

Wahrheit zeugt Haß.
Terenz

Das sind die Weisen, die durch Irrtum zur **Wahrheit** reisen. Die bei dem Irrtum verharren, das sind die Narren.
Friedrich Rückert

Die **Wahrheit** finden wollen ist Verdienst, wenn man auch auf dem Wege irrt.
Georg Christoph Lichtenberg

Die **Wahrheit** hat ein schönes Gesicht, aber zerrissene Kleider.
Deutsches Sprichwort

Die **Wahrheit** kann gedrückt, aber nicht unterdrückt werden.
Deutsches Sprichwort

Durch Heftigkeit ersetzt der Irrende, was ihm an **Wahrheit** und an Kräften fehlt.
Goethe

Durch zweier Zeugen Mund wird allerwegs die **Wahrheit** kund.
Goethe

Einer neuen **Wahrheit** ist nichts schädlicher als ein alter Irrtum.
Goethe, Wilhelm Meisters Wanderjahre

Es gibt keine reine **Wahrheit,** aber ebensowenig einen reinen Irrtum.
Friedrich Hebbel

Man darf nur anderen die **Wahrheit** sagen, wenn man sie selber ertragen kann.
Deutsches Sprichwort

Sag' eine Lüge, so hörst du die **Wahrheit.**
Deutsches Sprichwort

Wenn sich die Mägde zanken, so kommt die **Wahrheit** heraus.
Deutsches Sprichwort

Zum Begräbnis der **Wahrheit** gehören viele Schaufeln.
Deutsches Sprichwort

Nur die **Wahrheit** beleidigt.
Französisches Sprichwort

Wahrheiten verwandeln sich in Dogmen, sobald sie diskutiert werden.
Gilbert Keith Chesterton

Wer die **Wahrheit** nicht weiß, der ist bloß ein Dummkopf. Aber wer sie weiß und sie eine Lüge nennt, der ist ein Verbrecher!
Bertolt Brecht

Wahrheit ist selten ein guter Ersatz für Takt.
Alec Guiness

Der Strom der **Wahrheit** fließt durch die Kanäle von Irrtümern.
Rabindranath Tagore

Wahrheit kann eine Keule sein, mit der man andere erschlägt.
Anatole France

Die **Wahrheit** ist ein selten Kraut, noch seltener, wer es gut verdaut.
Deutsches Sprichwort

Wer die **Wahrheit** sagt, braucht ein schnelles Pferd.
Henning Voscherau

Die **Wahrheit** kommt mit wenigen Worten aus.
Lao-tse

Ehrlich **währt** am längsten.
Deutsches Sprichwort

Was lange **währt**, wird endlich gut.
Deutsches Sprichwort

Den **Wald** vor lauter Bäumen nicht sehen.
Christoph Martin Wieland

Wie man in den **Wald** hineinruft, so schallt es heraus.
Deutsches Sprichwort

Man kann nicht den **Wald** abholzen und das Echo stehenlassen.
Richard Schröder

Der Horcher an der **Wand** hört seine eigene Schand.
Deutsches Sprichwort

Die **Wand** hat Ohren, Mauern sind Verräter.
Schiller

Nichts in der Geschichte des Lebens ist beständiger als der **Wandel.**
Charles Darwin

Wissenschaft ist ein guter **Wanderstab.**
Deutsches Sprichwort

Salz und Brot macht **Wangen** rot.
Deutsches Sprichwort

Wär' nicht das Auge sonnenhaft, die Sonne könnt' es nie erblicken.
Goethe, Zahme Xenien

Gute **Ware** lobt sich selbst.
Deutsches Sprichwort

Warm ist das Leben, kalt ist der Tod.
Deutsches Sprichwort

Warte nie, bis du Zeit hast!
Deutsches Sprichwort

Wer **warten** kann, hat viel getan.
Deutsches Sprichwort

Was das Gesetz nicht verbietet, das verbietet der Anstand.
Seneca

Was dem einen recht ist, ist dem anderen billig.
Deutsches Sprichwort

Was dem einen seine Eule, ist dem anderen seine Nachtigall.
Deutsches Sprichwort

Was dem Herzen gefällt, das suchen die Augen.
Deutsches Sprichwort

Was der Bauer nicht kennt, frisst er nicht.
Deutsches Sprichwort

Was der Nüchterne denkt, redet der Volle.
Deutsches Sprichwort

Was du ererbt von deinen Vätern, erwirb es, um es zu besitzen.
Goethe, Faust I, Faust

Was du hast in deinem Haus, das plaudere nicht vor anderen aus.
Deutsches Sprichwort

Was du heute kannst besorgen, das verschiebe nicht auf morgen!
Deutsches Sprichwort

Was du mit Geld nicht bezahlen kannst, bezahle wenigstens mit Dank.
Deutsches Sprichwort

Was du nicht willst, das man dir tu, das füg' auch keinem andern zu!
Deutsches Sprichwort

Was ein Häkchen werden will, krümmt sich beizeiten.
Deutsches Sprichwort

Was einst Laster war, ist heute Sitte.
Seneca

Was Gott tut, das ist wohlgetan.
Samuel Rodigast

Was Hände bauen, können Hände stürzen.
Schiller

Was ich denk' und tu, trau' ich auch andern zu.
Deutsches Sprichwort

Was ich nicht weiß, macht mich nicht heiß.
Deutsches Sprichwort

Was ihr nicht rechnet, glaubt ihr, sei nicht wahr.
Goethe

Was kümmert es die Eiche, wenn sich eine Sau an ihr scheuert.
Deutsches Sprichwort

Was lange währt, wird endlich gut.
Deutsches Sprichwort

Was leicht gegeben wird, wird leicht genommen.
Deutsches Sprichwort

Was man Gott nimmt, das holt der Teufel wieder.
Deutsches Sprichwort

Was man in der Wiege gelernt hat, das hält auch im Alter noch vor.
Spanisches Sprichwort

Was man jung lernt, das bleibt.
Deutsches Sprichwort

Was man nicht aufgibt, hat man nie verloren.
Schiller, Maria Stuart

Was man nicht gern tut, soll man zuerst tun.
Deutsches Sprichwort

Was man nicht im Kopf hat, muss man in den Beinen haben.
Deutsches Sprichwort

Was man nicht tun kann, tut die Zeit.
Schweizerisches Sprichwort

Was man von der Minute ausgeschlagen, gibt keine Ewigkeit zurück.
Schiller

Was man zu lang bedenkt, das wird bedenklich.
Deutsches Sprichwort

Was nicht verboten ist, ist erlaubt.
Schiller, Wallensteins Lager

Was sein muss, muss sein.
Deutsches Sprichwort

Was sich liebt, das neckt sich.
Deutsches Sprichwort

Was von Herzen kommt, das geht zu Herzen.
Deutsches Sprichwort

Was wäre das Leben ohne Hoffnung.
Friedrich Hölderlin

Was zu viel ist, ist zu viel.
Deutsches Sprichwort

Wasser hat keine Balken.
Deutsches Sprichwort

Das **Wasser** kann ohne Fische auskommen, aber kein Fisch ohne Wasser.
Chinesisches Sprichwort

Es wird überall mit **Wasser** gekocht.
Deutsches Sprichwort

Stille **Wasser** sind tief.
Deutsches Sprichwort

Wem das **Wasser** bis zum Hals steht, der darf den Kopf nicht hängen lassen.
Ulrich Steger

Alles ist aus dem **Wasser** entsprungen, alles wird durch Wasser erhalten.
Goethe

Der **Wechsel** allein ist das Beständige.
Arthur Schopenhauer

Ein jeder **Wechsel** schreckt den Glücklichen.
Schiller

Es kann ja nicht immer so bleiben hier unter dem **wechselnden** Mond.
August Friedrich Ferdinand von Kotzebue

Alles **wechselt**, doch nichts geht unter.
Ovid

Der gerade **Weg** ist der beste.
Deutsches Sprichwort

Der **Weg** zur Hölle ist mit guten Vorsätzen gepflastert.
Deutsches Sprichwort

Von Worten zu Werken ist ein weiter **Weg.**
Deutsches Sprichwort

Wo ein Wille ist, da ist auch ein **Weg.**
Deutsches Sprichwort

Alle **Wege** führen nach Rom.
Deutsches Sprichwort

Es führen viele **Wege** in die Hölle.
Deutsches Sprichwort

Gute Freunde findet man nicht am **Wege.**
Deutsches Sprichwort

Wenn es einen **Weg** gibt, etwas besser zu machen, finde ihn.
Thomas Alva Edison

Ein guter Mensch in seinem dunklen Drange ist sich des rechten **Weges** wohl bewußt.
Goethe

Ade, ade, ade! Ja, scheiden und lassen tut **weh.**
Des Knaben Wunderhorn

Armut tut **weh.**
Deutsches Sprichwort

Undank tut **weh.**
Deutsches Sprichwort

Wer sich nit kann **wehren,** wird sich nit lange nähren.
Alter Spruch

Wenn die **Weiber** auch von Glas wären, sie würden doch undurchsichtig sein.
Russisches Sprichwort

Bei **Weibern** ist alles Herz, sogar der Kopf.
Jean Paul

Weibergedanken eilen immer ihren Handlungen voraus.
Shakespeare, Wie es euch gefällt

Besser **weichen** als die Schlacht verlieren.
Deutsches Sprichwort

Eile mit **Weile!**
Deutsches Sprichwort

Gut Ding will **Weile** haben.
Deutsches Sprichwort

Wein, Geld und Gut verkehrt der Weisen Mut.
Deutsches Sprichwort

Beim **Wein** geht die Zunge auf Stelzen.
Deutsches Sprichwort

Beim **Wein** wird mancher Freund gemacht, beim Weinen auf die Prob' gebracht.
Deutsches Sprichwort

Der **Wein** erfindet nichts, er schwatzt's nur aus.
Schiller, Die Piccolomini

Der **Wein** ist unter den Getränken das nützlichste, unter den Arzneien das schmackhafteste, unter den Nahrungsmitteln das angenehmste.
Plutarch

Der **Wein** macht lose Leute.
Deutsches Sprichwort

Es braucht viel Weisheit, aber wenig **Wein,** um die Menschen zufrieden zu stellen.
Pestalozzi

Im **Wein** ist Wahrheit.
Alkäus

Selbst der beste **Wein** vermag es nicht, wirkliche Sorgen zu vertreiben.
Chinesische Weisheit

Weise Sprüche, gute Lehr' soll man tun und nicht bloß hören.
Deutsches Sprichwort

Der **Weise** trägt sein Glück bei sich.
Deutsches Sprichwort

Der **Weise** tut das am Anfang, was der Narr am Ende tut.
Deutsches Sprichwort

Der ist nicht ganz **weise**, der nicht einmal ein Narr sein kann.
Deutsches Sprichwort

Ein Narr kann mehr fragen als sieben **Weise** beantworten können.
Deutsches Sprichwort

Weise ist der Mensch, der nicht den Dingen nachtrauert, die er nicht besitzt, sondern sich der Dinge erfreut, die er hat.
Epiktet

Das sind die **Weisen**, die durch Irrtum zur Wahrheit reisen. Die bei dem Irrtum verharren, das sind die Narren.
Friedrich Rückert

Dem **Weisen** genügen wenige Worte.
Schweizerisches Sprichwort

Ein **Weiser** ist man nur unter der Bedingung, in einer Welt voller Narren zu leben.
Arthur Schopenhauer

Besser ein **weiser** Tor als ein törichter Weiser.
Shakespeare

Es ist etwas **Weises** in jedem Sprichwort.
Arabisches Sprichwort

Das ist der **Weisheit** letzter Schluß: Nur der verdient sich Freiheit wie das Leben, der täglich sie erobern muß.
Goethe

Ein Blick von dir, ein Wort mehr unterhält, als alle **Weisheit** dieser Welt.
Goethe

Es braucht viel **Weisheit**, aber wenig Wein, um die Menschen zufrieden zu stellen.
Pestalozzi

Im Leben regiert das Glück, nicht die **Weisheit.**
Deutsches Sprichwort

Vorsicht ist die Mutter der **Weisheit.**
Deutsche Redensart

Wissen können wir von anderen lernen, **Weisheit** müssen wir uns selber lehren.
Axel Munthe

Solange du dem anderen sein Anderssein noch nicht verzeihen kannst, bist du noch weit ab vom Weg zur **Weisheit.**
Chinesisches Sprichwort

Klug fragen können ist die halbe **Weisheit.**
Francis Bacon

Was ich nicht **weiß**, macht mich nicht heiß.
Deutsches Sprichwort

Wer nichts **weiß**, muß alles glauben.
Marie von Ebner Eschenbach

Was hilft mir die **Weite** des Weltalls, wenn meine Schuhe zu eng sind?
Armenisches Sprichwort

Dankbarkeit und **Weizen** gedeihen nur auf gutem Boden.
Deutsches Sprichwort

Alles in der **Welt** läßt sich ertragen, nur nicht eine Reihe von schönen Tagen.
Goethe

Also geht es in der **Welt**: Der eine steigt, der andere fällt.
Deutsches Sprichwort

Alles bewegt sich auf dieser **Welt** und ist einer ständigen Wandlung unterworfen.
Dalai-Lama

Das Durchschnittliche gibt der **Welt** ihren Bestand, das Außergewöhnliche ihren Wert.
Oscar Wilde

Die moderne **Welt**, das ist nicht, ob man gut ist oder böse, sondern auf welche Weise man böse ist.
Walter Mosley

Die ganze **Welt** ist Bühne und alle Frauen und Männer bloße Spieler, sie treten auf und gehen wieder ab.
Shakespeare

Die **Welt** ist von Narren erschaffen, damit Weise in ihr leben können.
Oscar Wilde

Wenn wir die **Welt** schon nicht zum Paradies machen können, sollten wir sie wenigstens nicht zur Hölle werden lassen.
Wolfgang Niedecken

Bevor man die **Welt** verändert, wäre es vielleicht doch wichtiger, sie nicht zugrunde zu richten.
Paul Claudel

Wer die **Welt** verbessern will, kann gleich bei sich selbst anfangen.
Pearl S. Buck

Man lebt nur einmal in der **Welt.**
Goethe, Clavigo

Redet Geld, so schweigt die **Welt.**
Deutsches Sprichwort

Undank ist der **Welt** Lohn.
Deutsches Sprichwort

Wer die **Welt** überzeugt, regiert sie.
Thomas Carlyle

Wir sind nicht auf der **Welt**, um glücklich zu werden, sondern um unsere Pflicht zu erfüllen.
Immanuel Kant

Wissenschaft und Kunst gehören der **Welt** an, und vor ihnen verschwinden die Schranken der Nationalität.
Goethe

Wem die Sonne scheint, der fragt nicht nach den Sternen.
Deutsches Sprichwort

Wem Gott ein Amt gibt, dem gibt er auch Verstand.
Deutsches Sprichwort

Wem nicht zu raten ist, dem ist auch nicht zu helfen.
Deutsches Sprichwort

Wen Gott vernichten will, den verblendet er vorher.
Sophokles

Arm ist nicht, wer **wenig** hat, sondern wer viel bedarf.
Deutsches Sprichwort

Vieles wünscht sich der Mensch, und doch bedarf er nur **wenig.**
Goethe, Hermann und Dorothea

Viele **Wenig** machen ein Viel.
Deutsches Sprichwort

Wer viel verspricht, hält **wenig.**
Deutsches Sprichwort

Weniger wäre mehr.
Lessing

Wer das **wenigste** weiß, hat oft das meiste zu sagen.
Deutsches Sprichwort

Wenn Arbeit so leicht wäre, so tät's der Bürgermeister selbst.
Deutsches Sprichwort

Wenn auch die Kräfte fehlen, ist der Wille doch zu loben.
Ovid

Wenn das Pferd tot ist, kommt der Hafer zu spät.
Deutsches Sprichwort

Wenn der Berg nicht zum Propheten kommt, muß der Prophet zum Berge gehen.
Mohammed

Wenn der Blinde den Lahmen trägt, so kommen sie beide fort.
Deutsches Sprichwort

Wenn die Birne reif ist, fällt sie ab.
Deutsches Sprichwort

Wenn die Katze fort ist, tanzen die Mäuse.
Deutsches Sprichwort

Wenn die Not am größten, dann ist Gottes Hilfe am nächsten.
Deutsches Sprichwort

Wenn es am besten schmeckt, soll man aufhören.
Deutsches Sprichwort

Wenn es anderen erlaubt ist, so ist es deswegen noch nicht dir erlaubt.
Terenz

Wenn es dem Esel zu wohl ist, geht er aufs Eis.
Deutsches Sprichwort

Wenn es nicht wahr ist, ist es sehr gut erfunden.
Giordano Bruno

Wenn gute Reden sie begleiten, dann fließt die Arbeit munter fort.
Schiller, Das Lied von der Glocke

Wenn Hochmut aufgeht, geht Glück unter.
Deutsches Sprichwort

Wenn man den Narren zum Markte schickt, freut sich der Krämer.
Deutsches Sprichwort

Wenn man die Gerechtigkeit biegt, dann bricht sie.
Deutsches Sprichwort

Wenn man vom Rathaus kommt, ist man klüger.
Deutsches Sprichwort

Wenn sich die Mägde zanken, so kommt die Wahrheit heraus.
Deutsches Sprichwort

Wenn sich die Völker selbst befreien, da kann die Wohlfahrt nicht gedeihen.
Schiller

Wenn zwei dasselbe tun, so ist es nicht dasselbe.
Terenz

Wenn zwei sich streiten, freut sich der Dritte.
Deutsches Sprichwort

Wer allen dienen will, kommt immer am schlimmsten weg.
Deutsches Sprichwort

Wer allzeit säuft und allzeit schlemmt, behält zuletzt kein ganzes Hemd.
Deutsches Sprichwort

Wer andern eine Grube gräbt, fällt selbst hinein.
Deutsches Sprichwort

Wer A sagt, muss auch B sagen.
Deutsches Sprichwort

Wer ausharrt, dem gelingt's.
Deutsches Sprichwort

Wer aus Liebe heiratet, hat gute Nächte und üble Tage.
Deutsches Sprichwort

Wer bauen will, muss zwei Pfennige für einen rechnen.
Deutsches Sprichwort

Wer das Feuer haben will, muss den Rauch leiden.
Deutsches Sprichwort

Wer das Kleine nicht ehrt, ist des Großen nicht wert.
Deutsches Sprichwort

Wer das Schwert nimmt, der soll durchs Schwert umkommen.
Matthäus 26,52

Wer das wenigste weiß, hat oft das meiste zu sagen.
Deutsches Sprichwort

Wer den Fuchs fangen will, muss mit den Hühnern aufstehen.
Deutsches Sprichwort

Wer den kleinen Finger gibt, dem nimmt man die ganze Hand.
Deutsches Sprichwort

Wer den Lüsten nicht das Messer an die Kehle setzt, den bringen sie um.
Deutsches Sprichwort

Wer den Pfennig nicht ehrt, ist des Talers nicht wert.
Deutsches Sprichwort

Wer den Schaden hat, braucht für den Spott nicht zu sorgen.
Deutsches Sprichwort

Wer den Stock fürchtet, kann nur mit dem Stock regiert werden.
Deutsches Sprichwort

Wer den Teufel ins Schiff nimmt, muss ihn auch hinüberfahren.
Deutsches Sprichwort

Wer die Leiter hält, ist so schuldig wie der Dieb.
Deutsches Sprichwort

Wer die Wahl hat, hat die Qual.
Deutsches Sprichwort

Wer dir von andern schlecht spricht, spricht auch andern schlecht von dir.
Deutsches Sprichwort

Wer einen Bauern betrügen will, muss einen Bauern mitbringen.
Deutsches Sprichwort

Wer einen zur Ader lassen will, der muss ihn auch verbinden können.
Deutsches Sprichwort

Wer einen Hinkenden verspotten will, muss selbst gerade sein.
Deutsches Sprichwort

Wer ein großes Maul hat, muss einen breiten Rücken haben.
Deutsches Sprichwort

Wer einmal lügt, dem glaubt man nicht, und wenn er auch die Wahrheit spricht.
Deutsches Sprichwort

Wer einmal stiehlt, ist immer ein Dieb.
Deutsches Sprichwort

Wer einmal trifft, ist noch kein Schütze.
Deutsches Sprichwort

Wer Fische fangen will, muss sich nass machen.
Spanisches Sprichwort

Wer fertig ist, dem ist nichts recht zu machen: ein Werdender wird immer dankbar sein.
Goethe, Faust I

Wer fragt, der lernt.
Deutsches Sprichwort

Wer früh aufsteht, dem hilft Gott.
Spanisches Sprichwort

Wer gar zu viel bedenkt, wird wenig leisten.
Schiller, Wilhelm Tell

Wer gerne gibt, fragt nicht lange.
Deutsches Sprichwort

Wer grob ist, ist noch lange nicht stark.
Deutsches Sprichwort

Wer hängen will, ersäuft nicht.
Deutsches Sprichwort

Wer hoch steigt, fällt tief.
Deutsches Sprichwort

Wer im Glashaus sitzt, soll nicht mit Steinen werfen.
Deutsches Sprichwort

Wer im Glück ist, der lerne den Schmerz!
Schiller

Wer immer strebend sich bemüht, den können wir erlösen.
Goethe

Wer im Rohr sitzt, hat gut Pfeifen schneiden.
Deutsches Sprichwort

Wer im Trockenen sitzt, lacht über den Regen.
Deutsches Sprichwort

Wer in der Jugend spart, der darbt im Alter nicht.
Christian Fürchtegott Gellert, Fabeln

Wer kauft, was er nicht braucht, muss, was er braucht, verkaufen.
Deutsches Sprichwort

Wer keine Zeit hat, ist ärmer als der ärmste Bettler.
Italienisches Sprichwort

Wer lange droht, macht dich nicht tot.
Deutsches Sprichwort

Wer langsam geht, kommt auch zum Ziel.
Deutsches Sprichwort

Wer leicht glaubt, wird leicht betrogen.
Deutsches Sprichwort

Wer mit der Hoffnung fährt, hat die Armut zum Kutscher.
Deutsches Sprichwort

Wer nicht arbeitet, soll auch nicht essen.
Deutsches Sprichwort

Wer nicht hören will, muss fühlen.
Deutsches Sprichwort

Wer nicht kommt zur rechten Zeit, der muss nehmen, was übrig bleibt.
Deutsches Sprichwort

Wer nicht richtig faulenzen kann, kann auch nicht richtig arbeiten.
Deutsches Sprichwort

Wer nichts begehrt, dem geht nichts ab.
Deutsches Sprichwort

Wer nicht sehen will, dem hilft keine Brille.
Deutsches Sprichwort

Wer nichts Gutes tut, tut schon Böses genug.
Deutsches Sprichwort

Wer nichts hat, verliert nichts.
Deutsches Sprichwort

Wer nichts verlangt, bekommt nichts.
Deutsches Sprichwort

Wer niemals anfängt, bringt niemals etwas zu Stande.
Deutsches Sprichwort

Wer nur begann, hat schon halb vollendet.
Horaz

Wer sät, der mäht.
Deutsches Sprichwort

Wer schaffen will, muß fröhlich sein.
Theodor Fontane

Wer schreit, hat Unrecht.
Deutsches Sprichwort

Wer seinen Zorn bezwingt, hat seinen Feind besiegt.
Deutsches Sprichwort

Wer sich auf andere verläßt, der ist verlassen.
Deutsches Sprichwort

Wer sich auf dem Schulweg verliert, findet sich das ganze Leben nicht zurecht.
Deutsches Sprichwort

Wer sich entschuldigt, klagt sich an.
Hieronymus

Wer sich gern bückt, dem tut der Rücken nicht weh.
Deutsches Sprichwort

Wer sich in Gefahr begibt, kommt darin um.
Deutsches Sprichwort

Wer sich leiten läßt, geht nicht irre.
Deutsches Sprichwort

Wer sich nicht selbst zum besten haben kann, der ist gewiß nicht von den Besten.
Goethe, Meine Wahl

Wer sich selbst beherrscht, der ist ein weiser Mann.
Euripides

Wer sich selbst überwindet, der gewinnt.
Deutsches Sprichwort

Wer sich unter die Kleie mengt, den fressen die Schweine.
Deutsches Sprichwort

Wer sich zum Esel macht, dem will jeder seine Säcke auflegen.
Deutsches Sprichwort

Wer sich zum Schaf macht, den fressen die Wölfe.
Deutsches Sprichwort

Wer sich zum Wurme macht, kann nachher nicht klagen, wenn er mit Füßen getreten wird.
Immanuel Kant

Wer stolz ist, ist auch grob.
Deutsches Sprichwort

Wer Tränen ernten will, muß Liebe säen.
Schiller

Wer überwindet, der gewinnt.
Goethe

Wer Verdienst hat, spricht nicht davon.
Deutsches Sprichwort

Wer viel anfängt, endet wenig.
Deutsches Sprichwort

Wer vieles bringt, wird manchem etwas bringen.
Goethe

Wer viel fragt, geht viel irre.
Deutsches Sprichwort

Wer viel verspricht, hält wenig.
Deutsches Sprichwort

Wer wagt, gewinnt.
Deutsches Sprichwort

Wer warten kann, hat viel getan.
Deutsches Sprichwort

Wer will haben gute Ruh', der höre, seh', und schweig dazu.
Deutsches Sprichwort

Wer will, was er kann, fängt nichts vergeblich an.
Deutsches Sprichwort

Wer zuerst kommt, mahlt zuerst.
Sachsenspiegel

Wer zuerst zugreift, behält.
Deutsches Sprichwort

Wer zu hoch hinaus will, stößt gewöhnlich oben an.
Deutsches Sprichwort

Wer zuletzt lacht, lacht am besten.
Deutsches Sprichwort

Wer zuviel lernen will, der lernt nichts.
Deutsches Sprichwort

Werbung ist die Kunst, auf den Kopf zu zielen und die Brieftasche zu treffen.
Vance Packard

Werbung ist das Glück der Unzufriedenen; Zufriedene sind das Unglück der Werbung.
Helmar Nahr

Wer fertig ist, dem ist nichts recht zu machen; ein **Werdender** wird immer dankbar sein.
Goethe, Faust I

Das **Werk** lobt den Meister.
Deutsches Sprichwort

Das sich das größte **Werk** vollende, genügt ein Geist für tausend Hände.
Goethe

Am **Werke** erkennt man den Meister.
La Fontaine

Von Worten zu **Werken** ist ein weiter Weg.
Deutsches Sprichwort

Des Faulen **Werktag** ist immer morgen, sein Ruhetag heute.
Deutsches Sprichwort

In jeder Freude ist ein Tropfen **Wermut.**
Deutsches Sprichwort

Die Dinge haben nur den **Wert**, den man ihnen gibt.
Molière

Ein jeder ist soviel **wert**, als die Dinge wert sind, um die es ihm ernst ist.
Marc Aurel

Man kann seine **Werte** nicht deshalb aufgeben,weil andere sie missbrauchen.
Amitai Etzioni

Heute kennt man von allem den Preis, von nichts den **Wert.**
Oscar Wilde

Die Fassung der Edelsteine erhöht ihren Preis, nicht ihren **Wert.**
Ludwig Börne

Wes Brot ich esse, des Lied ich singe.
Deutsches Sprichwort

Wes das Herz voll ist, des gehet der Mund über.
Matthäus 12,34

Die schlechtesten Früchte sind es nicht, woran die **Wespen** nagen.
Gottfried Bürger, Trost

Bei gutem **Wetter** kann jeder Steuermann sein.
Deutsches Sprichwort

Zum **Wettkampf** gehört auch, dass man dem Gegner Schwäche vorgaukelt.
Heike Henkel

Bornierten Menschen sollte man nicht widersprechen. **Widerspruch** ist immerhin ein Zeichen von Anerkennung.
Richard von Schaukal

Ich habe gerne Leute um mich, die mir **widersprechen**, aber ich kann sie nicht ertragen.
Charles de Gaulle

Grobheit ist die humanste Form des **Widerspruchs.**
Friedrich Nietzsche

Auf der Straße des geringsten **Widerstandes** versagen die stärksten Bremsen.
Stanislaw Lec

Wie die Alten sungen, so zwitschern schon die Jungen.
Deutsches Sprichwort

Wie die Arbeit, so der Lohn.
Deutsches Sprichwort

Wie die Bezahlung, so die Arbeit.
Deutsches Sprichwort

Wie du gesät hast, so wirst du ernten.
Cicero

Das Gleiche läßt uns in Ruhe, aber der **Widerspruch** ist es, der uns produktiv macht.
Goethe

Ein Nein zur rechten Zeit erspart viel **Widerwärtigkeit.**
Deutsches Sprichwort

Widerwärtigkeiten sind Pillen, die man schlucken muß und nicht kauen.
Georg Christoph Lichtenberg

Wie du mir, so ich dir.
Deutsches Sprichwort

Wie einer isst, so arbeitet er auch.
Deutsches Sprichwort

Wie furchtbar ist der kleinste Kreis, wenn man ihn wohl zu pflegen weiß.
Goethe

Wie gewonnen, so zerronnen.
Deutsches Sprichwort

Wie man den Karren schmiert, so läuft er.
Deutsches Sprichwort

Wie man sich bettet, so liegt man.
Deutsches Sprichwort

Wie man in den Wald hineinruft, so schallt es wieder heraus.
Deutsches Sprichwort

Wie wir die Arbeit anschauen, so schaut uns die Arbeit wieder an.
Deutsches Sprichwort

Alles **wiederholt** sich nur im Leben, ewig jung ist nur die Phantasie.
Schiller, An die Freude

Wird man wo gut aufgenommen, muss man nicht gleich **wiederkommen.**
Pius Alexander Wolff

Die Trennung beginnt oft schon mit dem **Wiedersehen.**
Deutsches Sprichwort

Die **Wiege** ist dem Menschen das ruhigste Bett.
Deutsches Sprichwort

Eine goldene **Wiege** ist nicht immer eine gute Kinderstube.
Deutsches Sprichwort

Was man in der **Wiege** gelernt hat, das hält auch im Alter noch vor.
Spanisches Sprichwort

Den Menschen macht sein **Wille** groß und klein.
Schiller, Wallensteins Tod

Des Menschen **Wille** ist sein Himmelreich.
Deutsches Sprichwort

Gezwungener **Wille** ist Unwille.
Deutsches Sprichwort

Wenn auch die Kräfte fehlen, ist der **Wille** doch zu loben.
Ovid

Wo ein **Wille** ist, da ist auch ein Weg.
Deutsches Sprichwort

Der **Wille** öffnet die Türen zum Erfolg.
Louis Pasteur

Des Menschen **Wille**, das ist sein Glück.
Schiller

Wer seinen **Willen** durchsetzen will, muß leise sprechen.
Jean Giraudoux

Viele Male schaut der **Wille** durchs Fenster, ehe die Tat durch das Tor schreitet.
Erasmus von Rotterdam

Der Geist ist **willig**, aber das Fleisch ist schwach.
Matthäus 26,41

Nichts ist mühsam, was man **willig** tut.
Thomas Jefferson

Williger Sinn macht leichte Füße.
Deutsches Sprichwort

Willst du wissen, wer der Mann, so sieh nur seine Gesellschaft an!
Deutsches Sprichwort

Fehlt es am **Wind**, so greife zum Ruder.
Deutsches Sprichwort

Wer **Wind** sät, wird Sturm ernten.
Hosea 8,7

Dem fleißigen Hamster schadet der **Winter** nicht.
Deutsches Sprichwort

Der Sommer gibt Korn, der Herbst gibt Wein; der **Winter** verzehrt, was beide beschert.
Deutsches Sprichwort

Wir können die Kinder nach unserem Sinne nicht formen.
Goethe

Wir sind nicht auf der Welt, um glücklich zu werden, sondern um unsere Pflichten zu erfüllen.
Immanuel Kant

Wird ein Fohlen im Schweinestall geboren, ist es deswegen noch lange kein Schwein.
Deutsches Sprichwort

Wird man wo gut aufgenommen, muß man nicht gleich wiederkommen.
Pius Alexander Wolff, Preciosa

Vor der **Wirklichkeit** kann man seine Augen verschließen, aber nicht vor der Erinnerung.
Stanislaw Lec

Die **Wirklichkeit** nimmt keine Rücksicht auf unsere Feigheit oder unsere Illusionen. Die Wand ist immer härter als der Kopf.
Arnulf Baring

Nur belehrt von der **Wirklichkeit** können wir die Wirklichkeit ändern.
Bertolt Brecht

Wer auf andere Leute **wirken** will, der muß erst einmal in ihrer Sprache mit ihnen reden.
Kurt Tucholsky

Kraft, die nicht **wirkt**, erschlafft.
Deutsches Sprichwort

Alles **Wissen** stammt aus der Erfahrung.
Immanuel Kant

Besser von vielem nichts **wissen**, als alles besser wissen.
Deutsches Sprichwort

Einer kann nicht alles **wissen.**
Deutsches Sprichwort

Wer nicht weiß, was er selber will, muß wenigstens **wissen**, was die anderen wollen.
Robert Musil

Wissen heißt wissen, wo es geschrieben steht.
Albert Einstein

Der Kluge häuft **Wissen** auf, der Weise sortiert es.
Alberto Moravia

Die wahrhaft **Wissenden** sind demütig, die wahrhaft Mächtigen sind zurückhaltend.
Rudyard Kipling

Ein Mensch kann nicht alles **wissen**, aber etwas muß jeder haben, was er ordentlich versteht.
Gustav Freytag

Unser **Wissen** ist ein Tropfen. Was wir nicht wissen, ist ein Ozean.
Isaac Newton

Man darf nicht alles **wissen.**
Horaz

Nur der Irrtum ist das Leben, und das **Wissen** ist der Tod.
Schiller, Kassandra

Wo das **Wissen** aufhört, fängt der Glaube an.
Augustin

Wissenschaft ist ein guter Wanderstab.
Deutsches Sprichwort

Wissenschaft und Kunst gehören der Welt an, und vor ihnen verschwinden die Schranken der Nationalität.
Goethe

Das ist die beste **Wissenschaft,** die gute Menschen schafft.
Deutsches Sprichwort

Die Politik ist keine exakte **Wissenschaft.**
Otto von Bismarck

Die **Wissenschaft** verjüngt die Seele und vermindert die Bitterkeit des Alters.
Leonardo da Vinci

Regieren ist eine Kunst, keine **Wissenschaft.**
Ludwig Börner

Ein Dummkopf hat bisweilen **Witz,** aber nie Verstand.
La Rochefoucauld

Der **Witz** ist das Epigramm auf den Tod eines Gefühls.
Friedrich Nietzsche

Witz ist Wissen um die Ähnlichkeit verschiedener Dinge und die Verschiedenheit ähnlicher Dinge.
Madame de Stael

Wo Aas ist, da sammeln sich die Geier.
Matthäus 24,28

Wo Arbeit das Haus bewacht, kann Armut nicht hinein.
Deutsches Sprichwort

Wo das Wissen aufhört, fängt der Glaube an.
Augustin

Wo deine Gaben liegen, da liegen auch deine Aufgaben.
Deutsches Sprichwort

Wo die Natur aufhört, fängt der Unsinn an.
Deutsches Sprichwort

Wo ein Wille ist, da ist auch ein Weg.
Deutsches Sprichwort

Wo Frösche sind, da gibt es auch Störche.
Deutsches Sprichwort

Wo gehobelt wird, da fallen Späne.
Deutsches Sprichwort

Wo Gott eine Kapelle hat, baut der Teufel eine Kirche daneben.
Deutsches Sprichwort

Wo kein Kläger, da ist auch kein Richter.
Deutsches Sprichwort

Wo nichts ist, hat der Kaiser sein Recht verloren.
Deutsches Sprichwort

Wo Rauch ist, muss auch Feuer sein.
Deutsches Sprichwort

Wo rohe Kräfte sinnlos walten, da kann sich kein Gebild gestalten.
Schiller, Das Lied von der Glocke

Wo sich der Esel einmal stößt, da stößt er sich nicht wieder.
Deutsches Sprichwort

Wo Verdacht einkehrt, nimmt die Ruhe Abschied.
Deutsches Sprichwort

Wo Verstand ist, da braucht es nicht viele Worte.
Deutsches Sprichwort

Wo Verstand und Herz zugleich sich regen, bringt der Fleiß Erstaunliches zuwegen.
Deutsches Sprichwort

Wo viel Licht ist, ist starker Schatten.
Goethe, Götz von Berlichingen

Wohl angefangen ist gut, wohl enden ist besser.
Deutsches Sprichwort

Wohl begonnen ist halb gewonnen.
Deutsches Sprichwort

Wohl schweigen ist eine größere Kunst als wohl reden.
Deutsches Sprichwort

Wohl tun beginnt zu Hause.
Englisches Sprichwort

Nur wer im **Wohlstand** lebt, lebt angenehm.
Berthold Brecht, Die Dreigroschenoper

Nur wer im **Wohlstand** lebt, schimpft auf ihn.
Ludwig Marcuse

Wohltat am falschen Ort ist gleich einer Übeltat.
Cicero

Kleine **Wohltaten** im rechten Augenblick können für den Empfänger sehr groß sein.
Demokrit

Wohltätig ist des Feuers Macht, wenn sie der Mensch bezähmt, bewacht.
Schiller

Das einzelne Schaf ist in Gefahr vor dem **Wolf.**
Deutsches Sprichwort

Der **Wolf** ändert das Haar und bleibt, wie er war.
Deutsches Sprichwort

Der **Wolf** ist immer bereit, sich ohne Lohn als Schäfer zu verdingen.
Russisches Sprichwort

Ein schlechtes Schaf, das mit dem **Wolf** spazieren geht.
Deutsches Sprichwort

Barmherzigkeit gegen die **Wölfe** ist Unrecht gegen die Schafe.
Niederländisches Sprichwort

Wer sich zum Schaf macht, den fressen die **Wölfe.**
Deutsches Sprichwort

Ein Mann soll immer mehr **wollen** als er leisten kann.
Deutsches Sprichwort

Der Mensch muß das Große und Gute **wollen**, das übrige hängt vom Schicksal ab.
Alexander von Humboldt

Aus kleinem **Wort** kommt oft großer Zank.
Deutsches Sprichwort

Das **Wort** ist tot, der Glaube macht lebendig.
Schiller, Maria Stuart

Jedes ausgesprochene **Wort** erregt den Gegensinn.
Hans Egon Holthusen

Wer nicht **Wort** halten kann, sollte auch keine Rede halten.
Werner Mitsch

Das **Wort** verwundet leichter als es heilt.
Goethe, Die natürliche Tochter

Ein freundliches **Wort** kostet nichts und ist doch das schönste aller Geschenke.
Daphne du Maurier

Ein **Wort** ist wie ein Pfeil, der, einmal von der Sehne geschnellt, nicht zurückgehalten werden kann.
Arabisches Sprichwort

Oft kommt ein nützlich **Wort** aus schlechtem Munde.
Schiller

Von einem **Wort** läßt sich kein Jota rauben.
Goethe

Worte sind der Seele Bild.
Deutsches Sprichwort

Worte, Worte nichts als Worte!
Shakespeare

Dem Weisen genügen wenige **Worte.**
Schweizerisches Sprichwort

Höfliche **Worte** machen die Zähne nicht stumpf.
Deutsches Sprichwort

Große **Worte** verbergen kleine Gedanken.
Lothar Schmidt

Wer **Worte** macht, tut wenig.
Shakespeare

Worte verbinden nur, wo unsere Wellenlängen übereinstimmen.
Max Frisch

Meine Worte sind meine **Waffen.**
Rigoberta Menchù

Worte können töten.
Thomas Klestil

Kleine Sorgen machen viele **Worte,** große sind stumm.
Deutsches Sprichwort

Man braucht viele **Worte,** um ein Wort zurückzunehmen.
Deutsches Sprichwort

Wo Verstand ist, da braucht es nicht viele **Worte.**
Deutsches Sprichwort

Wozu der Mensch Lust hat, dazu hat er auch Andacht.
Deutsches Sprichwort

Alte **Wunde** blutet leicht.
Deutsches Sprichwort

Die Narbe bleibt, auch wenn die **Wunde** heilt.
Deutsches Sprichwort

Der Liebe **Wunden** kann nur heilen, wer sie schlug.
Deutsches Sprichwort

Der Narben lacht, wer **Wunden** nie gefühlt.
Shakespeare, Romeo und Julia

Zeit heilt **Wunden.**
Deutsches Sprichwort

Das große unzerstörbare **Wunder** ist der Menschenglaube an Wunder.
Jean Paul

Der Mensch gewöhnt sich rasch an die **Wunder**, die er selbst vollbringt.
François Mauriac

Wer nicht an **Wunder** glaubt, ist kein Realist.
David Ben Gurion

Ich bin zu alt, um nur zu spielen, zu jung, um ohne **Wunsch** zu sein.
Goethe, Faust I, Faust

Der **Wunsch** ist ein Wille, der sich nicht ganz ernst nimmt.
Robert Musil

Man darf nie sagen, ich **wünsche**, sondern, ich will.
David Copperfield

Wer seine **Wünsche** zählt, ist immer reich genug.
Voltaire

Lebe, wie du, wenn du stirbst, **wünschen** wirst, gelebt zu haben.
Christian Fürchtegott Gellert

Man glaubt gern, was man **wünscht!**
Cäsar

Würde bringt Bürde.
Deutsches Sprichwort

Von der Zunge hängt des Menschen **Würde** und Glück ab.
Erasmus von Rotterdam

Im schönsten Apfel ist der **Wurm.**
Deutsches Sprichwort

Wer sich zum **Wurme** macht, kann nachher nicht klagen, wenn er mit Füßen getreten wird.
Immanuel Kant

Arbeit ist des Lebens **Würze.**
Deutsches Sprichwort

In der Kürze liegt die **Würze.**
William Shakespeare, Hamlet

Die Zweige geben Kunde von der **Wurzel.**
Arabisches Sprichwort

Niemand darf seine **Wurzeln** vergessen. Sie sind Ursprung unseres Lebens.
Federico Fellini

In die **Wüste** schicken.
Nach 3. Mose 16,21

Mit **Wut** beginnt, mit Reue schließt der Zorn.
Publilius Syrus

Z

Vornehme Schuldner – schlechte **Zahler.**
Deutsches Sprichwort

Wahltag ist **Zahltag.**
Deutsches Sprichwort

Zank bringt Stank.
Deutsches Sprichwort

Aus kleinem Wort kommt oft großer **Zank.**
Deutsches Sprichwort

Mit **Zank** und Streit kommt man nicht weit.
Deutsches Sprichwort

Wenn zweie sich **zanken**, freut sich der Dritte.
Sprichwörtlich bei vielen Völkern

Der Himmel ist hoch, und der **Zar** ist weit.
Russisches Sprichwort

Nicht jeder ist **Zar**, der im Kreml wohnt.
Russisches Sprichwort

Goldner **Zaum** macht's Pferd nicht besser.
Deutsches Sprichwort

Liebe deinen Nachbarn, aber reiß den **Zaun** nicht ein.
Deutsches Sprichwort

Was nützt der **Zaun**, wenn die Tür offen ist.
Deutsches Sprichwort

Der letzte zahlt die **Zeche.**
Deutsches Sprichwort

Zeit bringt Rat.
Deutsches Sprichwort

Zeit gewonnen, viel gewonnen; Zeit verloren, viel verloren.
Deutsches Sprichwort

Zeit hätte man wohl genug, wenn man sie nur wohl anlegte.
Deutsches Sprichwort

Zeit heilt Wunden.
Deutsches Sprichwort

Zeit ist Geld.
Englisches Sprichwort

Zeit ist Leben, und Leben ist Zeit.
Deutsches Sprichwort

Abgeredet vor der **Zeit**, gibt nachher keinen Streit.
Deutsches Sprichwort

Die gute alte **Zeit** wird mit der Zeit immer älter und besser.
Alfred Oder

Zeit ist was passiert, wenn sonst nichts passsiert.
Richard Feynmann

Geschichtenerzählen ist Umgehen mit der **Zeit**. Was bleibt, ist die Traurigkeit über die Endlichkeit.
Peter Bichsel

Die **Zeit** ist eine geräuschlose Feile.
Aus Italien

Das Alte stürzt; es ändert sich die **Zeit**, und neues Leben blüht aus den Ruinen.
Schiller, Wilhelm Tell

Der Arzt für alle notwendigen Übel ist die **Zeit**.
Menander

Scheint dir auch mal das Leben rauh, sei still und zage nicht, die **Zeit**, die alte Bügelfrau macht alles wieder schlicht.
Wilhelm Busch

Die **Zeit** befiehlt's, ihr sind wir untertan.
Shakespeare, König Heinrich IV.

Die **Zeit** eilt, heilt, teilt.
Sinnspruch

Die **Zeit** geht hin, und der Mensch gewahrt es nicht.
Dante

Die **Zeit** herrscht über die Dinge.
Lateinisches Sprichwort

Die **Zeit** ist am klügsten.
Schweizerisches Sprichwort

Die **Zeit** ist aus den Fugen.
Shakespeare, Hamlet

Die **Zeit** zernagt alle Dinge.
Ovid

Ein jegliches hat seine **Zeit.**
Prediger Salomo 3,1

Ein Nein zur rechten **Zeit** erspart viel Widerwärtigkeit.
Deutsches Sprichwort

Es ist nicht wenig **Zeit,** was wir haben, sondern es ist viel, was wir nicht nützen.
Seneca

Jede **Zeit** ist um so kürzer, je glücklicher man ist.
Plinius

Jugend und verlorene **Zeit** kommt nicht wieder in Ewigkeit
Deutsches Sprichwort

Kommt **Zeit,** kommt Rat!
Deutsches Sprichwort

Man verliert die meiste **Zeit** damit, daß man Zeit gewinnen will.
John Steinbeck

Spare in der **Zeit,** so hast du in der Not.
Deutsches Sprichwort

Warte nie, bis du **Zeit** hast!
Deutsches Sprichwort

Was man nicht tun kann, tut die **Zeit.**
Schweizerisches Sprichwort

Wer keine **Zeit** hat, ist ärmer als der ärmste Bettler.
Italienisches Sprichwort

Wer nicht kommt zur rechten **Zeit,** der muss nehmen, was übrig bleibt.
Deutsches Sprichwort

Andere **Zeiten**, andere Sitten.
Deutsches Sprichwort

Das waren noch glückliche **Zeiten**, als man nach dem Kalender lebte. Jetzt lebt man nach der Uhr.
Sacha Guitry

Das **Zeitungslesen** des Morgens ist eine Art von realistischem Morgensegen.
Georg Wilhelm Friedrich Hegel

Ein gute **Zeitung** muss die Leser anregen. Sowohl zur Zustimmung wie zum Contra.
Manfred Bissinger

Manches, was in den **Zeitungen** steht, ist denn doch wahr, wenn auch nicht alles.
Otto von Bismarck

Die **Zensur** ist die jüngere von zwei schändlichen Schwestern, die ältere heißt Inquisition.
Johann Nepomuk Nestroy

Wie gewonnen, so **zerronnen.**
Deutsches Sprichwort

Zertritt den Dorn nur, wenn du Schuhe trägst!
Deutsches Sprichwort

Durch zweier **Zeugen** Mund wird allerwegs die Wahrheit kund.
Goethe, Faust I, Mephistopheles

Die Schule soll ein **Ziehhaus** aber kein Zuchthaus sein.
Deutsches Sprichwort

Die **Ziege** muss grasen, wo sie angebunden ist.
Deutsches Sprichwort

Ein böses Unternehmen führt zu bösem **Ziel.**
Sophokles, Elektra

Erst die Arbeit, dann das Spiel, nach der Reise kommt das **Ziel.**
Deutsches Sprichwort

Strafe im Zorn kennt weder Maß noch **Ziel.**
Deutsches Sprichwort

Wenn du dich durch jeden Hund aufhalten läßt, der dich auf deinem Weg anbellt, wirst du nie ans **Ziel** kommen.
Arabisches Sprichwort

Wenn nur der Kutscher klar sieht, dann wird auch mit blinden Pferden das **Ziel** erreicht.
Johann Nepomuk Nestroy

Wer langsam geht, kommt auch zum **Ziel.**
Deutsches Sprichwort

Wer auf dem Mond gewesen ist, für den gibt es auf der Erde keine **Ziele** mehr.
Edwin Aldrin

Kein **Ziel** ist so hoch, daß es unwürdige Methoden rechtfertigte.
Albert Einstein

Nur wer sich das Unmögliche zum **Ziel** setzt, kann das gerade noch Mögliche erreichen.
Viktor E. Frankl

Zielen ist nicht genug, man muss auch treffen.
Deutsches Sprichwort

Erlaubt ist, was sich **ziemt.**
Goethe, Torquato Tasso

Zins hat schnelle Füße, er läuft, eh man sich umsieht.
Deutsches Sprichwort

Zins und Miete schlafen nicht.
Deutsches Sprichwort

Zitate sind Eis für jede Stimmung.
Christian Morgenstern

Wenn man das richtige **Zitat** kennt, warum soll man es dann nicht bringen?
Will Quadflieg

Das nennt man **zitieren**, wenn man stiehlt.
George Tabori

So ein paar grundgelehrte **Zitate** zieren den ganzen Menschen.
Heinrich Heine

Trau keinem **Zitat**, das du nicht selbst aus dem Zusammenhang gerissen hast.
Johannes Rau

Zivilcourage kann nicht verordnet werden.
Jörg Kramer

Der **Zorn** ist eine kurze Raserei.
Horaz

Hüte dich vor einem Mann, der im **Zorn** lächeln kann!
Deutsches Sprichwort

Lasset die Sonne nicht über eurem **Zorn** untergehen.
Epheser 4

Mäßige deinen **Zorn**; es fallen die Funken des Zornes erst auf dich, auf den Feind, wenn sie je treffen, zuletzt.
Herder

Schnelle Rach' und jäher **Zorn** haben manch gut' Spiel verlorn.
Deutsches Sprichwort

Sobald der Mensch in **Zorn** gerät, gerät er in Irrtum.
Talmud

Strafe im **Zorn** kennt weder Maß noch Ziel.
Deutsches Sprichwort

Ungeduld und **Zorn** machen alle Ding' verworren.
Deutsches Sprichwort

Wer im **Zorn** handelt, geht im Sturm unter Segel.
Deutsches Sprichwort

Wer seinen **Zorn** bezwingt, hat seinen Feind besiegt.
Deutsches Sprichwort

Zu Gott hinken die Leute, zum Teufel laufen sie.
Deutsches Sprichwort

Zu satt macht matt.
Deutsches Sprichwort

Zu spät ist zu spät.
Deutsches Sprichwort

Zu wenig und zu viel ist des Teufels Spiel.
Deutsches Sprichwort

Was man nicht gern tut, soll man **zuerst** tun.
Deutsches Sprichwort

Wer **zuerst** kommt, mahlt zuerst.
Sachsenspiegel

Wer **zuerst** zugreift, behält.
Deutsches Sprichwort

Den **Zufall** gibt die Vorsehung – zum Zwecke muß ihn der Mensch gestalten.
Schiller, Don Carlos

Des **Zufalls** Wege sind uns unbekannt, sie zu berechnen, lehrt uns keine Kunst.
Euripides

Der **Zufall** ist das Pseudonym, das der liebe Gott wählt, wenn er inkognito bleiben will.
Albert Schweitzer

Zufall ist ein Wort ohne Sinn; nichts kann ohne Ursachen existieren.
Voltaire

Zufriedenheit geht über Reichtum.
Deutsches Sprichwort

Zufriedenheit ist eine Tugend. Selbstzufriedenheit ein Fehler.
Deutsches Sprichwort

Zufriedenheit ist wertvoller als Reichtum.
Französisches Sprichwort

Zufriedenheit wohnt mehr in Hütten als in Palästen.
Deutsches Sprichwort

Barmherzigkeit fängt **zu Hause** an.
Englisches Sprichwort

Zuhören können ist der halbe Erfolg.
Calvin Coolidge

Die **Zukunft** ist die Ausrede derer, die in der Gegenwart nichts tun wollen.
Harold Pinter

Die Reiche der **Zukunft** sind Reiche des Geistes.
Winston Churchill

Ich denke viel an die **Zukunft**, weil das der Ort ist, wo ich den Rest meines Lebens verbringen werde.
Woody Allen

Das beste an der **Zukunft** ist vielleicht der Umstand, dass immer nur ein Tag auf einmal kommt.
Dean Acheson

Zukunft, das ist die Zeit, in der du bereust, dass du das, was du heute tun kannst, nicht getan hast.
Aus den USA

Ich denke niemals an die **Zukunft**. Sie kommt früh genug.
Albert Einstein

Was man **zu lang** bedenkt, das wird bedenklich.
Deutsches Sprichwort

Wer **zuletzt** lacht, lacht am besten.
Deutsches Sprichwort

Zum Begräbnis der Wahrheit gehören viele Schaufeln.
Deutsches Sprichwort

Zum Lernen ist niemand zu alt.
Deutsches Sprichwort

Die **Zunge** ist der Degen der Frauen. Sie lassen ihn nie rosten.
Chinesisches Sprichwort

Die **Zunge** ist mein Feind; sie redet, bevor der Verstand spricht.
Deutsches Sprichwort

Es ist des Menschen **Zunge**, nicht die Tat, die alles lenkt.
Sophokles

Lass die **Zunge** nicht schneller als die Gedanken sein!
Deutsches Sprichwort

Sind Hände und Füße gebunden, so läuft die **Zunge** am meisten.
Deutsches Sprichwort

Von der **Zunge** hängt des Menschen Würde und Glück ab.
Erasmus von Rotterdam

Die **Zunge** ist das beste und böseste Glied zugleich.
Mittelhochdeutsches Sprichwort

Böse **Zungen** schneiden schärfer als Schwerter.
Deutsches Sprichwort

Scharfe Schwerter schneiden sehr, scharfe **Zungen** noch viel mehr.
Deutsches Sprichwort

Nicht Tatsachen, sondern Meinungen über Tatsachen bestimmen das **Zusammenleben.**
Epiktet

Vom **Zusehen** wird niemand satt.
Deutsches Sprichwort

Aller **Zustand** ist gut, der natürlich ist und vernünftig.
Goethe

Wer niemals anfängt, bringt niemals etwas **zu Stande.**
Deutsches Sprichwort

Man kann viel, wenn man sich nur recht viel **zutraut.**
Wilhelm von Humboldt

Zu viel Recht hat manchen Herrn gemacht zum Knecht.
Deutsches Sprichwort

Zu viel reden und zuviel schweigen, das ist allen Narren eigen.
Deutsches Sprichwort

Genug ist besser als **zu viel.**
Deutsches Sprichwort

Was **zu viel** ist, ist zu viel.
Deutsches Sprichwort

Zuweilen ein Narr sein, ist auch eine Kunst.
Deutsches Sprichwort

Zwang hält nicht lang.
Deutsches Sprichwort

Zwang ist negativer Triumph der Freiheit.
Hans Kudszus

Niemand verträgt **Zwang** ohne Not.
Bertolt Brecht

Der **Zweck** heiligt die Mittel.
Hermann Busembaum

Der **Zweck** heiligt nie die Mittel.
Johannes Rau

Wer den **Zweck** will, will auch die Mittel.
Horaz, Briefe

Jeder Weg zum rechten **Zwecke** ist auch recht in jeder Strecke.
Goethe, Zahme Xenien

Es wächst der Mensch mit seinen größeren **Zwecken.**
Schiller, Wallenstein

Vier Augen sehen mehr als **zwei.**
Deutsches Sprichwort

Wenn **zwei** dasselbe tun, so ist es nicht dasselbe.
Terenz

Wenn **zwei** sich streiten, freut sich der Dritte.
Deutsches Sprichwort

Der **Zweifel** ist's, der Gutes böse macht.
Goethe

Im **Zweifel** handle nicht.
Französisches Sprichwort

Mit dem Wissen wächst der **Zweifel.**
Goethe

Wem **Zweifel** an dem Herzen nagt, dem ist der Seele Ruh versagt.
Wolfram von Eschenbach

Zweifeln ist der Weisheit Anfang.
René Descartes

Der Glaube versetzt Berge, die der **Zweifel** erschaffen hat.
Lothar Schmidt

Der **Zweifel** ist eine Huldigung, welche man der Hoffnung darbringt.
Isidore de Lautréamont

Der **Zweifel** ist eines der billigsten und daher gefährlichsten Rauschgifte.
Hans Krailsheimer

Die **Zweige** geben Kunde von der Wurzel.
Arabisches Sprichwort

Das erste steht uns frei, beim **zweiten** sind wir Knechte.
Goethe

Einmal ist keinmal, aber **zweimal** ist einmal zuviel.
Somerset Maugham

Zweimal predigt der Pastor nicht.
Deutsches Sprichwort

Besser **zweimal** fragen als einmal irregehen.
Deutsches Sprichwort

Der **Zwerg** bleibt immerdar ein Zwerg, und stünd' er auf dem höchsten Berg.
Deutsches Sprichwort

Wer durchs **Zwiebelfeld** geht, riecht danach.
Arabisches Sprichwort

Eintracht ernährt, **Zwietracht** verzehrt.
Deutsches Sprichwort

Die Natur läßt sich nicht **zwingen.**
Christian Fürchtegott Gellert

Das Menschenleben hängt an einem **Zwirnsfaden.**
Deutsches Sprichwort

Zwischen heut und morgen liegt eine lange Frist, lerne schnell besorgen, da du noch munter bist.
Goethe, Sprichwörtlich

Zwischen Freud und Leid ist die Brücke nicht breit.
Deutsches Sprichwort

Zwischen zwölf und Mittag kann viel geschehen.
Deutsches Sprichwort

Zwist nährt oft die Herzen.
Deutsches Sprichwort

Zyniker: So nennen wir Menschen, die laut sagen, was wir denken.
Pierre Daninos

Ein **Zyniker** ist, wer niemals eine gute Eigenschaft eines Menschen sieht, wohl aber jede schlechte.
Carolyn Wells

Zynismus ist Kapitulation.
Hildegard Knef